雅
理

我发现许多人真的很担心男孩和男人，

包括他们自己生活中的男孩和男人。

妻子们担心自己的丈夫找不到体面的工作。

十几岁男孩的母亲正在组建非正式的支持小组，

以便相互帮助度过高中的艰难时光。

年轻女性对约会市场上毫无方向的男性感到沮丧。

掉队的男人

OF BOYS AND MEN

Why the Modern Male Is Struggling,
Why It Matters, and What to Do about It

[英] 理查德·V. 里夫斯 - 著
Richard V. Reeves

赵英男 - 译

中国科学技术出版社
·北 京·

献给乔治、布赖斯与卡梅伦

目 录

前言
从一筹莫展的父亲到忧心忡忡的政策专家　　1

第一部分　男性困境

第一章　女孩为王：
　　　　男孩在教育中落后　　11

第二章　打工人布鲁斯：
　　　　男性在劳动力市场的地位正在下降　　33

第三章　错位老爸：
　　　　父亲在家庭中失去了自己的传统角色　　52

第二部分　双重劣势

第四章　德怀特的眼镜：
　　　　黑人男孩和男人面临严峻挑战　　71

第五章　阶层天花板：
　　　　贫穷的男孩和男人正在苦苦挣扎　　93

第六章　非应答者：
　　　　政策对男孩和男人并不奏效　　112

第三部分　生物学与文化

第七章　制造男性：
先天与后天因素都很重要　　　　　　　　　129

第四部分　政治困境

第八章　进步主义的盲点：
政治左翼不肯接受现实　　　　　　　　　　157

第九章　勃然大怒：
政治右翼想要时光倒流　　　　　　　　　　174

第五部分　怎么办

第十章　给男孩穿上红衫：
男孩需要多等一年进入课堂　　　　　　　　195

第十一章　男性可以从事"HEAL"行业：
让男性从事属于未来的工作　　　　　　　　218

第十二章　父亲的新面孔：
作为独立社会制度的父亲身份　　　　　　　242

结语　　　　　　　　　　　　　　　　　　　　264

致谢　　　　　　　　　　　　　　　　　　　　267

注释　　　　　　　　　　　　　　　　　　　　269

索引　　　　　　　　　　　　　　　　　　　　330

译后记　　　　　　　　　　　　　　　　　　　356

前言
从一筹莫展的父亲到忧心忡忡的政策专家

二十五年来，我一直都在为男孩和男人感到担忧。这种忧虑如影随形地伴随着我抚养三个男孩的全过程，他们现在都已长大成人。乔治、布赖斯和卡梅伦：我对你们的爱难以言表。正因如此，即便现在我也不时会为你们忧心忡忡。当然，我的焦虑也涌入了日常工作中。我是布鲁金斯学会（Brookings Institution）的一名学者，主要关注机会平等或机会平等匮乏的问题。一直以来，我的大部分注意力都在社会阶层的划分与种族方面。但如今我对性别差距（gender gaps）日益感到忧虑不安，不过或许并非以你们所期待的那种方式为之。我知道有越来越多的男孩和男人在校园、工作和家庭中苦苦挣扎。我先前是为三个男孩继而是为三个男人忧心不已，现在我为数百万计的男性愁眉不展。

可即便如此，我一直对写作本书充满疑虑。我已经数不清有多少人曾建议我不要动笔。在当下的政治氛围中，突显男孩和男人们的困境，被视为一项危险的工作。一位报纸专栏作家朋友对我说："如果可以绕开，我就永远不会触碰这个议题。这里全是苦头。"一些人则指出，这会转移人们对于女孩和女人仍在面对的挑战的注意力。我认为这是一种错误的立场。身为性别平等的倡导者，我对如何缩小女性与男性之间的收入差距有深入的思考。（男性每挣100美元，女性只挣82美元。）[1] 如你们将会看到的那样，我认为这里的解决方案包括通过为父亲和母亲提供待遇丰厚的带薪休假的支持，更加公平地分配养育责任。但是我同样担心另一个方向上大学学位获得方面的差距，这只是教育领域中巨大且不断扩大的性别差距的一个表征。（女性每获得100个学士学位，男性只获得74个。）[2] 在此我提出一个简单但激进的改革方案：让男孩比女孩晚一年入学。

换言之，重设工作使之对女人更公平，改革学校使之对男孩更公正。

我们可以同时持有这两种观点。我们可以对女性权利充满热忱，同时又对脆弱的男孩和男人心怀怜悯。

我当然称不上第一个以男孩和男人为主题写作的人。我尤为追随着汉娜·罗辛（Hanna Rosin）[《男性的终结》（*The End of Men*）]、安德鲁·亚罗 [《男性出局》（*Man Out*）]、凯·西莫维茨［《男性崛起》(Manning Up)］、菲利普·津巴多与尼基塔·库隆布［《受阻的男性》(Man, Interrupted)］以及沃伦·法雷尔和约翰·格雷［《男孩危机》(The Boy Crisis)］的脚步。所以为什么写这本书，以及为什么是这个时候？我多么希望能够说只有一个简单的动机，但其实有六个主要理由。

第一，事态严峻到超乎我的想象。我了解过一些有关男孩在中小学和大学里苦苦挣扎的新闻，有关男人在劳动力市场正处于不利地位的新闻，有关父亲正和自己的孩子变得疏远的新闻。我曾认为其中一些新闻或许有所夸大。但随着我研究的深入，眼前的景象却变得更加令人沮丧。相较于20世纪70年代初，大学学位授予方面的性别差距在今天要更大，但方向相反。[3] 男性在今天获得的薪酬要低于1979年的水平，而女性的薪酬则全面上涨。[4] 每五位父亲中就有一位不与他们的子女一起生活。[5] 由于自杀或药物过量，"绝望之死"（deaths of despair）中，男性几乎占到了四分之三。[6]

第二，最苦苦挣扎的男孩和男人是那些身陷其他类型（特别是阶层和种族方面）的不平等之人。我最担忧的是那些处于经济与社会阶梯较低水平的男孩和男人。大多数男人并不身处精英之列，更多数量的男孩此生也注定与精英无缘。用今天的美元计价，1979年拥有高中学历的普通美国人的每周薪水为1017美元。而这个数字在今天是881美元，下降了

14%。[7] 如《经济学人》杂志所说："男性遍及各个领域的顶尖位置这个事实,并没有为底层男性提供多少安慰。"[8] 位于顶尖位置的男性依旧幸福无忧,但男性整体而言则绝非如此。如果他们是黑人就更是这样了:"身为穷困的非裔美国男性……就意味着每天会面对着在各种社会制度中根深蒂固的种族主义,"我的同事卡米尔·布赛特如此写道,[9] "其他人口群体的情况没有如此糟糕的,且如此持续,如此之久。"黑人男性所面对的不仅是制度种族主义,还有性别种族主义,包括在劳动力市场以及刑事司法体系中的歧视性待遇。[10]

第三,我意识到男孩和男人的困境本质上是结构性的,而非个人性的;但人们却很少如此看待这个问题。男性问题(the problem *with* men)通常被表述为男性自身的问题(a problem *of* men):需要矫正的是男性自身,这次是这个男人或男孩,下次是那个男人或男孩。这种个体主义的方法是错误的。男孩在基础教育和高等教育阶段落后,是因为构建教育体系的方式使之身处劣势。男人在劳动力市场苦苦挣扎,是因为经济体系转型不再需要传统的男性职位。父亲在角色上错位,是因为家庭供养者的文化角色已经不再有实际意义。男性困境并非源自群体心理崩溃,而是植根于深层次的结构性挑战。

女性主义作家苏珊·法露迪在其 1999 年的《困境》中写道:"诡异的是,我越深入地思考男性失去了什么——公共生活中有价值的角色、获得体面和稳定生活的途径、受家人理解以及在文化中得到尊重，就越觉得20世纪末的男性似乎正陷入一种与20世纪中叶的女性类似的境地。"[11]

第四，我震惊地发现许多社会政策干预，哪怕那些最受吹捧的，也没有对男孩和男人有所帮助。我首先注意到的是密歇根州卡拉马祖（Kalamazoo）的免费大学项目。评估团队指出，从大学毕业率角度来看，"女性受益极大"（几乎增加了50%），"但男性似乎没有受益"[12]。这是一项令人惊讶的发现。大学完全免费并没有对男性产生任何影响。反而出现了许多惠及女孩和女人却未使男孩和男人受益的项目：得克萨斯州沃斯堡市的学生辅导方案、北卡罗来纳州夏洛特市的择校项目、纽约市的低薪水人群收入增加方案，以及其他许多政策。这些干预在对男孩或男人有所帮助这个方面的惊人失败，常常被其带来的有益的平均结果所掩盖，这一平均结果受到对女孩或女人的积极影响的拉动。孤立地看某种情形，这种性别差距可能会被视为一种源自特定措施的奇特结果。但它却是反复出现的现象。因此，许多男孩与男人不仅在苦苦挣扎，而且不太可能得到政策干预的帮助。

第五，在性与性别议题中存在着一个政治困境。议题双方都陷入了阻碍真正变革的意识形态化立场。进步主义者拒绝承认影响重大的性别不平等会出现在两个方向中，并匆匆地给男性困境贴上"有害的男子气概"症候这个标签。保守主义者似乎对于男孩和男人的苦苦挣扎更加敏感，但只是将其视为昨日重现与恢复传统性别角色的正当化理由。左翼告诉男性，"更像你们的妹妹一些"。右翼则说，"更像你们的父亲一些"。两派主张都无济于事。我们需要的是一种积极正面且与性别平等相容的男子气概。身为文化冲突中的良心反对者，我希望提出一种能够得到广泛支持的有关男孩和男人境况的评估。

第六，作为政策专家，我认为自己有能力提出一些积极的观点来解决这些难题，而非仅仅对之慨叹不已。这类慨叹向来应有尽有。在教育、工作和家庭这三个领域中，我对每一个领域都提出了一些务实且循证的解决方案，以便对最奋力挣扎的男孩和男人有所裨益。（可能值得提前指出的是，我关注的是占整个男性群体95%的顺性别异性恋男性所面对的挑战。）[13]

在第一部分，我提出男性困境的证据，指明有多少男孩和男人正在中学与大学（第一章）、劳动力市场（第二章）以及家庭生活（第三章）中苦苦挣扎。在第二部分，我强调遭受性别种族主义之苦的黑人男孩和男人（第四章）以及身处经济阶梯底部的男孩和男人（第五章）所面对的双重不利因素。我还提出不断累积的证据，表明许多政策干预对于男孩和男人的效果并不好（第六章）。在第三部分，我设法找到性别差异的根源，指出这个问题的先天与后天因素（第七章）。

在第四部分，我描述了我们的政治困境，指出政客们如何不仅没有应对这一挑战，反而使得事情变得更糟。进步主义左翼枉顾有关男孩和男人的正当关切，并认为男子气概是一种病态（第八章）。民粹主义右翼则将男性的错位用作政治武器，进而做出错误的承诺（第九章）。对于党派主义者来说，要么存在一场针对女性的战争，要么存在一场针对男性的战争。最后在第五部分，我提出一些解决方案。具体来说，我提议构建男性友好的教育体系（第十章），提议帮助男性进入健康、教育、管理以及文员抑或"HEAL"等正在发展的领域的职位（第十一章），提议支持作为一种独立社会制度的父亲角色（第十二章）。

西蒙娜·德·波伏瓦写道，"一位男性永远不会心怀写作一部有关人类男性独特境况的著作的想法"。[14] 但那是在1949年。如今人类男性的境况需要得到紧急关注。我们必须在要求男性保留男性特质的前提下，帮助他们适应近几十年来的巨变。我们需要一种针对后女性主义世界的亲社会（prosocial）的男子气概。[15] 对此，我们的需求迫在眉睫。

第一部分
男性困境

第一章
女孩为王：
男孩在教育中落后

美国教育委员会前任首席经济学家卡罗尔·弗朗西斯用"蔚为壮观"且"成就非凡"来描述这种现象。[1]经济合作与发展组织（OECD）的教育研究与创新中心的高级分析师斯蒂芬·文森特-兰克林指出，这"令人震惊……人们无法相信这种现象"。[2]在《男性的终结》一书作者汉娜·罗辛看来，这是"21世纪最奇特和最深刻的变革，甚至还不止于此，因为它几乎以类似的方式出现在全世界"。[3]

弗朗西斯、文森特-兰克林和罗辛谈论的都是教育领域的性别差距。在仅仅几十年的时间里，女孩和女人不仅在课堂中赶上了男孩和男人——而且远远超过了他们。在1972年，美国政府通过了具有里程碑意义的"《美国教育法修正案》第九条"（Title IX），以便推动高等教育领域的性别平等。与此同时，男性中获得学士学位的比例要比女性中这一数字高13个百分点。[4] 到1982年，这一差距就被追平了。再到2019年，学士学位授予方面的性别差距是15个百分点，高于1972年的数字——但性别反了过来。[5]

男孩，特别是黑人男孩，以及来自穷困家庭的男孩，在课堂中成绩不佳，严重损害了他们的就业和经济向上流动的前景。在当前的趋势下，减少这一不平等可不轻松，并且这些趋势中有许多在疫情期间恶化了。比如，2020年美国大学入学人数中男生下降的幅度是女生的7倍。[6] 线上学习中男生也要花费更多力气，随着在未来数月和数年中男生学习的落后程度变得愈加明显，男孩和男人与女性的差距越来越大看起来几乎是确定无疑的。[7]

首要的挑战是说服政策制定者，目前在教育领域中正是男孩处于劣势。有人指出，当女性与男性在薪酬方面仍有差距时，担忧教育领域的性别差距为时尚早。我会在本书第二章中更为细致地讨论薪酬差距；在此只是指出，劳动力市场的结构依旧青睐无须承担主要抚养职责的劳动者，以及主要是男性的劳动者。但与此同时，基于我会在本章论述的理由，教育体系的结构却更青睐女孩和女人。因此，我们就有一个偏好女孩的教育体系和一个偏好男人的劳动力市场。可是负负并不会得正。我们需要同时改变这两者。因为重要的是不平等本身，而非谁比谁占优势。同时值得强调的是，尽管女性在劳动力市场上追平了男性，但男孩和男人却在课堂中落后于女性更多了。一个差距在缩小，另一个差距却在扩大。

首先，我会描述中小学教育阶段的性别差距，进而指出我眼中造成这种差距的主要根源：男孩与女孩——特别是在青春期时——非常不同的发育速度。接下来我会追踪由此导致的高等教育阶段的不平等。在此我的主要论断是，每个阶段都存在巨大的性别差距，并且全世界皆然。许多差距仍在继续扩大。可是政策制定者却如"探照灯前的麋鹿"*一样，尚未对此有所回应。

拿高分的女孩

你了解芬兰吗？那个地球上最幸福的国度？没错。[8]它的教育制度超棒？嗯，半对半错吧。芬兰的确总是排在国际教育

---

* "探照灯前的麋鹿"（deer in headlights）是日常俗语，指的是一个人极为震惊或由于恐惧、困惑而处于茫然不知所措的状态。这个表达最早可能源自美国亚拉巴马州的报纸《伯明翰新闻》（*Birmingham News*）在1923年5月27日刊载的一篇诗作，原文是"你可曾看到一只野兔，茫然于火车的前照灯下"。后来在1988年美国总统大选中，这个表达变得非常流行。当时人们大多认为参议员詹姆斯·丹福斯·奎尔（James Danforth Quayle）不具备担任副总统的能力，但他辩解说自己的才能堪比约翰·F. 肯尼迪（John F. Kennedy）。评论者指出，奎尔的表现就像"探照灯前的麋鹿"。——译者注

成果排行榜榜首或接近榜首的位置——但这是拜女孩所赐。经济合作与发展组织每三年都会在15岁少年中展开一项有关阅读、数学和科学技能的调查。这被称为国际学生评估项目（PISA）测试，得到了政策制定者的高度关注。由于芬兰是一个表现水平如此之高的国家（其实我们可以说每当PISA结果公布时，其他国家都会对芬兰心存嫉妒），它便成为管窥教育领域性别差距的一个不错窗口。可是尽管芬兰学生的整体表现在测试中排名很高，却存在着巨大的性别差距：在测试中有20%的芬兰女生达到最高阅读水平，与之相比，男生中这一比例只有9%。[9]在那些获得最低分数的学生中，性别差距对调过来：男孩中获得这一分数的比例是20%，与之相对，女孩中获得该分数的比例是7%。大多数情况下，在科学和数学方面，芬兰女孩的表现也要好于男孩。基本情况就是芬兰得到国际赞誉的教育成就完全归功于芬兰女孩引人注目的表现。（实际上，美国男孩在PISA阅读测试中的表现与芬兰男孩完全一样。）

对于蜂拥至芬兰想要找到复刻该国成功经验方法的教育改革者来说，这可能具有一些启发性，但它不过是一种国际趋势极为生动的例证。在全世界的中小学，女孩都将男孩甩在身后。在经济合作与发展组织的成员国中，女孩在阅读能力方面要领先男孩一年，与此形成鲜明对比的则是男孩在数学方面的领先优势非常微弱且在不断缩小。[10] 男孩在学校的三门主科——数学、阅读与科学——都不合格的概率要比女孩高50%。[11] 瑞典正开始全力应对在其学校中一直被称为"男孩危机"（pojkkrisen）的现象。澳大利亚设计出一个被称为"男孩、小伙、书本与字节"（Boys, Blokes, Books and Bytes）的阅读项目。

在美国，几十年来女孩一直都是学校里更强势的性别。但是她们现在的优势变得更大，在读写和语言能力方面尤为如此。这种差异很早就开始出现了。比如，控制父母特征这个变量，同样是5岁，女孩的"入学就绪程度"要比男孩高14%。这个差距要比富家子弟与寒门子弟、黑人子女与白人子女，抑或参加学前班的儿童与未参加学前班的儿童之间的差距还要大。[12] 在阅读能力方面，四年级时6个百分点的性别差距，在八年级结束时就扩大为11个百分点。[13] 在数学方面，四年级时男孩领先6个百分点的性别差距，在八年级结束时缩小为领先1个百分点。[14] 在一项基于全美的分数的研究中，斯坦福大学学者肖恩·里尔登发现，在数学方面从三年级到八年级整体上并没有差距，但是在英语方面差距很大。"实际上在美国的每个学区，女生在英语语言艺术测试中的表现都要比男生好，"他写道，"在普通学区，差距……大体上是一个年级水平的三分之二，要大于最大规模的教育干预所带来的影响。"[15]

到了高中，女性的领先地位得到强化。女孩一直都在高中平均绩点（GPA）方面胜过男孩一筹，即便在半个世纪之前也是如此，考虑到大学入学率和职业前景方面的差异，当时她们追求绩点的动力显然要弱于男生。不过近几十年来这个差距在拉大。现在对于女生来说最常见的高中成绩是 A，但是对男生而言则是 B。[16] 如图 1-1 所示，女生在高中平均绩点排序的前 10% 中占据了三分之二，但在最低一档中这个比例颠倒了过来。

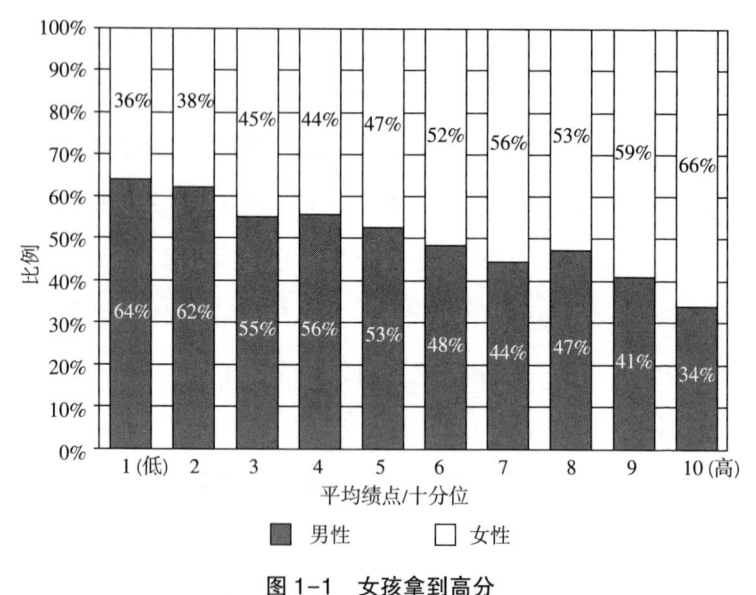

图 1-1 女孩拿到高分
高中平均绩点排名的性别构成（十分位）

注：该图显示的是 2009 年进入大学的学生在整个高中的平均绩点。
来源：美国教育部，国家教育统计中心，2009 年高中纵向研究。

女孩也更有可能参加大学先修课程或国际学士学位课程。[17]当然，各国体现出的趋势掩盖了地理因素所带来的巨大差异，因此聚焦于特定地区并对之加以考察是有帮助的。以芝加哥为例，相较于来自最贫穷街区的学生（32%），来自最富裕街区的学生在九年级更有可能获得 A 或 B 的平均分（47%）。[18]这是一个巨大的阶层差距，考虑到芝加哥是全美最具种族隔离色彩的大城市，这种差距也意味着巨大的种族差距。但令人惊讶的是，获得高分的女孩与获得高分的男孩的比例差异与此相同：47%对比32%。如果你想要知道高中第一年的成绩是否重要，那答案就是确实重要，它们在很大程度上预测了之后的教育结果。正如分析这些数据的芝加哥研究员们所坚持的观点，"成绩体现出教师评价的多方面因素，正是这种多维度的属性使得成绩成为重要结果的良好预测指标"。

在大部分标准化测试中，男孩的表现依旧比女孩稍好，这的确不假。但这个差距在急剧缩小，在"美国高中毕业生学术能力水平考试"（SAT）中，这个差距下降到13个百分点，而在"美国大学入学考试"（ACT）中，这个差距已经消失了。[19]或许在此也值得强调的是，"美国高中毕业生学术能力水平考试"和"美国大学入学考试"成绩的重要性在任何情况下都要小得多，因为大学在招生中不再使用它们，但无论这么做有何优点，似乎都有可能进一步扩大高等教育中的性别差距。以下是一个有关性别差距的更有趣的例子：《纽约时报》每年都会在初中生和高中生中举办编辑竞赛，并发表获胜者的编辑意见。组织者告诉我说，在申请者中女孩和男孩的比例为"2∶1，很可能接近3∶1"。[20]

现在我们应当不会惊讶于发现，相较于女孩，男孩从高中毕业的可能性更低。在2018年，有88%的女孩按时从高中毕业（也就是在入学4年后），而在男孩中这一数字是82%。[21]男孩的毕业率仅仅比穷困学生中80%的毕业率稍高。你或许会觉得这些数字得来很容易，迅速进行谷歌检索即可。我在写这一段时也曾如此认为。但其实它们源自布鲁金斯学会的一个小型研究计划，个中缘由颇有启发。联邦法律规定，各州要按照种族和族群、英语成绩、经济困难状况、无家可归状况以及收养情况来报告高中毕业率。这些类型的数据对于评价极具辍学风险的群体的趋势而言至关重要。但奇怪的是，各州并不需要根据性别情况来报告教育结果。获得上文引用的数字需要处理每个州的数据。

充满活力的非营利联盟"高毕业率国家"（Grad Nation）正试图将美国的高中毕业率整体提升到90%（基于2017年的85%）。[22]这是一个宏伟的目标。该联盟指出，这要求在"有色人种学生、残疾学生以及低收入学生"中有所改善。这毫无疑问。不过他们却遗漏了一个关键群体——男孩。别忘了，女孩距离目标只差 2 个百分点，但男孩距离该目标则有 8 个百分点。

一切都与时间（或大脑发育）有关

如何理解前述现象？有许多可能的解释。一些学者认为，男孩在中学相对不好的表现与他们较低的高等教育期望相关，这典型地构成了一种恶性循环。[23] 另一些学者则担心对女性教师的强烈偏爱——每四个老师中就有三位是女性，且这一比例还在增长——会使得男孩处于不利地位。[24] 这当然是一部分原因。但我认为还有一个更重要且更简单的解释摆在我们面前。这就是男孩的大脑发育更为缓慢，在中学时期最为关键的几年之中，这一点体现得尤为明显。当几乎有四分之一的男孩（23%）被划分为"发育性残疾"时，我们难免就会怀疑是否是学校而非男孩出了问题。[25]

在《不是青春惹的祸：青春期大脑决定孩子的人生》中，劳伦斯·斯坦伯格写道："当高中时期的青少年心平气和、充分休息且意识到会因不错的选择而受到奖励时，就会做出更好的选择。"[26] 对此，大部分家长或任何讲述自己青少年时代的人可能的回应是：拉里，说点我们不知道的吧。但是青少年兴奋毛躁，难以"做出不错的选择"。年轻的时候，我们偷偷溜下床去参加派对；老了以后，我们从派对偷偷溜回自己的床上。斯坦伯格展示出，青少年在何种程度上其实是我们大脑中寻求刺激的部分（去参加派对！忘掉学校吧！）和控制冲动的部分（我今晚真的需要学习！）之间的战斗。

将上述过程设想为汽车中加速器和刹车板在心理学方面的等价物会有所帮助。在青少年时期，我们的大脑偏好加速器。我们寻求新奇、刺激的体验。我们的冲动控制——刹车机制——后来才发展起来。如斯坦福大学生物学与神经学家罗伯特·萨波斯基在其著作《行为：人类良善与邪恶行为背后的生物学》中写道，"不成熟的额叶皮质无法对抗这样的多巴胺系统"。[27]这对父母教育以及帮助青少年培养自律模式的重要性而言，明显具有启发意义。

于是，青少年时期就是一段我们感到更难控制自身的时光。但是相较于女孩，男孩更难控制自己，因为他们的加速器更多而制动力更少。大脑中与冲动控制、规划、未来导向相关的部分（有时被称为"大脑的首席执行官"）主要在前额皮质中，但男孩身上这个部位要比女孩晚大约两年成熟。[28]比如，女孩在11岁时小脑就会达到完整尺寸，但男孩直到15岁时才能达到。尤为重要的是，根据神经科学家格克琴·阿克尤莱卡的研究，小脑"对于情绪、认知和控制能力具有调节作用"。[29]这些我很了解：我有三个儿子。这些发现与有关注意力和自控力的研究证据相吻合，在后者中最大的性别差异出现在青春期中期，一个原因是青春期对海马体的影响，另一个原因则是大脑与注意力和社会认知相关。[30]"你怎么就不能更像你妹妹一些？"，对于这个很多十几岁男生听过的问题，正确答案差不多是："老妈，这是因为皮层灰质和皮层下灰质存在性别二态轨迹！"（转头又继续玩电子游戏。）

大脑的某些部分虽然需要发育，但一些大脑纤维必须要得到修剪，以改善我们的神经功能。认为我们大脑的某些部分需要变小才能更有效率有些古怪，却无疑是实情。总体来说，大脑会自我整理；我们可以将之理解为像是通过修剪篱笆而使之保持良好样貌。这个修剪过程在青少年发育时非常重要，一项研究对121名年龄在4岁到40岁之间的人进行了详细的脑成像，结果显示，女孩比男孩更早出现这一过程。大约在16岁时，两者的差距是最大的。[31]科学新闻工作者克里斯特奈尔·施托尔（Krystnell Storr）指出，这些发现"补充了越来越多的有关大脑的性别差异的研究……科学表明，我们大脑的发育方式不同。谁能反驳这一点呢？"。[32]（结果反而是很多人都在反驳这一点。不过我稍后再谈。）

一如既往，重要的是要注意到我们这里讨论的是平均状况。但我不认为这个证据会让许多家长感到震惊。"在青少年时期，女生的平均状况是在突触峰值和连接过程方面要比男生成熟两到三年，"宾夕法尼亚大学佩雷尔曼医学院神经学系系主任弗朗西斯·延森指出，"如果我们想想 15 岁的男孩与女孩，这个事实对于大部分人来说并不令人惊讶。"[33] 我没有女儿，但我可以指出，当我儿子在中学和高中阶段邀请女性朋友来家中时，他们在发育方面的差异通常令人吃惊。

在发展对于学业成就最为重要的技能与特征方面，性别差异最大的时候，恰恰是学生需要担忧他们的平均绩点、准备考试以及远离麻烦的时候。[34] 美国国家科学、工程与医学研究院 2019 年发布的一份有关青少年新科学重要性的报告指出，"大脑发育和青春期的关联所体现的性别差异，与理解……青春期巨大的性别不平等相关。"[35] 不过这种刚刚兴起的有关大脑发育方面——特别是在青春期时期——的性别差异的科学研究，尚未对政策产生影响。比如，在美国国家科学院*报告中有关教育的章节里，并未涉及对于其发现的性别差距的具体建议。

关于神经系统性别差异重要性的争论可能相当激烈，但就教育而言，这种争论是错误的。当然，在男性和女性心理上会有一些生理上的差异，这些差异会在青春期后持续存在。但目前来看，最大的差异并非女性和男性的大脑如何发育，而是

---

* 与上文美国国家科学、工程与医学研究院为同一机构。——译者注

何时发育。关键之处在于，对女孩和男孩来说，生理年龄和发育年龄之间的关系非常不同。从神经科学角度来看，教育制度向有利于女孩的方向倾斜。但自不必多言，这并非有意为之。因为别忘了，主要是男性设立了这种教育制度；并不存在意图损害男孩的持续百年之久的女性主义阴谋。当女孩对于更高层次的教育与职业的追求得不到鼓励且被引导操持家务时，教育制度中的性别偏见就更难被察觉。[36] 由于女性运动使得这些机会向女孩和女人开放，她们的天生优势就逐年变得更为明显。

粉色的大学

高等教育阶段的性别差距进一步扩大。在美国，现在有57%的本科学位授予女性，并且不局限于刻板印象中的"女性"学科：比如，在商学本科学位中，女性现在所占比例接近一半（47%），而在1970年这个数字低于10%。[37] 女性也获得了大多数法学学位，而在1970年，这一比例约为5%。[38]

图1-2显示了从1971年到2019年副学士、学士和研究生学位授予比例的性别差距。[39]

在硕士学位和副学士学位中，女性占比达五分之三，在专业学位中女性占比上升得甚至更加迅速。[40] 授予女性牙科博士学位（DDS 或 DMD）、医学学位（MD）或法学学位（JD 或 LLB）的比例从 1972 年的 7% 跃升到 2019 年的 50%。[41] 女性在大学校园的主导地位也出现在非学术领域。2020 年，美国排名前 16 位的法学院的法律评论都有一名女性担任主编。[42]

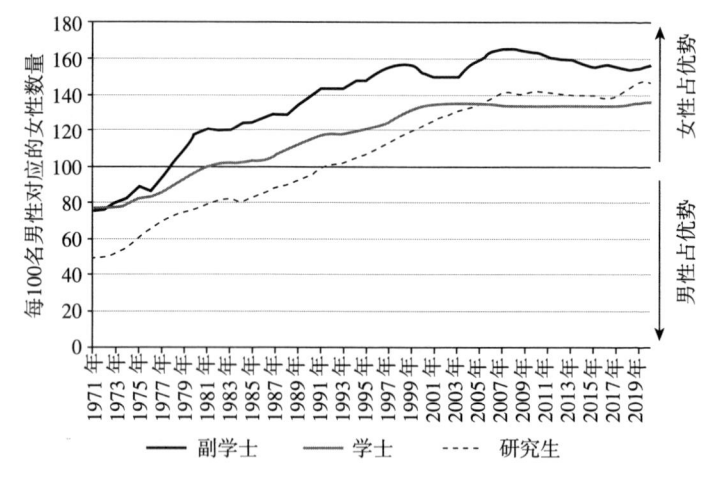

图 1-2 巨大的教育超车

1971—2019 年每 100 位男性获得学位时，女性获得学位的数量

注：研究生学位中包含硕士学位、专业学位、博士学位以及法学学位。
来源：美国教育部，国家教育统计中心，《学位授予机构所授学位数量，依据学生的学位层次和性别划分》（2005 年和 2020 年）。

如罗辛所言，这是一种全球性趋势。1970 年，即我出生后的那年，只有 31% 的本科学位授予英国女性。20 年后我本科毕业时，这个数字是 44%。现在则是 58%。[43] 如今，年轻的英国女性中有 40% 的人在 18 岁步入大学，而在她们的男性同龄人中这一数字是29%。[44]"全世界开始意识到……这个问题",冰岛阿库雷里大学校长埃约尔夫·古德蒙松如此说道,在其学校中有77%的本科生都是女性。[45]冰岛是一个有趣的个案研究,因为根据世界经济论坛的数据,它是全世界性别平等程度最高的国家。[46]但是冰岛的大学却正使出浑身解数扭转教育上的巨大性别失衡。"这个趋势并没有得到媒体关注,"冰岛大学副校长斯坦宁·盖斯茨多蒂尔指出,"但是政策制定者们对此却很担忧。"[47]在苏格兰,政策制定者已经不再停留于担忧的阶段,而是开始着手应对这一趋势,确立了在所有苏格兰大学增加男性学生的清晰目标。[48]他们的方法值得其他国家借鉴。

一些学科,诸如工程学、计算机科学和数学,的确仍偏向男性。大学、非营利性组织以及政策制定者投入了大量精力和财力来缩小"STEM"学科（science, technology, engineering, and math,即科学、技术、工程和数学）中的这些差距。但即使在这些领域中,消息总体上也是令人振奋的。现在"STEM"学科的本科学位有36%授予女性,这些女性中有41%获得的是物理科学学位,有42%获得的是数学和统计学学位。[49]可是在传统中偏向女性的学科,比如教育或护理中,男性却没有同等地增加,而这些职业领域可能会出现显著的就业增长。（我会在本书第十一章更详细地讨论如何使更多男性进入"HEAL"

领域的职业。)

在经济合作与发展组织的每个成员国中,年轻女性获得学士学位的数量都要高于年轻男性。[50] 图1-3显示了在我们选取的几个国家中的这一性别差距。据我判断,没有人曾预料到女性会如此迅速、全面且在全球范围内如此一致地超越男性。

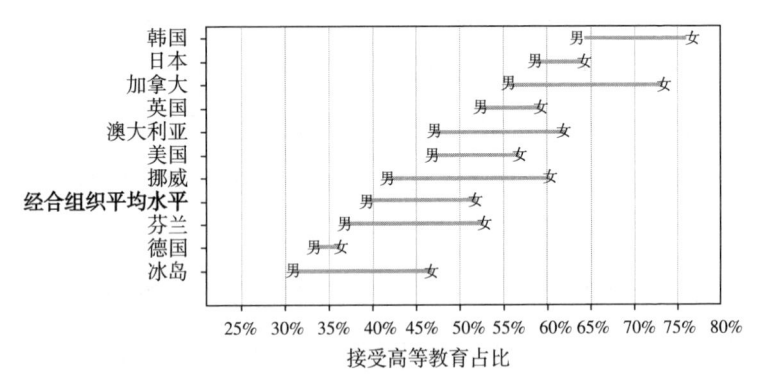

图 1-3 在全球范围内女性受教育比例更高
25—34岁受过高等教育的男女所占比例

注:选取经济合作与发展组织的成员国。每个国家的统计年份略有不同。
来源:经济合作与发展组织,《受教育程度与劳动力状况(ELS):接受高等教育的人口,依据性别和年龄群体划分》,数据源自2021年11月15日。

悄然进行的平权行动

如今在美国,几乎每所大学中都是女生占据绝大多数。男性主导地位的最后堡垒曾是常春藤联盟大学,但现在它们每一个都以女性为主。[51] 大学校园持续女性化可能不会给太多人带来麻烦,但至少有一个群体的成员确实为此感到担忧,即招生负责人。肯尼恩学院(Kenyon College)前任招生办公室主任詹妮弗·德拉哈蒂写道:"一旦你在招生时以女性为绝对主导,就会使得更少的男性觉得你的学校有吸引力,最终导致更少的女性觉得你的学校有吸引力。"在一篇以《致我所拒绝的女孩们》为题而引发悲怆、激辩的《纽约时报》评论文章中,她公开了这一每个人都知道的秘密:"相较于男生,今天最顶尖大学的录取标准对女生来说更加苛刻。"[52]

关于这种悄然进行的支持男性的平权行动方案,其证据似乎显而易见。在私立高校,男性的录取率要远高于女性。[53] 比如,在瓦萨学院录取入学的学生中有 67% 是女生;但在 2020 年秋季,男性申请者的录取率是 28%,女性是 23%。[54] 你或许会觉得这可能是因为瓦萨学院在 1969 年之前一直都是女子大学。但肯尼恩学院——它在 1969 年时是男子大学——面临着类似的挑战。[55] 与此相反,培养大多数学生的公立学院和大学被禁止性别歧视。这成为它们比私立高校更加偏向女性的一个原因。

你或许会觉得私立高校的性别歧视是不合法的。但请读一读《美国教育法修正案》第九条 1681（a）（1）款的细则，其中包含着对私立本科高校招生性别歧视的一个具体豁免条款。显然，这个条款意在保护少量男女分校的院校，而非允许其他院校采取支持男性的歧视政策。性别偏见的证据非常充分，以至于在 2009 年，美国民权委员会（U. S. Commission on Civil Rights）不顾 1681 款的漏洞，发起了一项调查。发起这项调查的委员盖尔·赫里奥特（Gail Heriot）指出，存在"故意歧视的证据"。[56] 但两年后，这项调查就被搁置下来，理由是"缺乏充分数据"。没有人确切知道背后发生了什么。但我觉得汉娜·罗辛的评价是对的。她写道："承认存在导致这种歧视的更大规模的运作过程会带来另一种完全不同的威胁，这意味着承认在这些领域中实际上是男性需要得到帮助。"[57]

正如肯尼恩学院的德拉哈蒂在 2021 年 9 月的《华尔街日报》采访中开诚布公地说道："存在偏向于男孩的运作吗？当然。但问题是，这样做是对还是错？"[58] 我的回答是这么做是错误的。即便我对男孩和男人在教育领域的落后现状感到忧虑不已，但平权行动却并非解决之道。（抑或我应当说，它尚未成为解决之道。）在很大程度上，大学层面的性别差距反映了高中时期的性别差距。比如，在刚进入大学时成绩方面的差异可以通过高中时期平均绩点的差异加以解释。阅读和语言能力在很大程度上预测了上大学的比例，而这正是男孩被女孩远远甩在身后的领域。[59] 根据埃斯特班·欧斯隆和乔纳森·詹姆斯的研究，让男生和女生在 16 岁时具有相同的语言能力，就会缩小英格兰的大学在录取时的性别差距。[60] 因此，最迫切的任务就是在中小学教育中提升男孩的成绩。

辍学与退学

但是，大学录取更多的男生只是第一步，还需要帮助他们完成学业。对于大部分如今在某个时刻进入某类大学的学生来说，最大的挑战就是毕业。这方面也存在着性别差距。男性学生更有可能"辍学"（stop out），也就是不再继续他们的学业，并且他们也更有可能"退学"（drop out）而根本无法毕业。这里的差异可不能等闲视之：被公立四年制院校录取的女性学生中，有 46% 在 4 年后毕业；但对于男性学生来说，这个比例是 35%。（在 6 年毕业率中这个差距稍有缩小。）[61]

美国城市研究所教育数据与政策中心主任马修·钦戈斯（Matthew Chingos）在 2019 年与《纽约时报》合作，基于辍学率制作了一份大学排行榜。为了公平地对待院校的表现，钦戈斯考虑了他们所录取的学生的类型，因为"通常的情况是，当院校录取了更多低收入学生、更多黑人和拉丁裔学生、更多男生、更多大龄学生以及更多'美国高中毕业生学术能力水平考试'或'美国大学入学考试'低分学生时，毕业率就会更低"。[62] 换言之，大学不应由于招收了更多处于劣势的学生所导致的更高辍学率而受到谴责。在我读这篇文章时，映入眼帘的就是这个范畴中所补充的"更多男生"。这意味着半数人口在教育方面的表现不佳如今已成社会科学家习以为常的事实，要被纳入统计控制的标准组合之中。

钦戈斯的数据表明，在其他条件保持不变时，一所四年制女子学校的毕业率要高于男子学校毕业率14个百分点。[63] 这个差距非同小可。实际上，考虑到其他因素，诸如考试成绩、家庭收入以及高中成绩等，男性学生在大学辍学的风险要比其他任何群体都要高，后者中包括了穷困生、黑人学生或在国外出生的学生。

可是男性在大学中表现不佳这一现象却隐藏在重重迷雾之中。世界顶尖学者一直都在关注着大学中男性的低录取率和低毕业率，收集数据展开回归分析。我查阅了这些研究，并和许多学者交流过。对于他们结论的简短总结就是："我们搞不懂。"经济动机并不是答案。对于男性来说，大学教育的价值至少和女性是一样的。[64] 即使像麻省理工学院的戴维·奥特尔这样深入钻研数据的学者，最后也认为男性教育趋势"令人困惑"。[65] 英国大学和学院招生服务中心前主任玛丽·科诺克·库克（Mary Curnock Cook）说，自己"感到困惑不解"。[66] 当我问一个儿子他的想法时，他从手机屏幕前抬起头来，耸耸肩说，"搞不懂"。事实上，这可能是一个完美的答案。

在这些争论中，一个几乎没有得到关注的因素就是发育差距，男性前额皮质在二十岁出头时才会奋力赶上女性。在我看来，就如在高中时期一样，女孩和女人总是更容易在大学取得成功似乎是显而易见的，随着有关大学教育的性别假设逐渐消失，这一点便愈发明显。[67]

不过我认为这里也存在着一种愿望差距。如今大多数年轻女性被反复灌输教育的重要性，并且大部分女性想要获得经济独立。相较于她们的男性同学，她们对于自己的未来有更明确的目标。在 1980 年，相较于同班女生，有更高比例的高三男生说他们确实希望获得四年制本科学位，但仅仅在二十年后，这个差距就逆转过来。[68] 这可能也是为何许多教育干预措施（包括免费大学在内）使得女性比男性更加受益的原因。女性更加渴望成功。女孩和女人不得不与外在世界的厌女症做斗争。男孩和男人现在则需要和内心动力不足做斗争。

汉娜·罗辛 2012 年著作的书名非常令人沮丧：《男性的终结》。但当时她依旧充满希望，认为男性会奋起迎接挑战，在

第一章　女孩为王：男孩在教育中落后　31

教育领域尤为如此。她写道："没有什么比年复一年的惨败更能让你重新考虑自己的选择了。"[69] 可是目前来看，几乎没有任何迹象表明男性在重新考虑自己的选择。她所描绘的趋势进一步加剧了。也没有任何对于教育政策或实践的重新思考。科诺克·库克恰如其分地将此称为"巨大的政策盲点"。[70] 除了值得称道的例外——去苏格兰看看！——政策制定者一直都在费力地缓慢调整。或者这没什么令人震惊的。教育领域中的性别翻转向来都是令人惊讶地迅速。这就如罗盘仪上的指针翻转了它们的指向一样。突然在某一刻，北极就变成了南极。突然在某一刻，为性别平等而努力就变成了关注男孩而非女孩。退一步说，我们迷失了方向。难怪我们的法律、制度甚至态度都还没来得及转变。但是这种转变必不可少。

第二章
打工人布鲁斯：
男性在劳动力市场的地位正在下降

2019年5月，我在美国联邦储蓄系统组织的会议中，担任有关不平等的小组讨论的主持。我问杰出的经济学家梅丽莎·卡尼（Melissa Kearney），她对女性的担忧是否超过了对男性的担忧。她思考了片刻。我在一群非常有影响力的听众面前向她抛出了这个问题。"我其实担心的是男性在美国被推向经济、社会以及家庭生活边缘的程度，"她回应道，"在这二十、三十甚或四十年来……学者关注的都是女性和儿童。现在我们真的需要考虑一下男性了。"[1]

卡尼这么说需要莫大的勇气，而且她说的没错。如果我们想要拥有更具活力的经济，想要为自己的孩子打造更光明的未来，我们就需要对正在苦苦挣扎的男性伸出援手。在本书第一章，我描绘了男性在校园面对的挑战。现在让我们看看工作领域。越来越多的男性无法得到有薪水的工作。对于大部分有工作的男性来说，工资停滞不前。其实，收入的性别差距之所以缩小的一个原因，就是男性工资中位数在下降，这显然并非实现平等的最佳路径。尽管女性收入正在追赶男性，经济阶梯顶端的劳动者——包括男性和女性——的收入远远甩开了其他所有人。劳动力市场中最严重的差距并非存在于男性和女性之间，而是体现在白人劳动者与黑人劳动者之间，上层中产阶级、中产阶级与工人阶级之间，这构成了本书第四章和第五章的主题。

"在女性运动和大众媒体中，许多人都会抱怨说男性完全'不愿放弃对权力的掌控'，"苏珊·法露迪写道，"但这似乎并不适用于大多数男性的情况，他们每个人都觉得权力的缰绳不是攥在手中，而是咬在自己嘴里。"[2]

本章将描述并解释这些男性日益恶化的经济财富状况。至关重要的是要看到产生这些结果的根源，是劳动力市场的结构，而非男性自身的问题。这是一个结构性问题，而非个人问题。

消失的他

经济学家戴维·奥特尔和梅勒妮·沃瑟曼指出："在过去

的30年里，美国男性的劳动力市场轨迹在4个维度上呈现出下滑趋势：技能获取、就业率、职业声望以及实际工资水平。"[3] 这听起来很糟糕，但事实就是如此。在过去的半个世纪中，美国男性的劳动参与率下滑了7个百分点，从96%下降至89%。[4] 即使在2020年新冠疫情对经济造成冲击之前，也有900万处于黄金工作年龄的男性失业。（经济学家将黄金工作年龄界定为从25岁开始到令人身心俱疲的54岁。）一个可归于技术层面但却重要的问题是，大部分没有工作的男性都没有被统计在官方的"失业人口"中，因为这些人并没有求职。在仅有高中学历的男性中，有三分之一的人现在脱离了劳动力大军。[5] 这部分人口有500万人。[6]

当你想到一个受到经济趋势损害的男人时，你很可能想到的是一个中年男子。但这不仅仅是年长男性的问题。如图2-1所示，男性就业率的最大下滑实际上出现在25岁至34岁的年轻男性群体中。[7]（这的确是黄金工作年龄。）学者们尚不清楚个中缘由。标准的经济模型难以解释这种现象。一个流行的解释是电子游戏所具有的吸引力：相较于薪资低廉、毫无吸引力的工作，我们不难明白"刺客信条"（Assassin's Creed）为什么能成为消磨一天时光的更好方式。但这种解释实际上缺乏充分证据。北卡罗来纳大学经济学家格雷·金布罗通过有关时间利用数据的详细分析发现，消耗在游戏方面的时间在男性二十来岁时增长得最快，但只是从2005年的每周3小时，上升到2015年的每周6小时。[8] 从我自己身为三个男孩的父亲的经验出发，老实说，我需要仔细核对这些数字是否真的是每周而非每天的小时数。在我看来，这个数字并不能作为道德恐慌的理由。金布罗还表明，离开工作的男性并没有增加打游戏的时间，或至少没有立刻增加在这方面的时间。

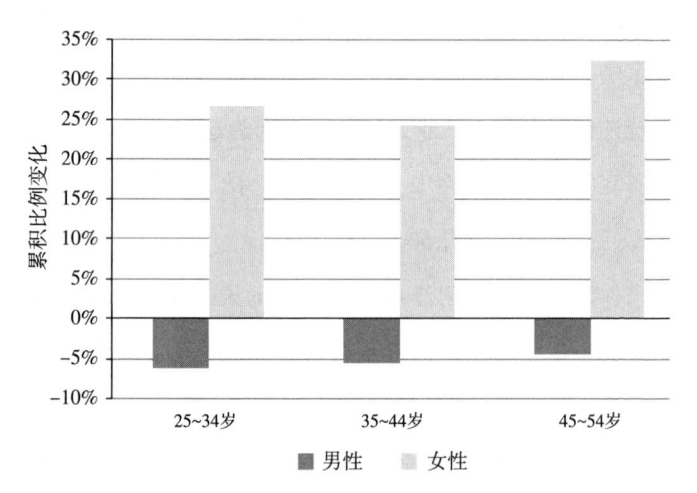

图 2-1 在工作中，男性减少、女性增多
1979—2019 年就业人口比的变化

注：根据季度有所调整；年龄范围为 25~54 岁；时间范围是 1979 年第一季度到 2019 年第四季度。
来源：劳工统计局，就业人口比系列。

2020年的经济下行显然引起男性和女性就业率的暴跌，因为封锁导致经济处于静止状态。在短短几周内，女性就业率下降了16%,男性就业率下降了13%。[9]两者的差异在一定程度上是因为更多女性要从工作中抽出时间照顾孩子,在学校和儿童保育机构关门时更是这样,这个经济下行很快就被称为"女性衰退"(she-cession)。[10]当然,2020年的经济衰退是近来经济下行的一个起点,在下行趋势中正如密歇根大学经济学家贝齐·史蒂文森的观察,"女性就业的下降几乎难以察觉"。[11]之前大部分的衰退实际上一直都是"男性衰退"(he-cession),对男性就业的冲击最为严重。

但是由于2020年的衰退是由疫情人为造成的,而非通常的经济周期,经济复苏也就极为迅速。新冠病毒所带来的衰退非常猛烈但也非常短暂,仅仅持续了两个月,要比先前美国历史上任何一次衰退都要短暂。性别差距的缩小也非常迅速。截至2021年10月,自疫情开始以来,劳动参与率下降了1.2个百分点,男女平均分配。[12]也有一些好消息:女性高级管理人员的比例从2019年的21%上升到2020年的24%。[13]

机器人和贸易

男性就业率的下降并非由于他们突然变得懒散或不愿工作,而是因为经济结构的转型。简单来说,男性工作受到自动化和自由贸易的组合拳的出击。机器对于男性比对于女性的威胁更大，理由有二。第一，正如我的同事马克·穆罗所言，最易受到自动化威胁的岗位正是最有可能雇用男性的岗位。他写道，"男性……占据了70%的生产岗位、80%以上的运输岗位以及90%以上的建筑与安装岗位"，[14]而这些岗位中的"职业群体当前的任务负荷，均具有高于平均预期的自动化暴露"。与此相反，女性是相对免于自动化的职业中的主要劳动力，诸如卫生保健、个人服务以及教育等。

第二，男性通常缺乏自动化世界中所需的技能。在英格兰银行首席经济学家安迪·霍尔丹（Andy Haldane）看来，"未来的高技能、高薪水的工作可能需要用情商（一种对于情绪方面智商的测试）而非智商来衡量的技能"。[15]已经有证据表明，女性在"软技能"方面的优势使得她们在美国劳动力市场中具有额外加成，并且她们也比男性能更迅速地切换到"防范机器人"（robot-proof）型职业。[16]不过，需要注意的是自动化所带来的可能影响有许多不确定性。有关这一点的经验性估测千差万别。[17]对于自动化的恐惧早已有之，它们通常体现出对于经济趋势更为广泛的悲观情绪。

但有一件事是确定无疑的。远离需要体力的工作这一长期转变依旧在进行。现在不到十分之一的职位需要劳动统计局所说的"重体力工作"，后者要求"偶尔举起或携带51～

100磅的重物，又或经常举起或携带26~50磅的重物"*。[18]随着工作对于肌肉的需求下降，男性在体力方面也呈现出越来越多的弱势；一项有关握力（总体体力的良好指标）的研究表明，男性体力在迅速下降。[19]与此同时，抑或更令人惊讶的是，女性越来越体力强壮。在1985年，30岁出头的男性握紧你的手的力度，平均来说要比同龄女性大30磅左右。但在今天，他们的握力基本持平。

这里的目标并不是要让男性重拾需要体力的工作，而是帮助他们做出转变。在未来增长最快的大部分职业中都是女性占据主导地位。[20]一直有值得赞赏且基本成功的动力，即推动更多女孩和女人进入要求"STEM"技能的工作。但现在更为重要的是鼓励男性进入我所说的"HEAL"（health, education, administration, and literacy，健康、教育、管理和文字）类工作，而女性是这类工作中的主导。

男性工作者一方面受到机器人的挑战，另一方面则受到其他国家工作者的挑战。近年来，特别是在美国和英国，自由贸易已经成为热点政治话题。这里无法详细处理经验问题。毫无疑问，进口中国商品导致美国制造业就业减少了大约200万到300万个岗位。[21]但依旧存在着如下争论：其他类型的岗位

---

* 51~100磅相当于23~45千克，26~50磅相当于12~23千克。下文30磅约为14千克。——编者注

是否出现补偿性增长；这种影响在何种程度上局限在特定地域，特别是中部；这种冲击是否只是短期的，比如只是在2001年中国加入世界贸易组织后的几年，还是说有持续更久的影响，以及减少工作者的地域流动是否让问题变得更糟。换言之，这个问题很复杂。同样难以准确加以经济衡量的，还有更便宜的中国商品为数以千万计的消费者带来的利益（当然这些商品也为中国工作者带来了利益——不过这是另一个问题了）。

我要说的是，政治精英数十年来一直沾沾自喜地认为，从净值来算或从长期来看，自由贸易是件好事。这的确不假。但很明显的是，这意味着在某些地方有某些人现在正受到伤害。没有采取太多措施来帮助这些人，就连主张和工人阶级站在一起的中间偏左的政客们也是一样。政策圈子的假定，即自由贸易中的赢家会对输者再分配自己的利益，被证明基本上是错误的。受害者们总体上被远远甩开，被告知要转变自己的想法，要进行某种"终身学习"，并要跟上时代。截至2017年，美国政府在产业调整援助（Trade Adjustment Assistance）中为劳动者每花1美元，就会有25美元被用在精英大学捐赠基金的税收补贴中。[22]［2017年的《减税和就业法案》（*The Tax Cuts and Jobs Act*）向这些基金中规模最大的一些征税。］在民粹主义的反弹中，技术官僚精英基本上是在自食其果。

对于工作中的男性来说，薪资水平通常要比过去还低。男性的实际时薪中位数在 20 世纪 70 年代的某个时刻达到最高，此后便一路下降。女性的薪水在过去的 40 年间普遍提高，但与此同时在大部分薪资水平中，男性的薪水一直都停滞不前。只有在顶端的男性的薪水有明显增长。相较于在 1967 年开始工作的男性，1983 年进入劳动力市场的男性在其整个职业生涯会少赚大概 10%。相比之下，女性的终生收入在同一时期增长了 33%（这些数字都是中位数）。[23] 用美国劳动统计局干瘪的语言来形容，"男性收入的长期趋势与女性收入的长期趋势相当不同"[24]。

但如何看待这种工资性别差距？

聘请一位新研究助理时，我会请他读两本书。一本是罗伊·彼得·克拉克（Roy Peter Clark）的《精简写作：快节奏时代的沟通与表达》（*How to Write Short：Word Craft for Fast Times*），这是博客与推特时代清晰沟通的绝佳指南（没错，此时我意识到你手里拿着的这本书特别厚）。另一本是《事实：用数据思考，避免情绪化决策》，这本书的作者汉斯·罗斯林在某种意义上是我心目中的英雄。罗斯林去世于 2017 年，是瑞典的一位内科医生，致力于统计学科普。在《事实》这部作品中，他描述了各种各样的偏见，包括"直线本能"——一种认为历史趋势将如直线般延伸到未来的假设，"消极本能"——认为事情可能会变得更糟的倾向，以及"差距本能"——一种"将事物分成两个彼此不同的群体的基本需求，但这两个群体间其实并不存在任何差距"。[25]如罗斯林所言，"我们喜好二分法"。

差距本能会导致两种感知错误。首先，我们未能看到这两个群体在何种程度上是彼此重合的。其次，我们未能看到通常存在于群体内部而非群体之间的更大的差距。

工资性别差距就是一个恰当的例子。处于（全职且全年工作的）女性工资分布中位的一位女士之所得，是处于男性工资分布中位的一位男性之所得的82%；在2020年，这个数字相应是每周891美元和1083美元。[26]我们一听到这个差距，脑海中自然而然浮现出的想法就是"女性比男性挣得少"。但事实上，女性工资的分布与男性工资的分布极为类似，并且相较于几十年前，两者在今天更加类似；图2-2显示出在1979年和2019年时男性与女性的工资分布。

如你所见，如今男性与女性的工资分布重叠程度非常高。实际上，现在有40%的女性要比普通男性挣得多，而在1979年这个数字只有13%。五分之二的女性要比一半男性挣得多，这对于许多人来说似乎都是反直觉的。在2021年6月，我在我的推特关注者中发起一项投票，问他们觉得女性工作者比男性工作者工资所得中位数挣得多的比例是多少：10%、20%、30%还是40%。这项投票只得到264人参与，所以我在这里不提出任何科学主张。不过，我的关注者们属于学术群体，在这类事情上可能要比大多数人拥有更多信息。但投票结果依照人数顺序依旧是20%、10%、30%以及最终的正确答案40%。差距本能是错误的。

图2-2的工资曲线表明了差距本能思考的另一方面危险，这便是忽略了群体内差异的程度。男性和女性的工资分配要比1979年时的重叠程度更高，但也更加分散。高薪水女性和低薪水女性之间的差距，以及情况稍好的高薪水男性和低薪水男性之间的差距，已经急剧扩大。男性和女性薪水分布差距的缩小，对性别平等领域而言当然是巨大的好消息。随着男性和女性不仅在收入方面而且在就业、工作时长以及职业类型方面差距的大幅缩小，过去的半个世纪已经见证了克劳迪娅·戈尔丁所说的"伟大的性别趋同"。[27] 不过近年来，女性虽然在课堂中取得了成功，但在缩小工资差距方面的进步有所放缓，却也是实情。

图 2-2 不断缩小的工资差距

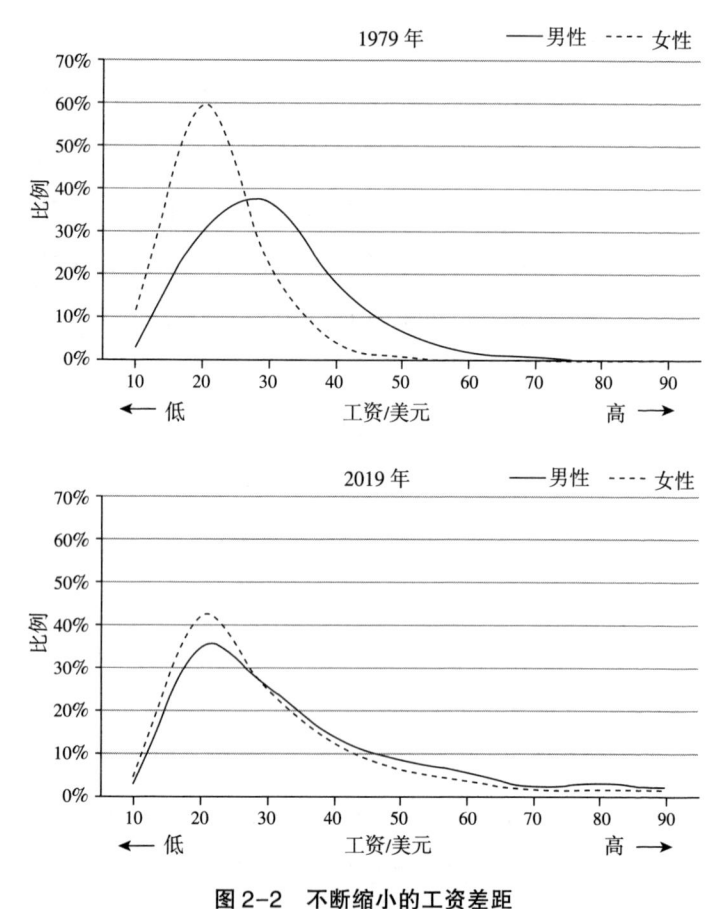

男性和女性在 1979 年和 2019 年的工资分布

注：2019 年美元，根据 CPI-U-RS（所有城市消费者调查系列中的消费者价格指数）的通货膨胀做出调整。该图显示了一条平滑的线，其中 x 轴显示了每个小时 10 美元工资区间的工人比例。

来源：当下人口调查，本书作者的计算。

所以到底是什么导致了依旧存在的差距？这个问题的答案非常重要，在涉及可能的解决方案时尤为如此。

基本事实毫无异议。如我所言，普通（亦即中位数）全职女性工作者的收入是普通男性的82%。问题在于为什么会这样。此时争论就变得激烈起来。对于女性主义左翼而言，这个工资差距表明存在着父权制。美国全国妇女组织（National Organization for Women）主席托妮·范·佩尔特指出："工资差距是父权制劳动制度的一个明显不公平的残余，它影响着女性一生的经济潜力。"[28] 但与之相对，保守主义者认为，工资差距这种看法不过是一种女性主义神话，被用来制造出有关压根并不存在的不平等的印象。美国企业研究所（American Enterprise Institute）的克里斯蒂娜·霍夫·索莫斯认为，工资差距是"不可信的大规模虚构"。[29] 无独有偶，在2019年的一项调查中，46%的男性和30%的女性认为，工资不平等问题"是服务于政治目的的虚构"。[30]

工资差距准确地体现了处于各自工资分布中位数的个体男性与女性在可获得的经济资源方面的差异。这绝非一种神话，而是与数学相关。真正的分歧并不在于普通女性是否比普通男性挣得少，而在于这种差距的根源。保守主义者指向如下研究：这些研究表明，一旦影响工资的一系列因素——时长、产业、经验、年资、区位，等等——被纳入考虑范围，工资差距就几乎消失得无影无踪了。[31] 各种各样的这类研究认为经过调整的工资性别差距大概是5%。在2009年美国联邦政府委托的一项研究的前言中，劳工部副助理部长查尔斯·詹姆斯（Charles James）总结道："未经调整的工资差距不应被用作正当化矫正措施的理据。实际上，不存在任何有待矫正的问题。"[32]

当然，几乎没有什么证据表明，在以相同方式做相同工作时，女性获得的工资比男性更少。女性的工资更少是因为她们做的工作不同，或工作方式不同，抑或两者兼而有之。但这自然并非故事的结局。女性挣得少可能是因为她们在高级职位中的人数少，但这个事实本身可能是制度性性别歧视的结果。同样，在低收入的职位和产业中，女性数量更可能比男性多，这大概解释了工资差距的三分之一的情形。不过这可能体现出社会化的性别角色，特别是在家庭责任方面，或对女性工作的贬低方面，抑或两者兼而有之。不管怎样，当不同岗位间存在着工资性别差距时，岗位内部也存在着巨大的工资性别差距。

工资差距是育儿差距

用一个词对工资差距进行解释，那就是：孩子。在年轻的成年人群体中，特别是当他们没有孩子时，工资差距基本上消失不见了。[33] "有显著的证据表明男性和女性的收入是同步向上移动的，直到一对夫妻的第一个孩子出生，"经济学家玛丽安·伯特兰（Marianne Bertrand）说道，"正是从此刻起，女性输了，且永远无法恢复。"[34] 更糟糕的是，工资收入的关键年龄是从 35 岁左右开始，如该领域另一位顶尖经济学家米歇尔·布迪戈所言，这"正是大量家庭责任蜂拥而至的同一时期，对母亲们来说尤为如此"。[35] 没有孩子的女性的收入轨迹与男性的收入轨迹看起来是类似的，但是母亲们的收入轨迹则并非如此。女性拥有的孩子越多，她们在就业和收入方面就被甩得越远。[36]

有关收入性别差距主要是育儿收入差距的一些最有说服力的证据，来自瑞典和挪威的创新性研究，它们对比了同性关系与异性关系中的新手妈妈。来自瑞典劳动力市场与教育政策评估研究所的于尔娃·莫贝里指出，在两种家庭类型中，生育母亲在收入方面受到的影响几乎是一致的。[37] 与此同时，女同性恋家庭中未生育的母亲表现出与异性恋家庭中的父亲类似的收入模式。随着时间慢慢过去，女同性恋家庭中如果拥有不止一个孩子，这种不平等就会被慢慢抵消，因为她们会轮流成为生育的母亲。与此相反，对于异性恋夫妻来说，随着每个孩子的出生，这个差距会不断扩大。

哈佛大学的两位经济学家瓦伦汀·博洛特尼和娜塔莉亚·伊曼纽尔对马萨诸塞湾交通局（Massachusetts Bay Transportation Authority）的公交和火车司机展开的一项研究也提供了一些强有力的证据。[38] 司机中有 30% 是女性，平均来说，她们的男性同事每挣 1 美元，她们就挣 0.89 美元。通过集中于为同样的雇主干同样工作的男性和女性，博洛特尼和伊曼纽尔就能够排除造成工资差异的其他多种因素。他们的结论是，工资差距"能够完全由如下事实解释，即尽管男性和女性在工作场所中有同样的选择集合，但他们各自做出了不同选择"。[39] 男性加班（会有额外收入）的概率是女性的两倍，即使短期来看也是如此。他们的无薪假期时间也更短，等等。在拥有孩子的火车司机中，这个差距甚至更大。父亲想要挣更多加班费；母亲想要更多休息时间。

在某种程度上，最合理的方法是关注经济阶梯顶端的女性，因为她们的选择面最广而且最具经济实力。以从哈佛毕业、具有专业学位或研究生学位的女性为例，她们可能是全世界最出类拔萃的教育群体中的一员。在毕业 15 年后，这些女性中只有半数在全职工作。发生了什么？"在克服了那么多障碍、在获得了无数的自由后，一直存在的阻碍因素变得清晰无比，"对这个群体有深入研究的克劳迪娅·戈尔丁写道，"这个阻碍因素就是时间束缚。孩子需要时间，职业需要时间。"[40] 又或者以芝加哥大学的工商管理学硕士为例。刚从商学院毕业时，女性的收入大概比她们的男性同学低 12%，这个差距大体上可以通过其所选择的工作类型加以解释。13年后，这个差距急剧扩大，达到大概38%。[41]但有一个女性工商管理硕士子群体的收入没有落后。此时你不需要我来告诉你是哪一个群体了吧：就是没有孩子的。

对于大部分女性来说，养育一个孩子就等于在经济上遭受了陨石撞击。对于大部分男性来说，这几乎毫无影响。问题就是这些不同的角色是否源自自由选择。稍后我会更进一步分析这个问题。现在我要指出的是，幼儿的母亲似乎想要更多时间待在家里。在刚才引用的芝加哥工商管理硕士的研究中，最有可能减少自己工作时间的女性，就是那些自己丈夫拥有更高薪水的女性。但即使存在这里所表述的真实偏好，也有两点需要补充。其一，为此选择支付的劳动力市场价格并不必然与此选择的价值相当。其二，一旦孩子长大，父亲就有充分理由在家庭方面承担更多。

价值2万亿美元的女性

我们要感谢女性，特别是母亲们，为至少一代人的经济增长提供了动力。2019年，女性在所有工作者中的占比为47%。[42]根据经济顾问委员会（Council of Economic Advisers）2015年的一份报告，如果女性的经济参与度保持在20世纪70年代的水平，美国现在的经济规模就要减少2万亿美金。对于收入不高或低收入家庭来说，女性工作和薪水的提升也抵消了男性经济状况下滑所带来的一些不良影响。如该报告的结论所言，"1970年以来美国中产阶级家庭所获得的所有收入增长，大体来说都源于女性收入的提高"。[43]

就业变化最大的向来都是养育子女的结婚女性。在1970年，大部分母亲都没有从事有偿工作——但在今天，几乎四分之三的女性都从事着该类工作。[44]即使在学龄前儿童的母亲之中，有偿工作如今也是常态而非例外。女性大概占据了美国经济中一半的管理岗位。[45]许多先前由男性主导的职业，包括医疗和财务管理，都很快地转变为由女性主导，在年轻一代的专业人员中尤为如此。女性律师的占比翻了10倍，从1980年的4%上升到2020年的43%。[46]这一转变不仅出现在经济活动中，也出现在经济期望与预期之中。在1968年，只有33%的十几岁和二十岁出头的年轻女性说她们期待在35岁时会从事有偿工作。但到1980年，这个比例是80%。[47]（如今这个问题已经从调查中删去了。）女性会追求职业和经济目标这种想法已经从一件新奇的事变为常态。你上一次听闻"职业女性"这个词是在什么时候？

"持续20万年的男性居于统治地位的时代此时真的将要走向终结了，"汉娜·罗辛在《男性的终结》中写道，"全球经济正变成一个女性而非男性更加成功的地方。"[48]等一下，发生了什么？女性变得比男性更加成功？难怪罗辛这本书出版后引起众怒。"女性主义者并不喜欢这个论断，"后来罗辛观察发现，"因为她们觉得这让女性看起来大获全胜且并不存在任何需要担心的问题了。"[49]不过，这并非罗辛的观点——也并非我的立场。就女性的机会而言，包括她们在经济中的更高地位，都有许多值得关心的问题。公司高层主管中只有五分之一是女性，财富500强企业中只有41家企业由女性担任首席执行官。[50]这些数字当然比1995年的情况有所进步，当时这一切都是0，但依旧低得令人震惊。女性创业者获得的风险投资份额为3%。[51]所以毋庸置疑的是，有更多的事情有待为女性去做，特别是在经济领域的顶端。但是随着经济阶梯的下降，通常是男性在苦苦挣扎。

在过去的几十年间，女孩和女人在中学和大学校园将男性远远甩在身后。在经济领域，随着女性的遥遥领先，许多男性——尽管并非精英群体——也已经处于劣势。这对更广泛的文化，特别是家庭生活方面，有重要的影响。女性的经济崛起已经在很大程度上改变了两性之间的交往方式。许多男性还无法适应。

第三章
错位老爸：
父亲在家庭中失去了自己的传统角色

1955年6月，前伊利诺伊州州长、两次总统候选人阿德莱·史蒂文森在史密斯学院（Smith College）的女子毕业班发表演讲。在马萨诸塞州的一个温暖午后，他告诉女生们，身为未来的妻子，她们的一个重要角色就是保证自己的丈夫"在真正意义上目标明确，并顾其周全"。[1] 在当时，即便从最先进的进步主义观点来看，这也是个无伤大雅的说法。（史蒂文森尤其受埃莉诺·罗斯福的青睐。）十六年后，轮到史蒂文森演讲时坐在台下的一位史密斯学院大三女生进行毕业典礼演讲。这个演讲风格迥异：将"上帝"称呼为"她"，强调女性性高潮的政治意涵，且最重要的是，将婚姻视为用来"奴役女性"的制度。[2] 这位女生的名字是格洛丽亚·斯泰纳姆（Gloria Steinem）。

在斯泰纳姆以及她这一代大部分女性主义者看来，婚姻是一种极为有害的依赖性关系。她在史密斯学院草坪上向年轻女性传达的观点是，她们要在这个世界上走自己的路，实现自身的经济独立。"依赖意味着没有其他选择，"在斯泰纳姆演讲几年后，玛格丽特·米德写道，"一个有能力赚钱养活自己的女性从来无须感到身心受缚……个人独立源自经济独立。"[3]

女性运动是有关解放的运动。（这正是该运动被称为"女性解放"的原因。）这种解放首先意味着在经济上独立于男性。这一目标大体上已经在发达经济体中得到了实现，婚姻被转变为一种社会选择而非经济需要。在20世纪70年代之前，女性大学毕业生通常会在毕业一年内完婚。[4]但在今天的史密斯学院的毕业生中，只有大约半数在她们35岁左右时结婚。[5]有一位丈夫或许不错，但他已并非必需。斯泰纳姆强调打破经济枷锁的重要性是正确的。不过史蒂文森也没错，这显然更难以说出口。一个知道自己必须要照顾妻子和孩子的男人，会明确知道如何"目标明确"以及"周全"。

在本章，我会指出母亲的角色已经扩展为兼顾养家糊口和照顾子女，但父亲的角色却并未扩展到兼顾这两者。具体来说我的论点如下：（1）男性角色长久以来都在文化上被界定为养家糊口的人，这一角色是建立在妻子在经济上依赖丈夫这个基础上的；(2) 女性在经济上获得独立消解了这一传统角色；(3) 文化与政策固守着一种过时的父权模式，远远落后于现实经济状况；以及 (4) 这导致"老爸缺位"(dad deficit)，男性越来越无法完成传统的养家糊口职责，但又无法进入新的角色。

女性对于男性的经济依赖，使得女性居于从属地位，但也维系着男性的地位。现在这根支柱不复存在，许多男性便轰然坠落。

身为供养者的父亲

在对从地中海盆地到塔希提岛再到南亚的诸多文化展开全面调查后，戴维·吉尔摩在其著作《制造男性气质：男子气概的文化概念》中写道："在我们所研究的大多数社会中，要成为一个男人，就必须要使女子怀孕，保护家属免受危险，并供养亲朋好友……我们可以把这种准全球性的角色称为'男人-孕育者-保护者-供养者'。"[6] 吉尔摩指出，这种普遍存在的男性形象应当被视为后天形成的，只是方式与养育普通女性的有所不同。人们期待男性以各种各样的方式做到先人后己，包括为了群体而放弃资源，以及冒着受伤甚至死亡的风险保卫群体。这里的核心观点之一就是"盈余"这个概念。

成熟的男性会产生超出自己生存所需的资源，这些资源要与宗族、部落抑或家庭共享。"供养者这个概念是构建男性身份时的一个主要因素，"社会学家戴维·摩根写道，"这是一个道德与经济范畴。"[7]

至少在过去的几千年间，男性基本上可以通过四个字来描述自己的角色：养家糊口。在这段时期的大部分时间里，家庭是广义的。但在近来的几个世纪中，特别是在西方社会，家庭已经演变为一种更加狭义的社会制度，通常被称为核心家庭：父亲、母亲和孩子。结果就是父亲与丈夫的角色被紧紧绑定在一起，以至于实际上无法分割。一位好丈夫和好父亲就是能够养活由他自己以及他的妻子和孩子构成的家庭的人。这种供养者的角色成功地将男性与家庭生活以及社会生活联系起来。这正如英国社会学家杰夫·登奇在《改造男性：转变性别关系中的依赖与支配模式》中的论述："这种角色所做的就是在形式上将男性纳入人际间的支持结构，亦即位于任何人类社会核心的依赖性链条。"[8]

从历史角度来看，登奇的观点没错。但进一步的问题是，在男性与女性之间的"依赖性链条"已经断裂的世界里，如何在父亲与孩子之间维系这一链条？劳拉·塔克与其合作者指出，传统的家庭模式提供了一种"'套餐'，在其中父亲与其孩子的关系取决于他与孩子母亲的关系"。[9] 传统家庭是一种有效的社会制度，因为它让男性和女性都必不可少。但它也依赖一种严格的劳动分工。母亲与其子女具有直接的、首要的养育关系，父亲与其子女之间则是一种间接的、次要的和供养的关系。当然，我并不是说所有情况都是如此。我自己的父亲承担着传统的供养者角色，但除此之外他还承担着更多其他的责任——游泳教练、驾驶教练、搬运工、私人司机、学业导师等。不过他最根本的责任是他那一代人中所有父亲都需承担的：养家糊口。

婚姻体现了承担养育子女的母亲与负责养家糊口的父亲之间的传统契约。"养家糊口-养育子女"的婚姻属于吉尔摩所说的"特定道德系统"的一部分，这种系统"……要求确保适当的行为得到男性的自愿接受"。[10] 这是保守主义者对持续下降的结婚率感到最为担忧的一个原因。在他们看来，丈夫与妻子之间的依赖关系恰恰是维系婚姻的要素，其中包含着利用男性能量实现积极社会目的的一种机制。相反，女性主义者认为婚姻是一种压迫制度：在翰·斯图尔特·密尔看来，婚姻是"敌军大本营"，[11] 按照格洛丽亚·斯泰纳姆的评价，婚姻是"禁闭女性"的机制。[12]

争论双方都同意的一点是，婚姻既将女性束缚于男性，又将男性束缚于女性，进而又将他们束缚于子女。他们之间的差异在于，这种束缚是否是一件好事。保守主义者认为婚姻作为一种社会制度在过去"有效"是正确的；女性主义者指出，婚姻通过限制女性的自主权而实现这一点，也是正确的。问题就是我们现在该怎么做，特别是我们该如何对待男性。当然，答案绝非如登奇和其他保守主义者所认为的那样，试图消除女性运动的一切成果。基于同子女之间更为直接的关系来重塑父亲身份才是解决之道，我会在本书第十二章提出一些构想。

不过需要指出的是，在传统家庭中男性的角色也并非总是安逸愉快的。为你设计的生活里总有某种荒芜。穿着灰色法兰绒西装、每周五天穿梭于郊区和办公室之间的"组织人"*所体现的战后焦虑，暗示了这种潜在的空虚。看看阿瑟·米勒的《推销员之死》中威利·洛曼平静的绝望吧！他"为了两周的休假而不得不在一年的五十周里忍受痛苦"，他最终只能通过结束自己的生命来完成自己养家糊口的角色。[13]通过无孔不入的规定角色以及压迫性期望，父权制往往也扼杀了男性的自由。

---

* "组织人"（Organization Man）一词源自美国社会学家威廉·怀特的同名著作，指的是如下现象：现代社会中大多数人的大量时间都是在各种各样的组织中度过的。当人被纳入组织，就会变得毫无个性，变得平庸。与此相对，组织是无所不能的。在这个意义上，"组织"并不是简单的经济形态，而是一种与韦伯倡导的具有个人主义气质的新教伦理相反的社会伦理。——译者注

鱼的世界里有辆自行车

由伊莉娜·邓恩提出,但后来因格洛丽亚·斯泰纳姆而闻名的一句话是"女性需要男性就如同鱼需要自行车",这是女性运动令人难忘的战斗号角,也是对于一个"女性不需要男性"的世界的生动描述。[14] 斯泰纳姆在 2004 年指出,"能够养活自己,使得一个人可以出于爱情而不只是经济依赖来选择婚姻"。[15]

在现如今的美国家庭中,有 41% 的家庭是由女性养家糊口的。[16] 其中有一些是单身母亲,但绝非全部如此;现在有十分之三的妻子要比自己的丈夫挣得多,这一数字是 1981 年的两倍。[17] 现在大部分母亲都在全职工作,在父母都全职工作的家庭中,有接近一半的情况是母亲与父亲挣得一样或者更多。[18] 母亲也从福利体系中得到越来越多的支持,因此就连那些低收入或无收入的女性也能够进一步摆脱对于一位养家糊口的丈夫的需求。正如英国政治家与学者戴维·威利茨在其著作《捉襟见肘》中所述:"一个最初被设计用来抵消男性收入损失的福利体系,逐渐且混乱地被重新设计来抵消女性失去男性后的损失。"[19]

更加正面地表述这一点,就是政府越来越明确自己的角色是支持女性养育子女，这在一定程度上使得女性不会处于依赖男性的关系之中。与此同时，随着允许任何一方基于任何理由结束婚姻的"无过错"或"单方"离婚的兴起，离婚法规的自由化进程一直延续着。这些法规依旧是激烈论辩的主题，但显然它们会继续存在下去。[20]

实际上，婚姻与母亲身份不再是同义词。现在美国大约有40%的新生儿都是非婚生的，而在1970年这一比例仅为11%。[21]一个尤为令人震惊的趋势是"奉子成婚"现象的减少。在半个世纪以前，婚外怀孕很常见，但夫妻双方会在去产房之前先去登记处或教堂。现在不是这样了。事实上，根据联合经济委员会的研究，奉子成婚现象的减少是1960年以来新手妈妈非婚生育情况增加的最大单一原因。社会经济阶梯底端出现了最为深刻的变化。在1977年，低教育程度的怀孕妇女中有26%的人在生育前结婚，但到2007年这一比例只有2%。[22]

有关女性就业的社会规范变化得非常迅速，以至于"职业母亲"这个词听起来很古老。根据综合社会调查，有近四分之三（74%）的美国成年人现在赞同职业母亲可以和居家母亲一样，同她们的子女建立"亲密且稳定"的关系，与之相比，这一数字在1977年是48%。[23]

从女性主义角度来看，以上这些都是了不起的成就。但这对于男性来说意味着什么呢？主要围绕着养家糊口展开的老

第三章 错位老爸：父亲在家庭中失去了自己的传统角色 59

剧本已经被撕碎。在一篇发表于1980年的颇具影响力的文章《男性为什么不乐意》中，威廉·古德指出，"潜在的转变指向了男性边际效用递减。"[24] 诚哉斯言。但如何是好？

许多男性都感到自己错位了。他们的父亲和祖父有一条可以遵循的清晰路径：工作、娶妻然后生子。但现在该怎么做呢？在一个充满鱼的世界里，自行车有何用处？半个世纪对于个体而言可能是相当漫长的时光，尤其是当他们还年轻时。但从文化史角度来看，这不过是眨眼之间。男性与女性之间经济关系的转变向来如此迅速，而我们的文化还停留原地。

文化滞后于经济

虽然母亲的角色已经现代化到面目全非，但父亲的角色依旧停留在过往。"我们遇到了文化滞后，"约翰斯·霍普金斯大学社会学家安德鲁·切尔林（Andrew Cherlin）指出，"如今我们有关男子气概的看法赶不上就业市场的变化。"[25] 经济数据已经发生了改变，但社会规范依旧如故。高中学历及以下的美国人中，有五分之四（81%）依旧认为"男性若想成为一个好丈夫或好伴侣，能够养家糊口是非常重要的"（在本科学历人群中，这一比例是62%）。[26]

因此，最欠缺传统养家糊口能力的男性，恰恰是最有可能根据其养家糊口能力得到评判的。这意味着在就业市场表现不佳的男性，也有可能在婚姻市场中受挫，劳工阶层尤为如此。[27]

据亚历山德拉·基勒瓦尔德的研究，相较于以往，如今没有工作的丈夫面临婚姻破裂的风险要高得多。"人们对妻子操持家务的期望可能已经降低，"她指出，"但丈夫赚钱养家的规范依旧得到保留。"[28] 玛丽安·伯特兰与其合作者认为，婚姻市场受到如下社会期望的重创，即男人不仅要挣钱养家，还要比他的妻子收入高。他们写道："我们的估测表明，对妻子比丈夫收入高的厌恶情绪解释了过去 30 年间结婚率下降 29% 的原因。"[29]（值得指出的是，这种厌恶情绪既出现在男性群体中，也出现在女性群体中。）换言之，随着女性相对于男性而言收入更高，她们变得更不愿意结婚。社会学家史蒂夫·拉格尔斯预计，1960 年到 2013 年，美国 25 岁至 29 岁群体结婚率下降的 40% 可以用如今男性收入相较于前一代男性的下滑来解释。[30] 引人注目的是，这种对婚姻的抑制作用在受教育程度较低的人群中最为明显。

建立在女性依赖男性基础上的旧婚姻家庭模式在很大程度上解体了。基于斯泰纳姆提出的各个理由，这是一个好消息。但即便是伟大的祝福，也可能会喜忧参半。传统的家庭模式通过鼓励构建非常稳定的家庭而对子女有利，并且这在很大程度上对于男性来说最有效。身为唯一抑或至少是主要供养者，男性为了养育子女通常会通过婚姻而与一位女性养育者结合。登奇指出："家庭或许是一个神话，却是一个使得许多男性尚可发挥作用的神话。"

登奇担心在卸下传统的供养者角色后，男性会"为了得到全盘接受而奋力挣扎，并有失范以及急功近利的风险"[31]。考虑到当今许多男性的困境，这种担忧不能被忽视为危言耸听。女性运动的成功并未导致男性社会身份的不稳定性，而是暴露了这一点。关键在于我们如何面对这一问题。

保守主义者敦促复原传统婚姻。1996年颇具影响力的著作《没有父亲的美国》一书的作者戴维·布兰肯霍恩认为，父亲身份稳固地建立在两个基础之上："与孩子共同生活，以及与孩子们的母亲形成父母同盟。"[32] 从历史来看，这的确如此。但是"共同生活"是先前女性别无选择的结果。现在她们有其他选择。布兰肯霍恩指出，为了复原父亲与子女的关系，父亲需要被重新绑定进入婚姻。可是考虑到近几十年来影响深远的文化变迁，这是一个不切实际的药方。我们不应回头看，而是应当为父亲身份确立一个全新的基础，一个支持我们在性别平等方面所取得的巨大进步的基础。

如安德鲁·切尔林所言，对许多夫妻来说，婚姻如今主要是一系列教育、社会以及经济成就的"顶点"。[33] 不到五分之一的美国成年人认为，婚姻对于幸福生活至关重要；对于已婚者来说，只有七分之一的人认为经济因素在决定喜结良缘中发挥主要作用。[34]

可是在失去身为养家糊口之人以及共同生活中的父亲这些角色后，许多男性觉得自己少了点什么。经济学家阿里尔·宾德和约翰·邦德在针对教育程度较低男性对劳动力市场依附度下降进行艰苦研究后，认为"组建和供养新家庭的前景构成了男性劳动力供给的重要激励性因素"。[35] 不养家糊口或至少不这样自我期许的男性会更少从事工作。米歇尔·拉蒙特在对新泽西州的劳工阶层男性展开深入研究后，在2000年出版了《男性劳工的尊严》一书。她的结论是，"努力工作是展现男性特质的一种方式"。工作标志着男性"供养并保护家人"这一核心任务的完成，是构成成熟的男性气质的"严格自律"的一部分。[36]

1858年到1859年，报纸上一首轻松愉快的诗在全美传诵，从弗吉尼亚和北卡罗来纳一直传播到加利福尼亚。[37] 它叫《单身汉是什么样？》（"What Is A Bachelor Like?"）：

一只泵怎么没有把手，
一支蜡怎么发了霉，
一只鹅怎么没有同伴，

> 一对风箱怎么没有气孔,
>
> 一匹马怎么没有鞍,
>
> 一只船怎么没有桨;
>
> 一只骡子——一个傻瓜,
>
> 一个两只脚的傻瓜!
>
> 一只害虫——一个笑话!
>
> 乏味——无聊——
>
> 抑或与此相反——鲁莽大胆——
>
> 一只鱼怎么没有尾,
>
> 一艘船怎么没有帆……

如今,在经济上独立的女性无论是否步入婚姻都可以生活美满。相反,讨不到老婆的男性则通常是一团糟。相较于已婚男士,他们的健康水平更低,就业率更低,社会关系网更脆弱。[38] 自2010年以来的十多年间,在从未结过婚的男性中,药物相关的死亡增加了不止一倍。[39] 从心理学角度看,离婚对于男性来说比对女性而言更难,现在由女性提出的离婚是男性提出的两倍。[40] 女性主义所揭示的最伟大的真相之一,可能就是男性对女性的需要超过女性对男性的需要。妻子在经济上依赖自己的丈夫,但男性在情感上依赖自己的妻子。尽管很多男人都拿"球与链"开玩笑,但他们中有许多人似乎知道这一点。在2016年的一项民意调查中，相较于女性，有更多男性将现在或未来结婚列为"对我而言至关重要"（58%对比47%）。[41] 男人并不想成为没有帆的船。

2017年，皮尤研究中心向美国人提出了一个难题：生活的意义是什么？具体来说，他们向受访者询问了一个开放式问题："在你生活中，你目前觉得有意义、有成就或令人满意的是什么？是什么让你坚持下去？为什么？"他们最令人震撼的发现之一，就是相较于男性，女性认为自己的生活更有意义，并且意义的来源更多样。女性和男性有同等概率认为自己的工作或职业提供了"大量意义与成就"（33%和34%）。[42] 但在几乎所有其他领域，都有非常明显的性别差距：比如，各个年龄群体的女性中有43%提到子女或孙辈是当下意义的一个来源，而男性中只有24%如此认为。

心理学家会认为，拥有多重意义与身份来源的人具有高度的"自我复杂性"。拥有复杂的自我不是没有成本的。比如，你可能需要付出时间与精力在你身份的不同方面之间进行转换。"代码转换"（code-switching）这个词就通常在种族语境中被用来指代这一点。比如，女性可能需要通过根据情境而对每种身份加以"激活"或"抑制"的方式，在身为母亲和身为工作者之间进行转换。她们可能会觉得身兼两者是非常割裂的。但总体来说收益是更大的。心理学家珍妮特·海德指出，如果在一个领域遭遇挫折，"女性就会激活另一个身份，进而修复有关自我的积极看法，这体现了自我复杂性的好处"[43]。如果今天你身为母亲感到很糟糕，你就可以通过工作方面的完美来做出弥补，这反过来也一样。至少，理论上可以如此。

现在，男性的意义与身份来源范围较窄，这意味着如果其中任何一个来源受到损害，他们就非常容易受到伤害。比如，如果男性遭遇失业，这似乎就会给他们的幸福带来巨大影响。[44]父亲发挥更重要的作用，不仅对子女有利，也会为许多男性的生活提供强有力的额外意义与目的。

老爸缺位

"太多父亲……是……缺位的——在太多生活中以及太多家庭中缺位，"贝拉克·奥巴马在2008年的父亲节说道，"正因如此，我们家庭的基础受到了动摇。"[45]特别是考虑到黑人听众，这番来自总统候选人的言论可谓犀利、大胆。人们批评奥巴马没有足够关注男性面临的结构性障碍，特别是黑人男性。但重要的是，不要忽略他的核心观点，这是一个更加正面的论断。父亲至关重要。他们并不是可有可无的。奥巴马指出，父亲是"老师和教练，导师和榜样"。

奥巴马也正确地指出，许多孩子都是在与其父亲缺乏亲密联系的情况下长大的。在父母离异的六年里，有三分之一的孩子从未见过自己的父亲，同样比例的孩子一个月见父亲一次或更少。[46] 如这些统计数字所示，老爸缺位的主要原因就是父亲不与其孩子的母亲一同生活的可能性越来越高。不出现在孩子所在的家庭里，导致的结果就是缺席了孩子的成长。这对社会中最少受益群体来说尤为如此。在没有完成高中教育的父亲中，有40%不与其子女一同生活；而在大学毕业的父亲中，这一比例只有7%。[47] 在2020年，有五分之一的孩子（21%）仅与母亲共同生活，这一比例是1968年的两倍（11%）。[48]

人们对待未婚生育的态度变得更为宽松。年龄在25岁到34岁的女性中，有82%的人认为"未婚女性生育并养育一个孩子是件很平常的事"，同龄群体的男性中有74%也持此观点。[49] 在美国，大部分孩子的童年都不是与自己生物学意义上的父母一起度过的。[50] 有关婚姻与生育的社会规范和行为的解放，在许多方面来说都是一种进步。但非常重要的是，这种进步的结果不应是父亲变得无足轻重。女性的角色以及她们能够做出选择的范围都得到了拓展，但有太多男性被束缚在狭隘的养家糊口的角色中。然而，无论在理论上还是现实中，这个角色都严重过时了。

结果就是，男人和女人的分手往往意味着父亲与子女的别离。这对男性、女性以及孩子而言，都不是一件好事。正如女性在很大程度上已经逃离了陈旧且狭隘的母亲身份角色的束缚，男性也需要摆脱父亲身份所具有的供养者角色这一藩篱。对于孩子来说，父亲很重要，即便他们没有与其母亲结婚——或者说在这种情况下父亲更为重要。有关父亲身份的社会制度亟须更新，要更聚焦于和子女的直接联系。拓展男性角色面临着显而易见的挑战，但也有巨大的机遇与之相伴。

上述问题非同小可。父亲身份是一种基本社会制度，它要比任何其他制度更能塑造男子气概。"一个通过在过去和未来几代人之间延续的家庭角色而被整合入共同体的男性，会比一个主要听命于一位魅力领袖、一个煽动家抑或一种宏大的爱国主义意识形态的男性，要更稳定和持久地被维系在社会秩序之中。"这是乔治·吉尔德写于1973年的一段话。[51] 当然，吉尔德是一位极其保守的人。但考虑到近来的政治历程，很难说他是错的。

#　第二部分
双重劣势

第四章
德怀特的眼镜：
黑人男孩和男人面临严峻挑战

几年前，我很高兴看到自己的教子戴上了眼镜。知道别人也在变老，我感觉舒服多了。随你们怎么说我吧。"别太难过，德怀特，"我假仁假义地安慰道，"最后我们都会如此。"德怀特大笑。"你搞错了，"他说，"这是透明镜片。我戴上它后就有更多的生意。"德怀特以销售汽车为生。我对此困惑不解。怎么戴上本不需要的眼镜就能帮助他卖出更多的车？他解释说："我戴上眼镜后，尤其是白人在我身边时会感到更放松。"

德怀特身高六英尺五英寸*。他还是位黑人。事实证明，戴眼镜是一种消除白人对黑人男子气概恐惧的常用策略。当

---

* 约一米九六。——译者注

我在一个由黑人男性组成的焦点小组*中提到德怀特的故事时，有两个人摘下眼镜，解释说"没错，我也如此"。实际上，我还没有发现有哪位美国黑人不知道这回事，但几乎没有白人知道。辩护律师当然清楚这一点，他们通常会让自己的黑人当事人戴上眼镜。他们称之为"书呆子辩护"（nerd defense）。[1] 一项研究表明，眼镜会产生对黑人男性被告更有利的看法，但对白人被告则无此效果。[2]

德怀特的言论是那些让你整个世界观发生改变的时刻之一。就像那天晚上吃饭时，我问他是否经常被警察拦住。"不，并没有，"他说，但接着说道，"或许每隔几个月？"停顿一下后他说："不过，刚才我还被他们铐上了手铐。他们说，认错人了。"在像这样的时刻，我意识到自己对在美国身为一个黑人——特别是一个黑人男性——意味着什么，简直一无所知。因此，一个建议性提醒就是：我作为出生于英国的白人男性，对于美国种族主义的看法需要适当地打折扣。但不论怎样，我认为今天美国实现平等的主要障碍之一，就是黑人男性所面临的种族主义与性别歧视的结合。

在本书第一部分，我讨论了教育、工作以及家庭生活中男

---

* 焦点小组又名小组访谈，是社会科学研究中常用的调查方法，一般由一位主持者（调查者）和多位被调查者组成。访谈的问题及其顺序是预先设定的，但也包含自由讨论。——译者注

孩和男人面临的广泛挑战。在第二部分，我会聚焦于那些面临最严重挑战的群体，特别是本章中的黑人男孩和男人，以及第五章中的劳工阶层男孩和男人。在第六章我会讨论社会福利措施对于男性并不管用的令人担忧的证据。

如美国的许多黑人男性一样，德怀特历经艰辛。他在西巴尔的摩最艰苦的街区之一长大。他记不清自己的父亲是谁，他的父亲在他很小的时候就去世了。考虑到黑人在美国生活的方方面面——从刑事司法到教育和就业——所面临的严峻而具体的挑战，戴上一副透明玳瑁镜框可能显得微不足道。当然，德怀特对此不以为意。他说，"事情就是如此"。但我认为它几乎说明了一切。知道自己被视为一种威胁，黑人男性戴上不必要的眼镜，不是为了看到我们，而是为了让我们能够看到他们。

反向性别歧视

在20世纪80年代末和90年代，随着"交汇性"（intersectionality）的发展，有关不平等与歧视的研究中出现了突破。在金伯利·克伦肖的倡导下，这个分析框架最初立足于黑人女性主义，却为考察不同形式的压迫如何共同发挥作用提供了路径。克伦肖没有从二分法角度（诸如男性/女性、黑人/白人、富人/穷人以及同性恋/异性恋）研究不平等，而是坚持关注"复合性所具有的复杂度"。[3]

交汇思考的力量源自其与生俱来的多元论。我们每个人都具有"多重"身份。你可能是一位异性恋犹太教的社会主义黑人律师；我可能是一位同性恋无神论的自由主义白人煤矿工人。这种对于多元身份的坚持，呼应着从19世纪的约翰·斯图尔特·密尔与哈丽雅特·泰勒·密尔（Harriet Taylor Mill）到21世纪的阿玛蒂亚·森（Amartya Sen）与玛莎·努斯鲍姆（Martha Nussbaum）几个世纪以来的进步主义自由思想。

克伦肖的著作关注的是黑人女性，但其分析框架可以加以广泛运用，并且任何特定群体的位置都没有受到其与另一个群体位置之间关系的固定。我的同事、公共卫生学者蒂芙尼·N. 福特在论述交汇法时指出："社会范畴是语境性的。根本特征并不固定，而是随着时间持续变化。"[4] 身为同性恋、黑人或男性意味着什么，并不受到身为异性恋、白人或女性的意涵的固定。优势和劣势的模式并不是一成不变的。所以针对黑人的性别种族主义伤害了黑人男性与黑人女性，但其伤害方式却不一样。性别被种族化了，同时种族也被性别化了，但却是以不同方式、不同地点和不同时间为之的。[5] 想想"福利女王"的保守主义原型，这是一个性别化的视角，接受公共援助的黑人女性由此就被病态化了。[6]

黑人男性面临着劣势的不同交汇，其中有许多可能比黑人女性所面临的更为严峻。如爱丁堡大学非洲哲学与黑人男性研究主任托米·库里所言，"在博雅教育领域，人们假定由于黑色和棕色人种中男子的性别为男，他们就有相对于所有女性的天生优势，并且居于支配地位"。[7] 但库里指出，反过来才是事实。在《男性并非如此：黑人男性的种族、阶级、类型与困境》中，他指出在美国的黑人男性是"受压迫且被种族主义化的男性"。[8] 基于女性主义学者和交汇性研究学者在涉及黑人男性所面临的性别化的种族主义的具体形式时，所提出的现有论述并没有达到目标，库里敦促创设一个有关黑人男性研究的新学术领域。

但是挑战不仅出现在学术界。关注黑人男孩和男人所面临的具体挑战的努力，通常饱受质疑，并被认为分散了人们对于黑人女性或其他种族与族群所面对的挑战的注意力。我想明确一下自己的立场。我认为，美国人最根深蒂固的偏见就是针对黑人的种族主义，特别是针对法学学者谢丽尔·卡欣所说的"后代"，也就是"繁衍自奴隶制悠久遗产"的非裔美国人。[9] 特别是出于这个理由，我不是很喜欢"有色人种"（*people of color*）这个词，也不太喜欢主要分界线是美国白人与其他人这种观点。我理解形成联盟的需求。我也理解人们不想为了其他群体而淡化种族主义的愿望。但是认为白人之外的所有人都与美国黑人处于同等境况，既在道德上是一种冒犯，又在经验层面错谬不堪。针对黑人的种族主义是主要挑战，对黑人和黑人女性来说，它至少是同等严峻的。

有关黑人男性的确凿事实

德怀特人生的前11年是在西巴尔的摩的罗斯蒙特（Rosemont）度过的。或按照美国人口统计局的说法，在24510160700地段。当时这是一个黑人街区。现在它也是。依照巴尔的摩的标准，罗斯蒙特出来的孩子结果都不算太坏。但这并不意味着他们的结果不错；就成年后的样子来说，巴尔的摩是全美男孩成长最糟糕的地区之一。[10] 在1980年前后出生于罗斯蒙特低收入家庭（德怀特的同类）的男孩中，在2010年4月1日时，有七分之一（约16%）锒铛入狱。看清楚，不是在4月1日前他们曾入狱，而是在这个时候他们正身陷囹圄。[11] 实际上，相较于成为丈夫，这些男孩中有更多人成了囚徒：这类男孩在他们35岁左右时结婚率只有11%。他们当中有三分之一的人仍然住在该街区，这意味着他们的孩子很有可能会去当地的贝尔蒙特小学念书。贝尔蒙特小学的所有学生都是黑人。说这所学校成绩不好都算程度太轻。在我孩子们念书的贝塞斯达小学，2019年有82%的学生通过了马里兰州的数学能力测试。在整个州内，这一数字是58%。但在贝尔蒙特，这个数字是1%。[12]我们在这里的失败程度几乎令人无法理解。

德怀特11岁时，有人从他卧室的窗户射进了流弹。他的母亲做着两份全职工作，想方设法让全家搬出这个街区。他自己获得了一所私立天主教学校的体育奖学金，然后又进入了两所大学。身为一位向上流动、受过良好教育、经济上成功的黑人男性，德怀特是证明了规则的例外。拉吉·切蒂和他在"机会洞察"机构的团队分析了2000万1980年前后出生的美国人的数据，深入研究了贫困和流动性的代际模式。他们发现相较于白人男性，黑人男性在收入阶梯中向上流动的可能性更小，但贫困父母抚养长大的黑人女性和白人女性的代际向上流动比例是类似的。切蒂和他的团队指出，黑人与白人的代际流动整体差距"完全源自男性而非女性的数据"。[13]

不过，黑人女性当然也承受着黑人男性糟糕的经济状况的影响，尤其是在家庭收入方面。切蒂和他的团队写道，"黑人女性的家庭收入层次依旧大幅低于白人女性，这既是因为她们结婚的比例更低，也是因为黑人男性的收入低于白人男性"。[14]在类似的研究中，美国企业研究所的学者斯科特·温希普和我发现，结婚率只占这个问题的一小部分。[15]主要的问题在于黑人男性——特别是那些由贫困家庭抚养长大的黑人男性——的低收入。这意味着尽管黑人女性取得了一些令人印象深刻的进步，但是她们的子女仍有很大概率长大后依旧贫穷，这强化了代际不平等。打破美国黑人的贫困循环，就需要转变黑人男性的经济状况。

切蒂提供了一些令人耳目一新的统计数据，但其见解却难说新颖。"许多逃离这种境况的人只逃了一代人而已，"丹尼尔·帕特里克·莫伊尼汉在 1965 年关于黑人家庭的一份报告中写道，"从现在的情况来看，他们的孩子可能不得不再次接受考验。"[16] 摆脱再次接受考验的一种方式，就是接受良好的教育。但是由于贝尔蒙特小学的数据太过夸张，美国黑人进入优质中学和大学的可能性依旧更低。[17] 同时，男孩和男人在此身处于一种独特的劣势。如杰兰多·F. L. 杰克逊和詹姆斯·L. 摩尔在《师范学院纪事》的一期特刊中所述："在整个教育流程中，小学、中学以及中学后的教育中……非裔美国男性既落后于他们的非裔美国女性同胞，也落后于相应的白人男性。"[18]

黑人女性如今抓住了曾经很久都在拒绝她们的教育机会，并且在某些方面她们已经超越了白人男性。相较于白人男孩，黑人女孩的高中毕业率更高；相较于 18 岁到 24 岁的年轻白人男性，同年龄的年轻黑人女性的大学录取率更高；

相较于25岁到29岁的白人男性，同年龄的黑人女性获得研究生学位的比例更高。[19] 这些差距都不大，但能够表明近年来黑人女性在教育方面所取得的重要收益。如图4-1所示，相较于白人女性与白人男性之间在教育方面的性别差距，黑人女性与黑人男性之间的这一差距要大得多。在各个层次，每有一个黑人男性获得大学学位，就有两个黑人女性获得大学学位。[20]

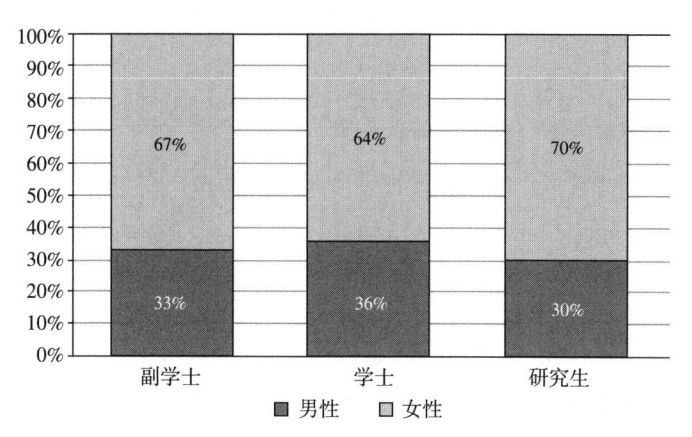

图4-1 黑人男性在教育方面落后于黑人女性
黑人学生获得学位的性别构成

注：2018—2019学年的数据。
来源：美国国家教育统计中心，中学后教育数据系统。摘自教育统计数据表321.20，322.30以及323.20和324.20。

在美国，黑人男性面临的挑战尤为严峻。不过类似的模式也出现在其他国家。比如，在英国，教育方面的性别差距在黑人学生中尤为巨大，黑人男孩在各个年龄段和所有学科中都落后于黑人女孩。[21]（不过这里值得指出的是，英国学校中表现最差的群体是来自低收入背景的白人男孩。）

因此，相较于几乎其他任何人口统计群体，黑人男性进入职场时的学历都更低，进而他们在劳动力市场的许多领域中都面临着更高的歧视风险以及更高的入狱率。[22] 结果就是与其他每个种族或族群群体相反，劳动力市场中黑人女性的数量要多于黑人男性。[23] 这不只与贫困相关。根据切蒂的报道，在相对富裕的家庭中长大的黑人男性的就业率，要低于在贫困家庭中长大的白人男性的就业率。[24]

那些有工作的黑人男性领着最低的薪水。在 1979 年，普通黑人男性工作者每周的薪水是 757 美元（以今天的美元计价），在今天这一数字是 830 美元，仅仅提高了 10%。同样，重要的是在此将种族与性别联系起来看。如图 4-2 所示，白人女性在近几十年中经历了最迅猛的收入增长。1979 年时，白人女性与黑人女性的收入相当。但现在黑人女性的收入比白人女性少 21%。20 世纪 90 年代，白人女性的收入赶上了黑人男性，此后收入便一直增长得更快。现在黑人男性的收入比白人女性少 14%（比白人男性少 33%）。

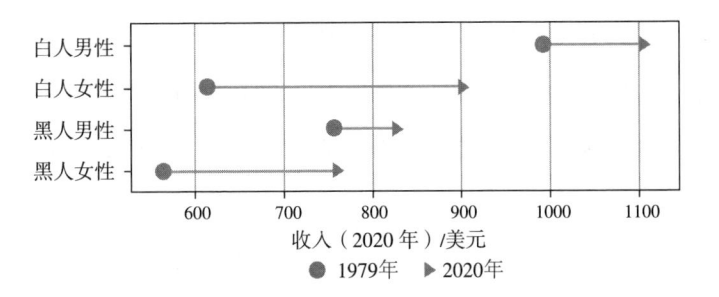

```
白人男性                          ●──────▶
白人女性         ●──────────────▶
黑人男性              ●──────▶
黑人女性    ●──────────▶
        600   700   800   900   1000  1100
              收入（2020年）/美元
              ● 1979年  ▶ 2020年
```

图 4-2 白人女性现在的收入比黑人男性更高

1979 年和 2020 年每周收入的中位数，按种族和性别划分

注：16 岁以上劳动者每周收入的中位数，根据调整通货膨胀后 2020 年的美元计算。

来源：劳工统计局，当下人口调查，表 3。

劳动力市场的性别差距在缩小，但种族差距在扩大。总体上的性别收入差距在缩小是因为女性的工资，特别是白人女性的工资，正在迅速上涨。与此同时，黑人与白人之间的收入差距在扩大，因为黑人劳动者——特别是黑人男性——的工资增长缓慢得令人痛苦。考虑到这些趋势，再次发现不同于其他族群，是黑人女性而非黑人男性更有可能成为家庭的主要供养者就不足为奇了。[25]

在向上流动性、就业、工资以及养家糊口身份方面，黑人男性的状况与白人男性极为不同，并且在绝大多数方面也落后于黑人女性。所有这一切并不意味着黑人女性已经在某种意义上摆脱了种族主义或性别歧视，抑或接近于实现平等。相较于黑人男性，黑人女性面临着种种劣势的不同组合；比如，有一些证据表明，当黑人女性成为母亲时，她们面临着更强烈的歧视。[26]她们也会遭遇性别化的种族主义，只是类型有所不同。

不过黑人男孩与男人会有独特的痛楚，这并非来自性别之外的因素，而是恰恰源自这一点。《纽约时报》在有关切蒂研究成果的概述中指出，"黑人男性面临着极不寻常的障碍"。[27]

这正是奥巴马总统在2014年发起"我兄弟的守护者"倡议的原因之一，该倡议以"MBK联盟"的形式在奥巴马基金会中存在。[28]这种对于男孩和男人的关注一直受到批评，比如妇女政策研究所，认为它削弱了对于黑人女性所面临的挑战的关注。[29]但考虑到两性之间巨大的差距以及男孩和男性所面临的问题普遍缺乏制度性投资，我认为这项动议是正确的。别忘了，有许多公共与私人组织都在关注女性，其中有许多也在处理黑人女性所面对的一些挑战。近年来，一些基金会和思想家也更关注黑人男性，但是从卡米尔·布塞特所描述的"骇人听闻的危机"这个角度来说，这些回应依旧不算热烈。布塞特指出，我们所需的不亚于"一场有关黑人男性的新政"。[30]

威胁的刻板印象

许多黑人男性，包括德怀特先前在巴尔的摩的邻居，最终都成了塔纳西斯·科茨所说的美国监狱体系中的"灰色垃圾"（Gray Wastes）。在20世纪70年代末以来出生的黑人男性中，有四分之一直到他们35岁左右都身陷囹圄。[31]在那些从高中辍学的群体中，这一数字是十分之七。这些男子成年时正好遇到在20世纪80年代和90年代开始的监禁关押潮，这是两党向药物宣战的一部分。

这个问题起始于如下看法：黑人男性很危险。政治科学家伊斯梅尔·怀特（Ismail White）和科瑞恩·麦康瑙希（Corrine McConnaughy）展开的有关潜在偏见的研究表明，黑人男性"尤其易受污名化"。有三分之一的美国白人将"许多甚或几乎全部"黑人男性列为"有暴力倾向"，而认为白人具有此倾向的美国白人只有十分之一。[32]在麦康瑙希和怀特看来，"性别修饰语在获取有关黑人男性的负面评价时发挥着独特作用"。[33]换言之，黑人男性受到歧视是因为他们是男性。无须多言，这是一个早已有之的问题。"让黑人'待在他自己的地方'可以被翻译成让黑人男性待在他自己的地方，"莫伊尼汉在1965年指出，"女性对任何人来说都不是威胁。"[34]

上述看法具体而微地制约了黑人男性的生活。比如，我的同事，社会学家拉尚恩·雷表明，中产阶级黑人男性在主要是白人居住的街区中进行体力活动的可能性较低。为什么？因为黑人男性试图避免被视为一种威胁。"黑人男性面临着与他们的黑人女性同伴截然不同的社会现实，"他写道，"他人的看法影响了黑人男性与同事和邻居的社会互动，（并且）塑造了一种独特形态的相对剥夺……就此而言，交汇性分析框架在阐明黑人男性的多重性与脆弱性时颇有助益。"[35]

下面的故事是生与死之间的交汇。2020年2月23日，阿哈默德·奥伯里（Ahmaud Arbery）在自己街区中外出跑步时被射杀。凶手是前任警官格里高利·麦克迈克尔（Gregory McMichael）和他的儿子特拉维斯（Travis）。尽管证据确凿，他们却在两个月后才被捕。美国大学（American University）的一位学者，伊布拉姆·X.肯迪这样描述自己跑步时的感受："他们无须知道我是谁。他们看到的就是我。一个黑人男子。他们说我是谁我就是谁。一个罪犯。危险的化身。恐惧的制造者。"[36]

由于黑人男性被认为更具威胁性，他们就更有可能被警察拦下，更有可能被搜身，更有可能被逮捕，更有可能被定罪。针对药物与犯罪的战斗，实际上成为针对黑人男性的战斗，相较于白人，黑人男性由于药物犯罪被捕的可能性要高出三倍（尽管他们使用药物的概率并没有更高），由于药物犯罪而被关进州监狱的可能性要高出九倍。[37] 相较于男性整体，对于黑人男性而言，男子气概更是把双刃剑。如使用超级捕食者（*superpredator*）和狼群（*wolf pack*）等词用来形容黑人男性罪犯所表明的那样，早在男子气概这个词得到更广泛的运用之前，黑人的男子气概就被视为"有害的"。[38]

如针对男孩和男人的性别化种族歧视一样，针对黑人的性别化种族歧视最突出的特征之一，就是其物理性（physicality）。如塔纳西斯·科茨所说，这是一部盗窃和破坏身体的历史，是一部"有关马车鞭子、钳子、铁拨、手锯、石头、镇纸或任何可以破坏黑人身体、黑人家庭、黑人社区以及黑人国家的东西"的历史。[39] 现如今，还包括枪支。2016年7月，有三位黑人男性接连三天在三个不同城市相继被警察击毙：纽约市布鲁克林的德罗恩·斯莫尔（Delrawn Small）、路易斯安那州巴吞鲁日市的奥尔顿·斯特林（Alton Sterling）以及明尼苏达州圣保罗市的菲兰德·卡斯提尔（Philando Castile）。

第三天，一位和我走得近的同事来到办公室，假装与我讨论工作项目。她是一位黑人母亲，很快就眼含热泪，为自己的儿子们感到极为担忧，为她身边的人好像没有任何问题出现一样完成自己的日常工作这种态度感到困惑。在她走入我办公室之前，我也是这些人中的一员。

黑人男性就业可能性较低的一个原因，完全就是他们更有可能锒铛入狱。即便他们出狱，找到工作的概率也大幅降低。这不仅是因为他们有了犯罪记录——也是因为雇主更有可能以某种方式将黑人男性视为罪犯。[40] 一项令人震撼的研究显示，相较于同等资质但有犯罪记录的白人男性，一位没有犯罪记录的黑人男性受雇的概率更低。这正是"犯罪记录禁止披露"（Ban the Box）改革（也就是取消在应聘时披露犯罪记录的要求）似乎并未提高黑人男性受雇率的原因。[41] 如德瓦·帕格所说，"实际上，美国的就业市场像看待罪犯一样看待从未犯罪的黑人男性"。[42]

美国黑人男性的入罪带来数以百万计没有工作的男子与数以百万计没有父亲的家庭。不过在劳动力市场苦苦挣扎的男性，往往也在婚姻市场左支右绌，这导致单亲家庭比例上升。贝拉克·奥巴马总统形容过父亲的缺位给他内心带来的"空缺"。[43] 在《养育黑人男孩》一书的作者詹万扎·孔居夫看来，许多黑人男性都罹患"创伤后思念父亲紊乱症"（post-traumatic missing daddy disorder）。[44] 在14岁之前，有四分之一的黑人儿童目睹自己的双亲之一——通常是其父亲——被送入监狱或牢房。[45] 身为作者、演员与诗人的丹尼尔·贝蒂如此回忆在他3岁前一直玩的童年游戏：那时，父亲会在早上敲响贝蒂卧室的房门，贝蒂一直装睡，然后欢快地跳入父亲的怀里。直到一天早上，父亲没有敲门，他被捕入狱了。30年后，贝蒂朗诵了自己的诗作《敲门声咚咚》，其中包含如下段落：

> 二十五年以后，我写下这些诗句，
> 为我心中那个还在等待父亲敲门的小孩……
> 爸爸，回家吧，我想念着你，
> 我想念你在每个清晨叫我起来，和我诉说你的爱。
> 爸爸，回家吧，还有事情我不明白，
> 我想或许有你我才不用去猜：
> 如何剃须，如何运球，如何与女子攀谈，如何像个男子汉……[46]

我将在本书第十二章更详细地论述父亲的重要性。但目前我想指出的是，相较于从其他人身上，黑人男孩从尽责的父亲身上学到的似乎更多，并且从许多角度来看，黑人父亲要比其他种族的父亲更加尽责，在他们没有与子女的母亲结婚或一同生活时更是这样。[47]

压力之下的黑人家庭

黑人女性总是在家庭中扮演着更为重要的经济角色，相较于白人女性，这一点尤为突出。即使在今天，不平等也塑造了家庭生活中的种族差异。有一半养育子女的黑人女性是没有丈夫或同居伴侣的，这与其他族群的女性，特别是白人女性，形成了鲜明对比。相较于白人母亲，黑人母亲成为单身妈妈的可能性要高出两倍还多（52%对比16%），与配偶一起生活的概率要低一半（41%对比78%）。[48]黑人女性的大部分生育都是非婚生育（大概有70%），而在西班牙裔女性中这一数字大概是50%，在白人女性中是28%。[49]

一项由凯利·雷利、梅根·斯威尼和丹尼尔·旺德拉开展的有关婚姻趋势的全面研究表明，"相较于白人女性和西班牙裔女性，黑人女性结婚更晚，结婚的可能性更小，婚姻不稳定的比例也更高"。[50]四十岁出头的黑人女性的未婚率是同龄白人女性的近五倍（34%对比7%）。黑人的婚姻受到反黑人的种族主义——包括黑人男性所面临的特殊挑战——的破坏。威廉·朱利叶斯·威尔逊在他出版于1990年的社会学经典著作《真正的穷人》中指出，极其糟糕的经济情况产生了一小群"有能力结婚的男性"，所以步入婚姻的夫妻就更少了。[51]

我向来对这个观点不感冒，因为男性的"有能力结婚"（marriageability）是建立在刻板印象的假设之上的。若想有能力结婚，男性就要能养家糊口。这是多么过时和带有性别歧视色彩的看法！可问题在于，大部分人，包括大部分黑人，都赞同威尔逊的观点。养家糊口的能力在潜在伴侣中得到高度赞誉：

84%的美国黑人认为，对于一个男人来说，若想成为一个好丈夫或好伴侣，"能够为自己的家庭提供经济支持"是"非常重要的"，而在白人受访者中这一数字是67%。[52] 在女性供养者中，这一差距甚至更大：有52%的美国黑人认为，女性能够为自己的家庭提供经济支持是非常重要的，在美国白人中这一数字只有27%。考虑到黑人女性和男性所面临的经济挑战，这不足为奇。可是当黑人女性的教育和经济机会有所改善，进而承担养家糊口的能力有所提高时，黑人男性却被远远落下。

我希望足够明确的一点是，我并没有主张通过某种方式使得黑人男性比黑人女性更占优势，即便这是可能的，我只是提出要帮助黑人男性迎头赶上。若想清除黑人女性生活道路上的障碍，有更多事情需要去做。但目前需要为黑人男性做更多的事情。这并不是一种零和博弈，并且至关重要的是不要像莫伊尼汉在1965年致信约翰逊总统时那样，以零和博弈的角度来看待这个问题。他写道，"男人必须要有工作。在每个健全的黑人男性没有工作之前，我们一刻也不能停歇"，紧接着又补充了非常致命的一句，"即使我们需要取代一些女性"[53]。当然，莫伊尼汉是在半个多世纪前写下这句话的。他也是一位白人男性，是既得利益者。但我们不应完全忽略他的这句话。即便在今天，也存在着帮助男性就是妨碍女性的担忧，无论这种妨碍是有意为之还是巧合使然。但这是毫无根据的。如希瑟·麦吉在其著作《我们的总和》中所说，追求性别、阶级与种族方面的平等至关重要。[54] 改善男性的状况并不意味着损害女性的利益，抑或"取代"她们。它指的是齐头并进。

无拘无束的男性

2014年8月9日，一位手无寸铁的黑人少年迈克尔·布朗（Michael Brown）被密苏里州圣路易斯都会区弗格森的一位白人警察开枪打死。第二天，8月10日，肖恩·乔（Sean Joe）博士来到圣路易斯市。他此番前来是接任华盛顿大学社会发展教授的职位。乔当时已经计划致力于研究黑人男孩和男人所面临的问题。现在，由于圣路易斯市受到布朗之死及其后续灾难的冲击，他的工作就具有了与先前不同的紧迫性。他创设了一个全新的"种族与机遇实验室"并发起一项动议，即"圣路易斯本地成长项目"（Homegrown STL），聚焦于改善生活在该地区的12岁到29岁的6万名黑人男孩和男人的生活前景。布朗去世后，密苏里州州长成立了一个由当地领导人组成的委员会，其任务是"对弗格森事件所揭示的潜在问题进行广泛而深入的研究"。2015年10月，该委员会发布了一份关于该市种族主义历史和影响的严厉报告，并提出近200条改革建议。[55]

但肖恩·乔却很失望。"这份报告讨论了一般层面的种族公平——但对黑人男孩和男人的具体情况未置一词,"他和我说,"我们需要能够自信地讨论黑人男孩和男人所面临的问题。这是迈克尔·布朗所揭示的。重要的事实并不局限于他是一位黑人——还包括他是一位黑人男性。人们完全不愿谈论这一点。"这份报告实际上并未提及性别问题。这个问题并非不常见。种族平等现在被许多机构和社群提上议程。但在关注黑人男孩与男人所面临的特殊挑战方面,却存在着现实的不情不愿。黑人男性由于其性别而属于弱势群体这个事实,并不符合许多人熟知的种族主义与性别歧视这种二分法模式。考虑到现在可以获得的有关黑人男性独特困境的证据的说服力,人们只是不愿正视这一困境的存在。

不过也有一些希望的曙光。在 2020 年,一项罕见的两党立法建立了"黑人男孩与男人社会地位委员会"。这是一个隶属于美国民权委员会、拥有 19 位委员的永久委员会,负责调查"影响黑人男性的违背公民权的潜在行为"并"研究黑人男性在教育、刑事司法、医疗卫生、就业、父亲身份、导师制度以及暴力方面遭遇的不平等"。[56] 以佛罗里达州的类似动议为蓝本,法律要求该委员会每年向国会汇报政策建议和意见。[57] 国会中的一些民主党议员抵制该委员会的成立,这同样是因为他们(在我看来,这是错误的)担心这会分散对于女性议题的关注。但正如时任参议院议员卡玛拉·哈里斯（Kamala Harris）所说，"是到不得不承认如下事实的时候了：美国从未完全消除一直在我们国家中存在的系统性种族歧视——特别是针对黑人男孩和男人的"。[58] 黑人男孩和男人所面临的性别化的种族歧视，在程度方面是无与伦比的，是时候诚实地面对这一点了。接下来我在本书中提出的许多建议都以此为目标。

在与德怀特就其面临的挑战进行了长时间的交谈后，我问他对三个儿子的最大期望是什么。"我只是想让他们无拘无束，你知道吗？"他说，"没有恐惧，完全没有对于恐惧的沉重感受。就是无拘无束。"

第五章
阶层天花板：
贫穷的男孩和男人正在苦苦挣扎

2017 年，一个新短语进入了社会科学辞典："绝望之死"。这个因学者安妮·凯斯和安格斯·迪顿流行起来的词，指的是药物过量、自杀以及酒精相关的疾病所导致的死亡。在一篇学术论文以及后来出版于 2020 年的著作中，凯斯和迪顿强调，在中年且受教育水平较低的白人群体中，绝望之死的情况在增多。[1] 他们指出，劳工阶层不断恶化的经济状况与社会各种形态的——特别是家庭生活中的——社会崩溃共同创造出"累积性劣势"的模式，抑或更直言不讳些，导致"白人劳工阶层（working class）的崩溃"。[2] 但这也是一个有关性别的故事。整体来看，男性中绝望之死的概率要比女性高三倍。[3]

我先前提出，黑人男孩和男人由于性别化的种族主义而面临着特殊的劣势。这正是从种族的视角分析性别以及从性别的视角分析种族为何至关重要的原因。但这一点对社会阶层来说是同样适用的。在经济阶梯顶端，特别是在收入分布前20%的群体中，从不断增长的财富到不断延长的寿命，女性和男性在各个维度上都在蓬勃发展。[这是我前一部著作《梦想囤积者》(*Dream Hoarders*)的主题。]在顶端等级之外，相较于以往，男性的工作时间更少，工资也更低。

男性与女性之间的工资差距在缩小，但高收入劳动者和其他所有人之间的工资差距在扩大。在1979年，普通女性的收入是普通男性收入的63%。到了2019年，这个比例提升到82%。与此相反，普通劳动者的薪水（即薪水中位数）从高收入者（即居于收入前10%的人群）薪水的54%下降到2019年的42%。[4] 因此，根据这些标准，性别的收入差距缩小了19%，但阶层的收入差距却扩大了12%。

阶层问题斗士贬低性别关切，仅仅关注寡头政治。性别问题斗士贬低阶层关切，仅仅关注父权制。但是阶层和性别的不平等需要合起来考虑，尤其是在它们指向不同的方向时。"政策制定并不是一个需要你在关怀女性弱势群体、社会经济差距与男性糟糕状况之间做出选择的零和博弈，"尼克·希尔曼和尼古拉斯·罗宾森写道，"这三者都很重要。"[5] 太过狭隘地关注女性面临的剩余障碍，会遮蔽我们对于自身社会中出现的更为深层的阶层区隔的关注。有关这些区隔，我们可能会屈身向前，却未能俯身鸟瞰。

在一部有关男孩和男人的著作中如此强调经济不平等或许有些古怪。但我逐渐认识到这两个问题是难以分开的。不改善处于弱势的男孩和男人的境况，就根本无法减少经济不平等。

绝望之死

当唐纳德·特朗普在其就职演说中谈到"美国浩劫"（American carnage）时，我承认自己翻了白眼。[6] 我认为这是荒谬绝伦的夸张。但现在我认为它仅仅是一个夸张。特朗普知道自己的听众是谁。与米特·罗姆尼（Mitt Romney）2012年时的情况相比，绝望之死人数最多的县，正是在2016年坚定不移支持特朗普的那些。[7] 这同时也是就业急剧下滑——特别是对男性而言——的那些社区。

"在收入以及与一份好工作相伴的尊严方面，男性尤其感到失落，"《为何生活越来越像走钢索》一书的作者尼可拉斯·克里斯多夫和雪莉·邓恩在这部对遭受近来经济趋势最重打击的社区的研究中写道，"他们身陷孤独与困境，以酒精或药物自我疗愈，他们累积下使得自己更加难以就业和结婚的犯罪记录。家庭结构崩溃了。"[8]

凯斯、迪顿以及其他人有关绝望之死的研究表明，与药物相关的死亡急剧上升。阿片类药物在此显然占据了一大部分比例，在美国阿片类药物过量导致的死亡中，男性比例接近70%。[9] 普林斯顿大学经济学家艾伦·克鲁格分析的一项调查显示，在2016年，劳动力市场中近一半的壮年男性表示，他们在前一天服用了止痛药，但大多是按处方剂量服用的。他指出，从1999年到2015年，阿片类药物处方的增长，能够解释在同一时期男性就业下降接近一半（43%）的情况。[10] 当然，糟糕的工作前景可能激发了阿片类药物的使用，反过来也一样。马里兰大学经济学家凯瑟琳·亚伯拉罕和梅丽莎·科尔尼在评论就业趋势时指出："虽然显而易见的是，劳动力参与率下降和阿片类药物使用的问题是彼此相关的，但因果关系的箭头也是双向的。"[11]

我认为阿片类药物既是社会问题的原因，也是社会问题的晴雨表。阿片类药物不像其他药物，可以人为地增强信心、精力或思维。人们在舞蹈俱乐部里服用摇头丸或在精神探索中服用迷幻药是有原因的。服用阿片类药物只是为了麻痹疼痛——起初可能是身体上的疼痛，然后是存在性疼痛。它们并非鼓舞人心或反叛的药物，而是孤立与退避的药物。许多人死于阿片类药物过量的一个原因在于，使用者通常是在室内，而且经常是独自一人。[12]

男性自杀的可能性也比女性更高。这是一个世界范围内持续存在的现象。不过在更为发达的经济体中，性别差距是最大的，此时男性自杀率是女性的三倍。[13]自杀现在是英国45岁以下男性群体死亡率最高的原因。[14]在美国，自杀率在中年男性群体中上升最快，不过如图5-1所示，近几十年来在青少年和较年轻的男子中，自杀率也有极大的增长。女性的自杀率也从低得多的起点开始有所上升，但依旧远低于男性。[15]

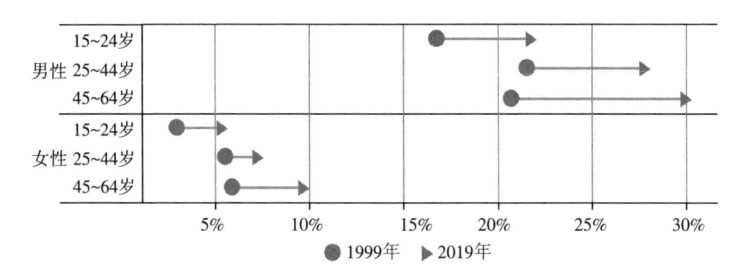

图 5-1 男性自杀：比例高且在不断上涨

1999年和2019年按性别与年龄群体划分的自杀率

注：依据《国际疾病分类》修订第十版界定自杀。
来源：美国国家卫生统计中心，国家生命统计系统，死亡率。

在2019年发表于《哈泼斯杂志》的一篇有关男子气概的文章中，巴雷特·斯旺森指出，他的男性朋友与邻居中有许多人似乎都以某种方式陷入疏离的状态。"这些男性中有许多人都在与成瘾、抑郁或其他你可以说出名字的糟糕情况斗争，"他写道，"但更常见的抱怨是某种更难以名状的情况——这是一种平静之中的绝望,如果非要概括的话,我认为这似乎源自一种令人痛苦的无目的感。"[16]

在一项有关自杀的研究中,澳大利亚研究员菲奥娜·尚德和她的同事分析了那些企图自杀的男人最常用来描述自己的词语或短语。[17] 在清单中排名最靠前的就是无用与无价值。我认为,男性困境的真正诱因并不是缺乏劳动力参与,而是文化冗余。

家庭的不幸

当男性生活困顿时,家庭也会更贫困。近来经济史领域最令人震撼的事实之一,就是在过去的几十年里,是女性在经济方面独自支撑着美国家庭免于负债。但即便如此,也只是勉强为之。除了最富裕的家庭(即位于顶端五分之一的家庭),1979年以来家庭收入的所有增长都来自女性不断增长的工作时间与收入。如2021年被任命为白宫经济顾问委员会成员的希瑟·鲍施伊以及卡维亚·瓦格尔所说,"女性的贡献使得低收入家庭和中产阶级家庭的收入免于大幅下滑"。[18]

我们不应错误地假定,为了有米下锅,女性违背自己的意愿被迫去工作。在一些情形中这无疑是存在的。但大多数女性,包括身为母亲的女性在内,都想要自己谋生,并且当然想要有自己的选择而非依赖男性。这里的问题完全在于，如果男性可以做得更好，那么大部分家庭都会从中受益。

由于女性依旧承担着照顾孩子的大部分责任，她们最终往往也要承担社会学家阿里·霍克希尔所说的"第二班工作"（second shift），即在工作之余还要做家务。[19] 当然，这种"两班倒"对于独自抚养孩子的女性来说是最为困难的。在美国，有四分之一的18岁以下儿童都在单亲家庭中长大成人，而这些孩子中有82%由单亲母亲照顾抚养。[20] 这些女性显然肩负着更为沉重的职责。但她们通常也不愿对一段关系做出承诺。社会学家凯瑟琳·埃丁和玛丽亚·凯法拉斯在她们的著作《我能遵守的约定：穷困的女性为何更看重母亲身份而非婚姻》中指出，贫穷街区中的许多女性会认为包括自己孩子的父亲在内的男性，不过是另一个要喂饱的肚子，这与男性被期待的角色可谓大相径庭。[21] 随着女性赚钱能力的提升，男性就需要越过更高的门槛才能被视为适合做丈夫的人选。相较于和一个经济地位较弱的男性结婚，女性更有可能单身。如埃丁和凯法拉斯的民族志作品所言，许多女性选择"我可以自己疯"。[22] 在收入分布底端的五分之一群体中，现在有70%的母亲是家庭的主要供养者——这通常因为她们是家里唯一养家糊口的人。[23] 家庭生活中这个不断扩大的阶层差距表明，经济因素，特别是男性的地位，如何在绝对以及相对于女性的意义上影响了家庭的形成。[24] 在戴维·奥特尔和梅勒妮·沃瑟曼看来，没有大学学历的男性赚钱能力的下降是导致其结婚率下降的一个原因。[25]

婚姻作为一种经济制度的地位已经受到了动摇，但它还保留了不少象征性力量。[26]在2015年，经过漫长的斗争，女同性恋与男同性恋伴侣赢得了在美国结婚的权利。在两年内，有五分之三一起同居的同性伴侣步入了婚姻殿堂。[27]但一个差距缩小了，另一个差距却因社会阶层而扩大了。近几十年来，受过良好教育的生活富裕的美国人结婚率一直都稳定地保持在高位——可是其他所有人的结婚率都下降了。[28]1979年时，结婚率几乎没有体现出社会阶层方面的差异。但在今天，这却是一个巨大的差距。[29]拥有高中及以下学历的40~44岁男性的结婚率在过去40年里下降了20多个百分点，而在拥有大学学历的男性群体中，这一数字下降了6个百分点。[30]就如我的同事伊莎贝尔·索希尔所说："家庭的形成是美国阶层结构中一个新的断层线。"[31]

对于只具有高中学历的女性来说，大部分生育都是非婚生育（59%），但对于拥有四年制本科学历的女性来说，这个数字只是10%。[32]安德鲁·切尔林的著作指出，即便拥有本科学历的女性在生育第一个子女时尚未结婚，她们在生育第二个子女时也非常有可能结婚，且通常是与这两个孩子的父亲结婚。他认为"相较于没有大学学历的人士，接受过大学教育的美国人会认为婚姻对于他们的家庭生活依旧更为重要"。[33]

这里隐含着一个矛盾。已经获得最大程度经济独立且具有高学历和赚钱能力的女性，却是现在最有可能结婚和维系婚姻的。我认为格洛丽亚·斯泰纳姆或其他任何人都不曾想到事情的走向会是这样。不过即便是她，也在66岁时完婚，并解释道，"在我们现在这个年龄，可以根据选择而非期望结婚"。[34]

我认为受过教育的美国人已经将婚姻从一种经济依赖制度转变为一种以养育子女为目的的合伙冒险。婚姻此时主要是一种允诺机制，以便为子女共同投入时间与金钱。我将之称为高投入的子女抚养（high-investment parenting）婚姻或HIP婚姻。[35]富裕且受教育程度较高的父母在工作中有更大的灵活性，有更多的钱将家务劳动外包，并且如果他们愿意的话，有更多的金钱或信贷来换取在家的时间。他们当中如果有一方暂时失业，家庭财务水平也能够维持。我在本书第二章引用的有关工商管理硕士学位毕业生的研究，不仅表明了照顾子女所花费的时间如何导致了收入性别差距，还表明了丈夫收入最高的女性最有可能离开劳动力市场。[36]这强化了不同阶层中男性地位的差异。拥有大学学历的男性基本上没有受到劳动力市场的冲击，可后者已经使得许多人失业。这些人由于收入高并且还在不断增长，仍然保持着很有吸引力的婚姻前景，即使对于那些本身在劳动力市场很成功的女性来说也是如此。但是总体来说，这些男士并没有成为全职爸爸。

即使在收入阶梯的顶端，在同为赢家的男性和女性之间，关于共同承担养家糊口这个话题也有许多问题值得讨论。受过教育的美国人也了解并接受了家庭稳定对于子女未来前景至关重要这个观点。职业男性已经变得足够现代化，能够在不放弃男性地位——特别是供养者——的传统束缚下成为一个好伴侣。可是对于薪水下降、工作前景黯淡的男性来说，生活就是另一种滋味了。对于富裕的人群来说，更容易实现平等。

家庭生活的阶层差距体现并强化了社会与经济的不平等。高收入者将资源倾注于家庭，与其他高收入者共享；可是低收入者则不然。"在考虑到所有家庭时，"经济学家肖莎娜·格罗斯巴德与其合作者写道，"导致这段时间（1973—2013年）内不平等增加的最重要的因素，就是如下越来越明显的趋势，即单身男性与女性依旧保持单身。"[37]富裕的夫妻也有能力对子女进行更多的投资。根据雪莱·伦德伯格与其合作者的研究，这导致孩子之间各自拥有不同的命运，女性负担更大的经济责任并拥有更高的经济独立性，同时越来越多的男性"卸去了家庭负担又漂泊不定"。[38]

毫无计划的自我

没有剧本的时候，对于许多人来说，他们除了即兴发挥别无选择。可是即兴创作成功的生活是一项艰难的工作。戴维·摩根写道："一种稳定的男子气概模式，包含着男子气概的公共话语与男子气概的公共及私人实践之间的高度一致性。对于任何一位男性而言，这意味着具有某种存在论意义上的安全性。"[39] 如下口号并不伟大："我们需要什么？存在论意义上的安全！我们什么时候需要？现在！"但这正是许多男性所寻求的事物：更稳固的社会地位，对如何在这个世界中存在的更加确定的态度。

凯瑟琳·埃丁领导的一个质性研究团队在十三年里对生活在美国四座城市中的男性进行了深度访谈。在 2019 年发表的论文《劳工阶层男性的脆弱依恋》中，他们指出，成熟男子气概的核心制度框架受到了侵蚀，尤其是工作、家庭和宗教制度。埃丁与其合作者认为，这些核心制度"创造了依恋、投入、参与以及信念，它们不仅指引具体社会领域中的人类活动，还赋予其意义"。它们也"将社会活动组织进入共同的行为模式（并）提供正当化这些模式的规范、信念与仪式"。[40]

如他们论文的题目所示，许多劳工阶层的男性现在都只是脆弱地依系于工作、信念以及家庭这些制度。在这些环境中，"有些人可能会精心构建出比前几代人更有意义的生活，但大部人都是在苦熬"。[41] 结果就是有越来越多的男性具有该团队所说的"毫无计划的自我"，在各种不同的计划与优先事项之间摆荡，挣扎着停留在某个特定轨道上，却常常陷入倒退。

人类学家珍妮弗·席尔瓦将宾夕法尼亚州无烟煤地区的一个小镇命名为"煤溪"（Coal Brook），在这里"性别、工作和家庭中出现的巨大转变……撕碎了男性的生活，让他们拼命复原"。按照席尔瓦的描述，在 2016 年的总统竞选中，唐纳德·特朗普在这里被积极地视为一个"为男性说话的男人"。席尔瓦展示了"煤溪"的一些男人如何克服困难，"维持他们继承下来的男子气概遗产——供养、保护以及勇气"。[42] 其他男性则在寻求实现男子气概认同的其他路径，包括诡异的宗教或独自专注于自我提升。一些人听命于白人民族主义，另一些则在阿片类药物的暂时麻痹中寻求安慰。无论怎样，用席尔瓦的话说，所有人都在试图"修复自我"。

所有孤独的男性

很多时候，他们都是单独行动。相较于女性，男性的朋友更少，孤独的风险更高。近年来这一差距有所扩大。美国生活调查中心在 2021 年的一份报告中提出男性正经历着"友谊衰退"，有 15% 的男性说自己没有关系亲密的朋友，而在 1990 年这个数字是 3%。[43] 毫不奇怪的是，这些男性也最有可能说出自己感到孤独。

展开这项研究的美国企业研究院学者丹尼尔·科克斯写道："在 1990 年，将近一半（45%）的年轻男性认为，在面对个人问题时，他们会首先向自己的朋友求助。但在今天，只有 22% 的年轻男性会在艰难时刻向自己朋友求助。36% 的年轻男性说他们会最先向自己父母求助。"[44] 这在一定程度上或许是因为，男性更有可能与自己的父母住在同一个屋檐下。在 2014 年，有三分之一的年轻成年男子（35%）与他们的父母一起居住，这要比和妻子或伴侣一起生活的比例更高。[45] 对于女性而言，情况完全相反。

我曾经听到纽约一位脱口秀演员在开场时把自己描述成一个"宅家儿子"（stay-at-home-son），然后重复着这个主题。与大多数玩笑一样，这之所以好笑是因为它犀利地表述了现实。许多这类男性都是社会学家迈克尔·基米尔所说的"男人的地盘"（guyland）中的居民。[46] "送出家门失败"不仅仅是个比喻，而是事实。2021 年 11 月《周六夜现场》（*Saturday Night Live*）播出了一个悲喜剧小品，演的是女性为了同其他男性交往而带着自己的男性伴侣去"男性公园",结果却是一个女人询问另一个女人:"哪位是你老公?"

为什么男性之间会出现友谊缺位?一个原因是男人在友谊上的投入往往比女人少,他们通常不仅依赖女友或妻子组织社会生活,还常常将之视为自己的首要密友。[47]在婚姻破裂时,女性似乎更擅长维系与构建朋友关系网。[48]海明威与将近一个世纪之后的村上春树之所以都选择"没有女人的男人"作为自己短篇小说集的标题,有这样一个原因,[49]那就是独自一人的男人往往是孤独的男人。"男人需要某个人——在他身边的某个人,"约翰·斯坦贝克的《人鼠之间》中的克鲁克斯说道,"如果一个人孤零零的,他就会发疯……我和你说,一个人太孤独了就会生病。"[61]

极端的情形是年轻人完全退出社会。这个趋势在日本最为明显,数量不断增加的"隐藏青年"(hikikomori)引起了整个日本的广泛关注,甚至出现了某种以网络支持为形式的政府行动。[51]有些隐藏青年长达数年都一直生活在一个屋子里。这并不属于需要正式治疗的情形,许多人也不是明显的精神失常,最经常用来描述这种状况的概念是"严重的社会退缩"。根据日本内阁的一项调查,现在有超过50万这样的现代隐士。[52]

为了有人能与他们身为隐藏青年的儿子写信以及通话,

许多绝望的父母为"租赁姐妹"（rental sisters）买单，希望这能够使得自己的儿子复归主流社会。这些人也并不都是年轻男性——至少不再算年轻男性：其中有三分之一已经年过四十。在某种程度上，隐藏青年其实是在进行一种无声的反抗。许多人将日本的工作狂文化视为这些人退出社会的原因之一。不过这种反抗的危险性是显而易见的。"隐藏青年远离社会的时间越久，他们就越会感受到自己的社会性失败，"梅卡·艾兰（Maika Elan）这位为《国家地理》（National Geographic）拍摄了很多隐藏青年照片的摄影师说道，"他们失去了所拥有的所有自尊与信心，离开家庭这种愿景就变得更为可怕。把自己锁在房间中让他们感到'安全'。"[53]

一些学者担忧，日本引领的道路，便是其他国家可能追随的。一个与意大利隐藏青年合作的组织已建立起来。[54]一位美国研究者，俄勒冈健康与科学大学副教授艾伦·泰奥认为，隐藏青年可能比许多人所认为的要更为普遍。他一直致力于通过一份包含25项问题的新问卷（HQ-25）来界定和测量这种综合征。[55]泰奥认为，即便完全退出社会的男性数量相对较少，但有很多人在某种程度上属于隐藏青年。"（在美国）有很多人在20岁出头的年纪住在地下室的卧室中，"他说道，"通常他们都是年轻人，正在努力克服工作的困难，克服独自谋生的困难。有某种因素依旧停留在其早期发展阶段。"[56]

兰花式男子

你的孩子是蒲公英还是兰花？我知道这是个古怪的问题，但是心理学家用这些词来区分非常坚强、基本能够应对逆境与压力的孩子（蒲公英）和对于自身环境更为敏感的孩子（兰花）。[57] 如果环境适宜，兰花就真的会盛开；如果不是，它们就会枯萎。心理学家依旧在争论兰花/蒲公英的二分法在何种程度上可以用于个体层面。可与此同时，社会科学家不断积累的证据表明，男孩会因童年逆境而承受更糟糕的后果。

比如，在收入分布底端五分之一的家庭中长大成人的男孩，比来自同样穷困家庭的女孩摆脱贫困的可能性更低。[58] 如果霍雷肖·阿尔杰（Horatio Alger）是在今天写作他的从乞丐到富翁的故事，笔下的主角就应该是女孩了。这种现象并不仅仅出现在美国。比如，根据纽约市立大学研究生中心的经济学家迈尔斯·科拉克的研究，在加拿大，出生于最贫困家庭的男孩在成年后依旧处于贫困状态的概率是女孩的两倍。[59] 或许更令人震惊的是，在美国贫困家庭中长大成人的男孩在30岁时找到有薪水的工作的概率要低于女孩。

展开这项美国研究的拉吉·切蒂和他的合作者指出："成年人中的性别差距具有童年根源，这或许是因为在童年时生活贫困以及身处贫困街区对男孩的伤害尤为深刻。"[60]

男孩如果既在贫困家庭又在贫困地区长大成人,情况就尤为糟糕。有越来越多的证据表明,街区环境对于长期收入有影响。但是这对男孩的影响似乎比女孩的更大。比如,如果男孩成长于高犯罪率的街区,他们的情况就会很糟,并且大量单亲家庭似乎对男孩尤其不利。这正是为何男孩似乎在某些城市(包括巴尔的摩)以及像底特律和夫勒斯诺这样的地方的表现尤为糟糕的原因,但是女孩的情况似乎就较少受到她们所处地域的影响。在有利的方面,成长于父亲比例高的街区的黑人男孩成年后的情况更为乐观。根据切蒂的研究,最主要的就是"街区对男孩来说比对女孩更加重要"。[61]

在教育方面也存在蒲公英/兰花的类似区分。对于来自母亲学历更低、父亲更少顾家的家庭的子女来说,从幼儿园开始的男孩与女孩之间的发育差距会更大。在高中,男孩的学习成绩比女孩更多受到家庭背景——从收入、父母教育程度以及婚姻状况来衡量——的影响。[62] 在中学后的教育中,同样会发现阶层地位对于男孩和男人的影响更大:成长于最贫困家庭(即收入分布底端五分之一)的女孩获得四年制大学学位的可能性要比来自类似家庭背景的男孩高57%,相比之下,在来自富裕(顶端五分之一)家庭的孩子中,这一差距只有8%。[63] 在英国符合免费校餐标准的孩子中,大学录取率的性别差距是最大的。[64]

最后但同样重要的是，男孩在家庭不稳定中遭受的伤害更多，尤其是其亲生父亲离去时。[65] 由单亲特别是单身母亲抚养的男孩，其学校成绩和大学录取率要逊于同样情况的女孩（包括他们自己的姐姐或妹妹）。这在一定程度上因为两者在课堂中的行为问题有很大不同。[66] 玛丽安·伯特兰和杰西卡·潘写道，"不完整家庭中的男孩的表现尤为糟糕"。[67] 斯坦福大学的卡梅隆·泰勒的一项分析显示，被成功地安置在寄养家庭而非孤儿院时，男孩比女孩受益更多。[68]

因此，无论从哪个角度来看，情况都是一目了然的。经济与社会方面的弱势条件对男孩的伤害要比女孩更大。这是一个极为重要的事实，但尚未得到足够重视。男性问题不仅是社会和经济不平等的原因，也是其结果。戴维·奥特尔和梅勒妮·沃瑟曼指出："一个恶性循环可能会随之而来，受教育程度较低的男性的糟糕经济前景会给他们的儿子带来巨大劣势，从而有可能加剧下一代性别差距的发展。"[69]

新性别经济学

性别平等的主导叙事几乎完全只是从女孩和女性的劣势展开的。但是如果我们在种族和阶层的语境中思考一下性别平等，情况就会有所不同。特别是在经济阶梯底部，是男孩和男人正落后于女孩和女人。"公共政策需要一种新型性别经济学的指引，至少在有关社会流动性时是如此，"迈尔斯·科拉克写道，"来自弱势家庭的男孩与女孩的生活前景存在着重要差异。"[70]

任何提高向上流动率或减少经济不平等的严肃努力都必须考虑男孩和男人所面对的特殊挑战。否则，男性劣势的情况会在几代人中一再出现。这对每个人，包括女性、孩子特别是男孩来说，都不是件好事。这需要的不只是政策调整或迅速的措施。这些问题根深蒂固，需要与之相称的应对措施。

好消息是，经济不平等与男性困境之间显而易见的关联使得两党合作成为可能。关心男孩和男人的保守主义者需要关注经济不平等问题，而对不平等忧心忡忡的自由派必须更加关注男孩和男人。

第六章
非应答者：
政策对男孩和男人并不奏效

"女性就是天生比男性聪明，她们如今正在崛起。"说这话的人是大三学生乔纳森。我们正在讨论为何女性在大学中的成绩比男性好很多。"你懂的，男性的动力已经不复存在了，"他补充道，"这是一个心理问题。"

我和乔纳森正在他的老家密歇根州卡拉马祖喝咖啡闲聊。卡拉马祖这个地方可非比寻常，对于政策制定者来说尤其如此。这不是因为格伦·米勒的歌《我在卡拉马祖（找到个姑娘）》[(I've Got a Gal in) Kalamazoo]，而是因为其独有的免费大学项目。多亏了一位匿名的捐资人，在该市学校系统中接受12年教育的学生，几乎可以免费在该州的任何一所大学念书。[1] 其他城市也有类似的举措，但"卡马拉祖承诺"格外慷慨。它也是为数不多的得到厄普约翰研究所三位学者蒂莫西·鲍尔蒂克、布拉德·赫什拜因以及玛尔塔·拉克斯塔高度评价的项目之一。[2]他们发现这项承诺带来了巨大改变——要比其他承诺类项目的改变更大。

但是这种平均影响掩盖了深刻的性别差距。这个项目对于女性大学毕业率有火箭般的推动作用,女性获得学士学位的数量增长了45%。但是男性的比例没有提升。一项成本-收益分析表明,每位女性参与者的总体收益为69 000美元——投资回报率至少为12%——但每位男性参与者的总体损失为21 000美元(换言之,这个项目成本高昂却没有效果)。哲学家伯特兰·罗素(Bertrand Russell)说,文明人的标志是会对着一列数字流泪。对于一位政策专家来说,这些回归表中的数字可能就够他哭的了。

不过并非只有卡拉马祖承诺如此。我发现有惊人数量的社会福利项目似乎对女孩和女人很管用,却对男孩和男人不起作用。我先在这里谈谈教育和培训领域的一些项目,再说一下工作领域的。我认为这非同小可。但它几乎没有得到任何关注,尤其是因为几乎没有人了解它。

我问布拉德·赫什拜因在卡拉马祖巨大的性别差距背后隐藏着什么。作为一名真正的学者,布拉德的回答是:"我们并不知晓。"他表达的是这个差距无法通过统计数据加以解释,至少无法通过诸如考试成绩或家庭背景等可以轻易观察到的因素加以解释。如我在本书第一章所说，关于男性更糟的教育情况，还有大量未解之谜。但我觉得乔纳森认为这是"心理问题"的观察是正确的。如果我们想要答案，那它就不会在种种指标中，而是在年轻男性自己的内心里。

这正是我前往卡拉马祖与该承诺旨在帮助的一些男性见面的一个原因。或许他们知道为什么这个项目并不奏效。

动机耐受：教育

"我就是觉得读大学是在浪费我的时间，"我的另一位受访者夸马里说道，"我非常沮丧。我完全没有任何动力。"在从卡拉马祖峡谷社区大学退学后，他在银行找了一份工作，之后又被辞掉，所以他回来继续学业。这回是在东北方向70英里*外兰辛市的密歇根州立大学。如他所说，毕竟"这里没有太多其他可做的"。夸马里的高等教育历程断断续续，中止、转换然后又重新开始。他换了很多次专业，从财会到畸齿矫正术（他说，"我知道这听起来很奇怪，但我喜欢牙齿而且我戴上了牙套"），再到室内设计和社会学。现在他希望学心理学，发现音乐和艺术疗法是可能的职业路径。他的经历符合如

---

* 约110公里。——译者注

下研究结论，即男性在大学阶段更有可能走弯路，但女性会沿着一条更笔直的道路前进。[3] 他说，"女性只是工作更努力、表现更好并且问的问题更多"。杰伦，塑造卡拉马祖男性成功故事中的一位，对此表示赞同。他毕业于西密歇根大学，获得文学学士学位。他说，他一直在寻找以女性为主的学习小组，因为"你知道她们会搞定一切的"。

我开展的另一项研究是对塔兰特县学院的一个名为"坚持到底"（Stay the Course）的监督和支持项目的评估。塔兰特县学院是一所两年制的社区大学，位于得克萨斯州沃斯堡。[4] 社区大学是美国教育体系的基石，大概服务着 770 万主要来自中产阶级和更低收入家庭的学生。[5] 但是在这一部分学生中却存在着毕业危机。入学的学生中只有大约一半的人在入学三年内获得学历（或转向四年制大学）。[6] 许多学校中辍学的人数比毕业人数还多。好消息是有一些像"坚持到底"一样的项目，能够提升学生的毕业率。坏消息是，正如有关沃斯堡的初步研究显示的，这些项目可能对男性无效——但正是他们辍学的风险最高。在女性中，沃斯堡措施"使得副学士学位的完成提升了三倍"。[7] 这是一项重要的发现。但就像卡拉马祖的免费大学项目一样，该项目对于男学生的毕业率没有丝毫影响。

为什么会这样？同样，评估者只能做出猜测。研究该项目的一位学者詹姆斯·苏利文（James Sullivan）说，"我们并不清楚"。[8] 这个表述再次出现。他的研究团队确实注意到，被指派与学生一起工作的、被称为"导航员"（顺便说一句，这个名字不错）的个案管理员（case managers）都是女性。当一个项目严重依赖密切的一对一关系时，将提供者和接受者的性别匹配起来可能就很重要。这与如下研究结果是一致的，即当教师和学习者或导师和学员的种族或性别认同匹配时，结果往往会更好。[9]

"坚持到底"和"卡拉马祖承诺"项目不过是许许多多似乎并没有使男孩或男人受益的教育措施中的两个，这些措施还包括下面这些：

- 有关三个学前教育项目——"初学者"（Abecedarian）、"佩里"（Perry）和"早期培训项目"（Early Training Project）——的评估表明，它们对女孩有长期的"实质性"好处，但"对男孩没有产生显著的长期利益"。[10]
- 北卡罗来纳州的暑假阅读项目"阅读方案"（Project READS）"极大地"提高了三年级女孩的读写分数——提供给她们相当于六周的学习提速。但是对男孩来说"对阅读分数有负面影响或不起作用"。[11]
- 在北卡罗来纳州夏洛特市就读于自己第一志愿高中的学生，在参加了"选择抽签"（choice lottery）后，平均绩点更高，参加了更多高级班课程，并且更有可能继续进入大学学习。但"这些总体收益完全是由女孩推动的"。[12]

·在新罕布什尔州，一项针对高三学生的新辅导项目几乎使得进入四年制大学的女生数量翻了一倍，但是对男孩却"没有平均效果"。[13]

·巴尔的摩和华盛顿特区的城市寄宿学校提高了低收入黑人学生的学习成绩，但仅限于女孩。评估者指出，"从字面来看，点估计值意味着我们的发现完全源于女性……申请人的推动。"[14]

·阿肯色州和佐治亚州的大学奖学金项目增加了获得学位的女性人数，但是对白人男性的影响"微乎其微"，对黑人和西班牙裔男性的影响"喜忧参半"。[15]

·"星计划"（Project STAR）为大学新生提供了额外的学习支持和经济资助，大大提高了女性的学习成绩——更高的平均绩点、更多的学分以及更低的学术警告率——但"对男性没有影响"。[16]

麻省理工学院的诺贝尔经济学奖得主约书亚·安格里斯特（Josh Angrist）对最后一个项目展开了研究，并在此领域投入了大量时间。他告诉我他自己没有关于性别差距的"任何理论"。(这是一种更正式地表达"我不知道"的方法。) 我认为问题的核心就是卡拉马祖的年轻男士们多有提及的参与度和动机不足。这些并不是能够从外部轻而易举加以衡量的。

回到2009年,安格里斯特与合作者写道,"这些在奖励和服务的回应中的性别差距,构成了未来研究的一个重要领域"。[17] 他们也确实是这么做的。但就我所知,没有人响应这个号召。至少,这些结果表明,政策制定者和学者需要对性别导致的差异性影响更为敏感,对项目设计所具有的潜在影响更为敏感。

当然,有一些项目确实对男女都有积极效果,比如另一个得到良好评价的社区大学督导计划,即副学士项目加速学习以及其他一些早期教育项目,等等。[18] 可是出现性别差异的地方,就几乎总是对女孩和女人有利。这条规则的唯一真正例外就是以职业为导向的项目或机构,它们似乎确实对男性比对女性更有利,这是我们需要更多这种项目的一个原因。

如果你能在这里成功:工作

纽约市是美国"乐观进取"精神的城市化表达。马克·吐温写道,"在纽约留下自己的印记,你就成功了"。[19] 于是,这里成为测试一项能够帮助更多男性成功的新项目的绝佳场合。"薪水加"（The Paycheck Plus）试点项目为大约3000位无子女的参与者提供了最高可达2000美元的工资奖金，其主要政策目标是提高就业率。美国人力资源开发和研究公司研究小组对于该试点项目的一份严格评估发现，该项目"对于女性就业率有较大的积极影响"，但是"对男性没有明显影响"。[20] 女性参与者也变得更加健康，但是男性参与者却没有。[21]

美国人力资源开发和研究公司的团队认为，男性的结果"有些令人失望"。[22] 考虑到对这个项目的希望以及不断下降的工资和低技能男性的就业情况，这种说法其实有些轻描淡写。[23] 同时这里也包含着更为广泛的政策影响。"薪水加"项目被视为国家政策可能转变的试运行，目的是让无子女的成年人也能享受所得税抵免（Earned Income Tax Credit）。这个政策的成本可不低。2021年一项类似的所得税抵免扩展项目，即"重建更好未来法案"（Build Back Better bill），一年的标价是135亿美元。[24] 所得税抵免扩展的一个明确目标就是帮助低技能的男性。前总统比尔·克林顿（Bill Clinton）和贝拉克·奥巴马的国家经济顾问吉恩·斯珀林（Gene Sperling）指出，政策的改变"对于激励年轻男性……参与正式经济非常重要"。[25] 但是"薪水加"试点项目表明，更高的工资补助可能会吸引更多女性而非男性进入工作。需要澄清的是，我并没有认为这种情况不

第六章 非应答者：政策对男孩和男人并不奏效 *119*

好，只是认为这并不符合这项改革所明言的主要目标。

如果工资补助对于男性并不奏效，劳动者培训有效吗？不幸的是，相关的评估研究让人感到悲观。很难找到政府资助的培训项目对任何人都有效的例子，无论是对男性还是女性。[26]但是为数不多的几个成功改变现状的项目往往倾向于女性，其中包括如下项目：

• 密尔沃基的一个培训项目，是公共和私人主体合资的，在两年的周期里对于参与其中的女性的就业率和收入有统计数据方面非常显著的积极影响——但对男性则并非如此。[27]

• 《劳动力投资法》（*Workforce Investment Act*）资助的针对失业工人的项目"对于女性的参与有更大的好处……其季度收入的增长超过了男性"。培训的价值也体现在对女性的收入和就业有更大的长期性积极影响。[28]

• 1982年的《职业培训合作法》（*Job Training Partnership Act*）所资助的基于工作地的培训项目以及职业调研辅助项目，对于女性参与者的收入和教育机会有"重大的积极影响"——但对男性则并非如此。[29]

如我所言，在谈到有效的培训项目时，总体选择是相当少的。但即便是在为数不多的几个确实有积极效果的项目中，通常也存在着性别差距。如果一个培训项目有效，它一般是对女性有效，而非总是对男性有效。

在有关政策干预的评估研究中有一个显然一再出现的现象，那就是这些干预对女孩和女人要比对男孩和男人更有效。这对研究和政策有深刻的影响。最显而易见的是，评估者必须考虑区分性别的结果。当发现差异时，应该强调它们。但眼下人们通常很少关注这个问题。阿斯彭研究所（Aspen Institute）发表的对公私合营企业开展的公私合营培训方案的三个项目进行评估的研究简报，并没有提及结果中的性别差距。[30] 即使在主要报告中，也只有读到第72页的附录D表5的读者才能够看到这种差异。[31]

基于许多项目对于人口中一半群体完全不起作用这个证据，政策制定者不质疑这些钱花得是否合理是不负责任的。当然，这里有足够的证据来挑战支持任何不考虑性别的项目和服务的假设。留意到这些"令人失望"的发现，然后耸耸肩继续花钱，是没有好处的。

愿望差距

当然，困难的问题在于，为什么这些措施对于男孩或男人无效，以及可以采取何种其他措施。有关这方面的经验证据很薄弱。不过，泰里斯，一位正在卡拉马祖社区大学学习的年轻黑人男子，对这个问题有过深入思考。泰里斯正好就是卡拉马祖承诺旨在帮助的那类人。在他5岁的时候，父亲去世了。他的两位兄弟如今身陷囹圄。他在自己身边观察到男性和女性之间的四个重要差异。首先是动机："女性很有驱动力。她们知道自己需要养家糊口。"其次是独立性："她们［女性］实际上并不需要进入一段关系，她们自己就能够搞定。"再次是坚持："当问题变得困难时，男性倾向于逃跑，而女孩们则没有如此。"最后是计划："女性倾向于活在未来，而男性倾向于活在当下。"把这些因素——动机、独立性、坚持和计划——结合起来，至少对于泰里斯来说，女性在学校中成绩更好是不足为奇的。

我认为非常明确的一点是，这里几乎无法量化测量的动机和愿望是这种现象的主要成因。年轻女性相比于年轻男性，会以更大的热情抓住机遇。再以海外求学为例。近几十年来，随着越来越多的大学生拿着护照和单词书前往海外（通常是欧洲），这种做法变得更加流行（至少在疫情暴发前是如此）。[32] 何乐而不为呢？前往另一个国家几个月是一个很棒的机会。在一份联合报告中，美国对外交流协会和国际教育研究所称赞了海外留学的价值。[33] 这两个机构当然会这么讲。但这看起来是正确的。雇主似乎的确喜欢雇用视野更广的大学毕业生，并且在外国磨炼的许多技能似乎也对未来的人生有所帮助。但令人震惊的是，女生海外求学的可能性是其男同学的两倍不止。[34] 欧洲各国中也有类似的差距。[35] 或许你在想，"啊，不过这或许只是因为女性更有可能学习提供了更多海外求学机会的专业，比如语言和艺术"。但情况并非如此——性别差距存在于所有学科中。

同样，这个差距难住了研究者。我们确切知晓的是女性似乎会受到各种各样因素的推动而出国留学，包括拥有受过教育的父母抑或上过关注人类多样性与差异的课程等。但所有这些因素都对男性不起作用。一个似乎确实对男性决定是否出国留学有影响的因素就是"同伴互动"，但是是在消极方面。[36] 男性似乎会鼓励对方停留原地而非离开。该报告强调，有必要建立一个多元且具有代表性的学生群体，并且在降低非白人学生——现在他们在留学生中的比例是30%——所面临的障碍方面已经做出了认真的努力。但该报告却没有提及女生和男生之比为2∶1。

不只是出国留学生。年轻女性中似乎普遍存在着更强烈的冒险精神。同样2∶1比例的性别失衡也出现在报名参加美国和平部队（Peace Corps）以及美国志愿队（Americorps）的人中。[37] 英国海外志愿服务项目中存在的性别差距甚至更大。[38] 如今的年轻女性要比男性拥有更广阔的视野。忘掉男性具有旅行癖、一直在路上的传统刻板印象吧，现在女性才是探险家。非常常见的情况是，没有人能够充分解释这些现象的原因。并不是男性的机会更少，而是他们并没有把握这些机会。问题似乎是能动性、愿望以及动机的衰退。但这并不是凭空出现的。我认为这是整个结构性挑战所导致的结果。我已经指出教育体系不太适合男孩，并且劳动力市场对于男性而言已经变得更为糟糕。但在此之外还有更深层次的文化原因。特别是在过去的几十年间，男性与女性之间权力关系充满戏剧性的再平衡，使得男子气概——特别是男性作为养家糊口之人——的原有模式已经过时了。但取代这些模式的事物并没有出现。

"女性正变得越来越独立，"回到卡拉马祖的夸马里反思道，"她们更加坚定，愿意为之而奋斗。她们明白自己需要其他选项。"夸马里自己也承认，他正在这个新世界中苦苦挣扎。他支持男女平等，但也是某个基督教派中的一员，该教派的教导是男人应当是一家之主。他在"成为一直被教导成为的男性"以及"成为这个世界现在需要的男性"之间犹豫挣扎。他并非个例。贯穿男性面临的诸多挑战的一条常见线索，就是女性经济独立带来的文化冲击。若想真正了解在男孩和男人身上发生了什么，我们至少像需要经济学家一样需要人类学家。我们还需要愿意面对事实——包括哪些项目最有效的事实——的政策制定者。否则，危险就是我们的一些男孩和男人不仅会落后，而且最终会堕入我们无法拯救的深渊。

第三部分

生物学与文化

第七章
制造男性：
先天与后天因素都很重要

每一种宗教都会讲述我们为何以及如何生来便是男人和女人的故事。在犹太教和基督教中，一切都起始于亚当和夏娃。伊斯兰神学教导说，男人和女人是"成双的"，来自同一个灵魂。在印度教的传统中，梵天要求楼陀罗分出男性和女性，这样创造才能继续。这些有关创世的故事体现出人类生物学中一个最根本的区分，即男性与女性的不同。

生理方面的性别差异不仅塑造了包括我们大脑在内的身体，还影响了我们的心理。* 我们并非白纸一张。其中一些差异更多涉及的是发育的时间，而非最终的结果。比如，我在前文提到过女孩大脑成熟较早如何成为教育方面性别差距的一

---

* 在本章及后文中，biology及其相应形容词变化，根据语境被译为"生物学""生理习性""生理因素"等。——译者注

个原因。然而，许多差异都是持久性的。通常来说男性更具攻击性，会冒更多风险，会比女孩和女人有更多的性冲动。[1] 当然，这个清单并不完整。还有其他特征是在男人身上比在女人身上更易发现的。比如，男性对事物更加感兴趣，但女性对人更加感兴趣；男子在车库里修修补补，他的妻子则在和朋友聊天。[2] 但这三个要素——攻击性、风险与性——是最明显的差异，也是我在这里会更详细讨论的。

在本章中，我会描述有关天生性别差异的证据，特别是在攻击性、风险以及性冲动方面。接着我会论证我们的直接环境以及更广泛的文化也有很大影响，塑造着生理差异发展和表达的方式。职业选择，特别是所谓的"STEM"悖论，为我们有必要同时考虑直接环境与更广泛的文化提供了一个例证。先天与后天因素都很重要，它们也以重要的方式彼此互动。我认为我们可以放心地将这个令人筋疲力尽的论辩丢开。最后，我将指出在像心理学这样的应用领域中完全忽略生物学所导致的危险。

不过，认为性别差异拥有自然基础在政治上饱受攻击。所以我最好立刻说明一下注意事项。第一，尽管某些特征与一个性别的联系比另一个性别更密切，但是它们的分布是彼此重叠的，在成年人中尤甚。在使用核磁共振扫描检查了5000多位英国人所构成的样本中的性别差异后——这是迄今为止同类研究中规模最大的——心理学家斯图尔特·里奇与其合作者总结说,"对于每一个显示出巨大性别差异的大脑指标,男性和女性之间总会存在重叠:即使在总脑容量差异很大的情况下,也有48.1%的样本重叠"。[3] 换言之,差异具有二相性(dimorphic)——不同但有重叠——而非二价性(binary)。(留意我在本书第二章提过的差距本能。)比如,普通男性要比普通女性更愿意冒险(尤其是青春期时)。但是某些女性要比某些男性更爱冒险。大部分研究表明,最大的差异体现在这些分布的尾端,而非大多数人身上。绝大部分最具攻击性的人是男性,但是在整体人口中攻击性的差异就小很多了。

第二,这些性别差异会被文化增强或减弱。一些文化会平息暴力,另一些却不会。我非常肯定的是,如果我出生于2000年前的斯巴达,那我在物理意义上肯定更具攻击性。但这种攻击性在布鲁金斯学会中用处不大。这些文化差异对于自然倾向在行为中以何种形式以及在何种程度上得到表达至关重要。文化与生理习性并不是彼此独立发展的,它们是共同演化的。无论是生理习性还是文化,都并非故事的全部。但是理解生理习性的角色对于使之处于合适的地位而言必不可少。"生理习性确实体现着我们的人格特质与行为倾向的基础,"露娜·布里曾丹在其著作《女性的大脑》中写道,"如果以自由意志——以及政治正确——的名义,我们试图否认生理习

第七章 制造男性:先天与后天因素都很重要

性对于大脑的影响，我们就是在向自己的天性宣战。如果我们承认自己的生理习性受到其他因素影响……我们就能够避免它创造出一种我们受制于它的固定的现状。"[4]

第三，这些性别差异在21世纪中对日常生活的影响通常非常有限。如今存在着更为重要的行为驱动力，其中不仅包括文化，也包括个人能动性。谢天谢地，在现代社会中个体性的空间更为充足。打破对于男性或女性的狭隘定义，对于社会和个人而言都是进步的标志。但我们无须因此否定任何自然差异，只是负责任地设法消除它们就好。神经科学家吉娜·里彭警告说："对生物学的信仰带来了一种关于人类活动所具有的固定和不可更改的本质的特殊心态。"[5] 但如下情况也是完全可能的，即拥有"对生物学的信仰"的同时，没有盲目假定人性是"固定不变的"或文化和环境是无关紧要的。很难找到一位负责任的科学家是一位百分之百的决定论者或百分之百的生物学因素否定者。真正的论辩并不是关于生理因素是否重要，而是关于它在何种程度上以及何时重要。

第四，平均性别差异并没有正当化性别不平等的制度。人们担心生物学会被用来为性别歧视提供思想基础。从我们的历史来看，这种担忧并非空穴来风。在错误的人手中，有关自然差异的证据的确会被用于正当化压迫。但是彻底否定科学是没用的；真理最终总是会回来咬你一口。一个非常无聊的真相是，男性特征在一些语境中更有用，而女性特征则在另一些语境中更有用，但两者本质上没有优劣之分。

第五，群体间的平均差异不应当影响我们对于个体的看法。不然，这正是大部分人所说的刻板印象以及经济学家所说的统计歧视。即使女性平均而言更倾向于教育工作（她们确实如此），但这并不意味着我的儿子无法成为一位优秀、体贴且富有同理心的幼儿老师（他就是这样的）。或者你也能够想到一些女性并不十分倾向于教育工作。如果你正在做的工作中教育职责非常重要，那就请关注个人而非性别。

因此，客观全面地看待生理因素的影响并小心避免可能出现的误用是很重要的。这里总会有犯下"自然主义谬误"的危险，即推定一切自然的事物必定是好的。但是否认或无视自然性别差异的现实也是没有用处的。"我想要[我的女儿和儿子]了解，在两性之间存在着并非文化塑造却更为根本的差异，它们植根于进化和生理习性，"人类学家梅尔文·康纳在《毕竟是女人》中写道，"我不想他们四个——抑或我每年上百个学生以及任何年轻人——在不了解这一事实的巨大不利条件中生活。"[6]

睾酮：攻击性

反讽的是，在大部分宗教创世神话中，男性都出现在女性之前；但在生物学中，事实是反过来的：女性更早出现。对于人类以及所有哺乳动物来说，最初的遗传规划都是雌性。在XY染色体的组合中，短而勤劳的Y染色体的作用就是破坏精心制定的雌性规划。按照牛津大学遗传学家布莱恩·赛克斯的话说，男人"基本上是基因改造后的女人"。[7]

受精后大约七周，Y染色体的首要任务是让睾丸生长。接下来，胚胎将受到雄性激素睾酮的洗礼，这将使其朝着男性的方向发展。雄性激素会使大脑变得男性化。然后在支持细胞SoX9的命令下，一个由两"人"组成的基因工作小组——染色体19p3.3上的AMH和12号染色体上的AMHR2——抑制了女性生殖器官的发育。在此之后，雄性激素会休息几年，直到青春期，这时睾酮又来推动发育，尤其是对于阴茎和前列腺而言。

性别决定的整个过程异常复杂，以至于它即便总是按照计划进行都令人感到惊讶。但确实如此。几乎所有人生来就是男性或女性。不过偶尔由于基因异常或怀孕期间服用某种药物，XX胚胎会比平时接触到更多的雄性激素，这可能导致被定义为双性人而非男性或女性的情况。正如康纳所说，性发育的这一部分"就像一些具有异国情调的玻璃雕塑——小而美但奇怪"。[8] 不过从历史上看，双性人本身一直都被认为是奇怪的而非美丽的，遭受着伤害、不必要的手术以及羞辱。甚至在今天，他们的人权仍然经常受到侵犯。[9] 世界上不存在有关双性人的统一定义，对其分布程度的估测也各不相同，但根据最广义的界定，一个合理的上限估计是，大约每一百人中就有一位是双性人。[10] 具有更典型的女性生理结构的双性人通常在出生时被认为是女性，但实际上，许多双性人更适应男性身份，他们之后通常会转变性别。[11] 这就为性别在很大程度上取决于子宫内而非出生后发生的事情，提供了重要证据。

雄性大脑在经过睾酮的洗礼后更倾向于具有身体方面的攻击性，不仅在人类群体中，几乎所有灵长类动物和哺乳动物都是如此。在所有文化和各个年龄段中，人类男性在身体上都更具攻击性。[12] 到了17——这儿说的是17个月时，男孩经常具有攻击性的概率比女孩高5倍。[13] 这一差距会一直扩大到刚成年的时期，然后再次缩小。[14] 在世界范围内，男性犯下了95%以上的杀人罪和绝大多数其他类型的暴力行为，包括性侵犯。[15] 但睾酮、男子气概和攻击性之间的关系是复杂的。首先，睾酮似乎并不直接引发攻击性，而是放大了它。[16] 这种放大的程度非常依赖环境。如卡罗尔·霍芬在其著作《睾酮：有关决定和区分我们的那种激素的故事》中所说，男孩和男人天性中的攻击倾向是确实存在的，但不必然表现出来。我们并非自己细胞的奴隶。

同样重要的是要注意到，随着时间推移，大部分社会已经变得不那么暴力了，并且在今天各个国家的犯罪率存在巨大差异。"所有这些因素的重要性并没有构成睾酮与攻击性之间关联微弱的证据，"霍芬写道，"毋宁说它向我们表明这是一个复杂的问题，就如探究这种关联如何发生的研究指出的那样。"[17] 没有人否认文化和文明的重要作用，不然就难以解释不同地区和不同时代中男性暴力程度的巨大差异。但在此否定生理习性的重要性，特别是男性和女性之间的差异，同样是愚蠢的。

胆大的人：风险

这些性别差异并非源自某种宇宙偶然事件。如戴斯蒙德·莫里斯所言，人类是"进化的猩猩，而非堕落的天使"。[18] 遗传下来的特征都是那些在繁殖方面有效的特征。这就是性别选择的意义所在。男性和女性的最佳生殖策略是不同的，这对我们的心理产生了长期影响。比如，男性对风险的偏好更大。这并不是一种社会建构。正如乔伊斯·贝嫩森在她的著作

《勇士与焦虑者：两性的生存》中所说，这种情况能够在历史中每个我们熟知的社会里找到。[19]"性别差异实际上存在于风险研究的每个领域，男性比女性更愿意承担风险，"一组研究领导风格的学者写道，"从狩猎采集者到银行首席执行官身上，我们都有类似的发现。"[20]

与攻击性一样，冒险显然是植根于我们进化史的男性和女性心理差异之一。因此，男性冒险对于他们而言是更有道理的。但为什么会这样？直白地说，这是因为男性比女性生育的可能性要小得多。实际上，我们拥有的女性祖先是男性祖先的两倍。[21]你可能需要花点时间，脑子才能转过弯来。毕竟从遗传学上讲，每个人都必然有一个母亲和一个父亲。但是再自然不过的情形是，一些男人可以和很多女人生很多孩子，而另一些男人则一个孩子也没有。这正是历史上发生的事情。成吉思汗或许是最知名的例子，他是今天人口中二百分之一的人的直接祖先。委婉的说法是，"男性在繁殖成功率方面的差异比女性更高"。[22]心理学家罗伊·鲍迈斯特对此表述得更直白："为了实现繁殖的最大化，一个文化需要它所能拥有的所有子宫，但只有一些阴茎能够承担这个任务。通常会存在阴茎过剩的情况。"[23]

再加上如下事实，即大部分人类社会一直都是多配偶婚，允许男人拥有多位妻子，最终你就会看到哈佛大学进化心理学家约瑟夫·亨利希所说的"剩余男性的数学问题"。[24] 这便是风险所在。有成为进化中的无用物的风险的男性，就会愿意为了获得配偶而冒巨大风险，他们有可能通过犯罪的方法来获得更多资源，也有可能是在具有潜在利益的战争中战斗。对于一个不如此就无法有任何后代的男性来说，哪怕只有一半的胜算也是非常不错的。亨利希写道，结果就是"男性的心理学由于男人与男人之间更为激烈的竞争而出现了转变"。

近来有关上述主张的证据来自一项对于中国独生子女政策的研究，这项政策在不同时期被引入不同的省份，使得研究者有机会考察其影响。因为家庭更想要一个男孩，这项政策一旦实施，性别比就会剧烈地偏向于男性。经济学家莉娜·埃德隆德指出，在实施该政策 18 年后的每个地区，随着多出来的男孩成年，犯罪率都开始上升。犯罪的程度并不轻微：逮捕率几乎翻了一倍。[25] 埃德隆德的研究强调了至关重要的一点。即便男性的心理与生俱来更具冒险性，但这通常只会在激烈的竞争环境中导致反社会的冒险行为（比如犯罪）。

毋庸置疑，男性对待风险的态度有很多缺点。当我从一位中年父亲的角度回顾我和我的男性朋友在青少年时期玩的一些"游戏"时，我不寒而栗。尤其引人注目的是，有一次我们试图在一辆迎面而来的卡车前最后一个冲过高速公路。（我从来都不是最后一个。）不过男性愿意冒险也有一些好处。男性似乎更愿意为了救别人而冒险，考虑到女性身体在繁殖方面相对更加重要，这从进化角度来看是非常合理的。

每年，成立于1904年的卡内基英雄基金（Carnegie Hero Fund）都会给那些见义勇为的普通人，特别是那些冒着生命危险拯救陌生人的人，颁发奖章。在2021年，71枚奖章中有66枚颁发给了男性。[26]那一年的奖章得主包括19岁的卢卡斯·Y.西尔韦里奥·门多萨（Lucas Y. Silverio Mendoza），他在从着火的建筑中救一个3岁孩子时牺牲；以及17岁的克里斯蒂安·亚历山大·布尔戈斯（Christian Alexander Burgos），他在救下一个9岁男孩及其母亲后溺水身亡。我们可以尝试减少男性更愿意冒险带来的弊端，并鼓励和赞扬它所带来的好处。如玛格丽特·米德所说："至关重要的是，未来的任务应该这样安排，以便在为国家牺牲变得不现实时，为所爱的事物冒险依旧是可能的。"[27]（不过在我写作时，为自己国家而死在战火纷飞的乌克兰可是太有可能了。）

性别对男性大脑的影响

考虑到男性和女性在心理学方面的差异在很大程度上是由于性别选择而出现的，或许并不令人惊讶的是，男性和女性之间最大的差异就是性别本身。作为一种生物学事实，男性就是比女性更强壮——或者拥有更多梅尔文·康纳所说的"性冲动"。[28] 一份对 150 项研究的全面综述发现，有压倒性的证据表明，男性的性冲动更强，"这反映在对性频率和各种性幻想的自发想象、对性交频率的期望、对伴侣数量的期望、手淫、对各种性行为的喜好、放弃性行为的意愿、发起或拒绝性行为、为性做出牺牲以及其他指标上"。[29] 这就如《城市乡巴佬》（City Slickers）这部电影中比利·克里斯托（Billy Crystal）所饰演的角色所说，"女人需要一个理由去做爱，而男性只需要一个地方"。

同样，这种差异也有充分的进化论理由。男性无法拥有子女的概率更高，所以需要准备抓住几乎每个繁衍的机会。性别医学基金会（Foundation for Gender-Specific Medicine）主任玛丽安·莱加托指出："从生理上讲，壮年的男性天生就处于一种近乎永久的就绪状态，他们随时准备与周围任何有可能怀孕并生育孩子的女性交配。"[30] 这正是莱加托和其他人将勃起功能正常视为男性整体健康的一个指征的原因。

男性性冲动的商业化与有记载的历史一样悠久；在拉丁文中，表达"卖淫"这个意思的词有 25 个。[31] 几乎完全都是男性在进行性消费，如今美国大概有 100 万卖淫者，数量远超教士和牧师。[32] 一项在纽约的研究发现，开设一家脱衣舞俱乐部或陪伴机构会使周围街区的性犯罪减少 13%。[33] 城市研究所的一项有关8个城市的研究表明，性交易的金额要超过毒品和枪支交易的总和。[34] 无论我们是否喜欢，男性性冲动这个现实都意味着，性工作者就在我们身旁。政策制定者应当承认这一事实，而非异想天开地思索男性性欲发生改变的可能性。[35]

色情文学也并非新鲜事。2008年发现的一个色情象牙小雕像要追溯到大概3.5万年前。[36] 每一次技术革命，从印刷机到照相机和电影，都意味着有更多的色情。但互联网向来起到的都是推波助澜的作用。2021年，仅在美国，两家最大的在线色情网站的月平均访问量就分别达到6.94亿人次和6.4亿人次。在线上视频类产品中，这个数字要比"奈飞"（Netflix，5.41亿人次）或"Zoom"（6.3亿人次）还要高。基于英国儿童事务专员办公室开展的一项全面审查的标题很好地总结了这一情况："大体来说……色情无处不在。"[37] 一些女性当然也会看色情内容，但要比男性少得多。[38]

当《纽约客》（*New Yorker*）的作者以及美国有线电视新闻网（CNN）评论员杰弗里·图宾（Jeffrey Toobin）由于在线上会议的休息时间被看到在做"那种事"而尽人皆知时，我大部分的女性友人的反应大概都是"在会议间隙、光天化日之下，他脑子里都在想啥？"，而大部分男性则想的是"他都在想啥，就没有检查一下自己的摄像头是否关闭吗？"。我认为色情内容的使用会引起如此强烈的负面反应的一个原因，就是它生动地突显了男性性欲的本质。通常来说，年轻男性报告每周会有两到三天浏览色情内容，并且几乎总是会伴随着手淫，但时间通常不会非常久（六分钟似乎是平均浏览时长）。忠诚于性关系的男性对着色情内容手淫的频率就少很多。[39]与游戏类似，问题在于少数重度用户可能会成瘾。

同样无须多言的是，无论好坏，文化都在很大程度上影响了男性性冲动的表达。年轻男性从他们周围环境中学到的一件最重要的事情就是，如何以合适的方法表达他们的性欲。但是男性性欲更强是生活中的一部分。

文化动物

我希望现在已经说服你，尽管生物学方面的性别差异并不是行为的决定因素，但它们确实重要，并且否认这一点不会有任何好处。可是我们的环境和文化同样重要。这不是先天抑或后天的问题，而是先天连同后天的问题。"我们并没有一张'摆脱进化论'的卡牌，"都柏林圣三一学院的神经遗传学家凯文·米歇尔写道，"但是我们也并非行为受到几个旋钮和开关控制而与任何社会性因素无关的肉身机器人。"[40]这一领域近来最吸引人的一些研究展示出，我们的直接环境，特别是童年时的环境，如何塑造了遗传倾向的表达方式。比如，成长于一个充满压力或并不稳定的家庭环境,似乎就会影响大脑代谢5-羟色胺的能力,而后者有助于减少攻击性行为。[41]同卵双胞胎的不同生活轨迹影响了与冒险相关的基因被抑制或放大的程度。[42]父亲入狱的儿童的端粒(染色体末端)长度会缩短,这增加了他们成年后出现健康问题的风险。具有更敏感于环境的基因的男孩,在其生物学父亲离开家庭后会表现得更为糟糕,但如果他们的生物学父亲加入家庭,他们也最为受益,这是兰花型人格会如何带来收益与成本的一个例证。[43]有关生理方面的生物学与社会环境之间的复杂双向关系,还有其他数不胜数的例证。

生物学很重要这个事实,并没有降低文化的重要性。实际上,它使得文化更为重要。文化决定了我们如何管理、传达以及表现我这里描述的许多自然特征。生理习性影响着文化,但文化也影响了我们的生理习性。如约瑟夫·亨利希所说,思考先天与后天因素的共同进化是最有道理的。他说,"文化重新连接了我们的大脑并改变了我们的生理习性,但没有改变底层基因密码"。[44]比如,当人类学会如何使用火时,我们开始吃更多的肉,我们的消化系统就相应做出调适。读写能力改变了许多人的心理学,这些人成为亨利希所说的"WEIRD"(西方国家民主工业富裕社会中接受过教育之人——Western, educated, industrialized, rich, and democratic)。

一个令人震惊的例子就是婚姻的角色。亨利希相当残酷地将之描述为"一种睾酮抑制系统"。[45]（我进入婚姻状态也有将近30年了。）睾酮水平在年轻单身男性中最高，有更高睾酮水平的人实际上更有可能成为父亲。但是在与妻子和孩子安稳生活的男性中睾酮水平出现下降，在承担养育责任更多的男性中下降得最为迅速。研究这一证据的一群学者指出，"人类男性拥有得到进化的神经内分泌结构，以促成他们身为父亲和照顾者的角色，这是生殖成功的关键要素"。[46]这也包含着更为广泛的社会影响。随着一夫一妻制的传播，直接承担养家糊口责任的男性数量也在增加。通过降低睾酮水平，一个整体性影响就是极大降低了男性暴力的总体水平。这是生理因素、直接环境与更广泛的文化之间复杂互动的绝佳例证。[47]

脆弱的男性气质

人类学家都赞同：男性气质是脆弱的。女性气质之所以更为强健，是因为它更多地由女性在生殖中的特殊角色决定。如女性主义人类学家谢里·奥特纳所说，"一个简单的事实是，女性身体的更多空间及其一生中更多的时间……都被与物种繁衍相关的自然过程占据"。[48]女性气质更多受到生理习性的定义，而男性气质则更多源自社会建构。这正是男子气概为何易于比女性气质更加脆弱的原因。"女性气质的终极危机"会在何时出现？正确答案是：永远不会。

男子气概至少是由行为和生理习性共同决定的。"我很早就知道一个男人的所作所为……甚至都要比他是谁更为重要。"英国精神病学家安东尼·克莱尔在其著作《论男人：危机中的男子气概》中如是说道。[49] 克莱尔所说的主要是现代资本主义社会中的有偿工作，但他的整体观察却对几乎每个我们知晓的人类社会都成立。男性气质是一项持续努力的成就，而不仅仅是一蹴而就的里程碑。在许多文化中，成年礼——通常包含身体上的胁迫或风险——标志着男孩向男人的转变。这正如美国诗人伦纳德·克里格尔所写，"在每个年代，不只是我们的时代，男性气质都是某种需要赢得的事物"。[50]

可是赢来的也会失去。男子气概因此是脆弱的。在任何社会中，男子气概的塑造都是一项重要的文化任务，在像我们时代这样社会快速变迁的时期尤其重要。"男性气质是一种象征性的脚本，是一种文化建构，"[51] 人类学家戴维·吉尔摩写道，"真正的男人不会像蝴蝶从孩子气的茧里自然而然地钻出来；必须孜孜不倦地把他们从稚嫩的壳里哄出来，塑造和培养他们，劝告和鞭策他们长大成人。"[52] 这不是说有用来培养男性的某种单一蓝图，认为男性源自塑造并不意味着只有一套塑造方式。在不同文化中，什么构成了一个"真正的男人"有很大不同。

人类行为受到先天因素（我们基于生理习性的本能）、后天因素（我们从自己周围环境中获得的指引）以及能动性（我们个人的主动性）的共同推动。人生的许多戏剧性因素都来自这三种动力之间的张力。如莎士比亚笔下的科利奥兰纳斯（Coriolanus）所说："我绝不做一头服从本能的呆鹅，我要漠然无动于衷，就像我是我自己的创造者，不知道还有什么亲族一样。"[53]

科利奥兰纳斯试图无视先天因素（像呆鹅一样的本能）以及他对自己亲族的社会责任，要完全走自己的路。当然，他一败涂地。没有人能够完全摆脱生理习性或文化而成为完全自主的行动者。即使是经过启蒙的现代人，另一面也是动物。我们所能做的就是尝试达到合理的平衡。好消息是随着社会进步，首先是文化，其次是个人能动性，变得越来越重要。人生选择的万花筒变得更为丰富多彩。但是我们不应犯科利奥兰纳斯的错，认为我们能够摆脱自己的文化。如罗伊·鲍迈斯特在《文化性动物》中所说，我们为文化而进化。他写道："人类通过塑造——首先是被他们的基因，进而是被他们的社会环境——而生活在文化中。"[54]

文化在将男性的能量导向积极社会结果方面发挥着非常重要的作用，这尤其体现在教导他们关心他人这个方面。不过玛格丽特·米德提醒说，"这种习得的行为是脆弱的，在不再能够有效教化这种行为的社会环境中，它就会非常容易消失"。[55]我们应当留意这个提醒。

"STEM"悖论

我强调过，群体之间在任何特定特征方面的平均差异，对于任何特定个体并没有太多参考价值。但综合整个人口来看，这些差异会带来某些模式，比如职业选择。一直以来都有一场强劲的运动推动更多的女孩和女人进入"STEM"职业，即科学、技术、工程和数学领域。这场运动也非常成功；在这些职业的劳动者中，女性如今占27%，这距离性别平等当然还有很长一段路要走，但相较于1970年的8%，这个比例已经是巨大的飞跃。[56]不过我们应当期待在所有这些工作中都会有男女比例各占一半的性别平等吗？或许不应如此。别忘了，平均来看男性对事物更着迷，而女性对人更感兴趣。[57]即使在完美的性别平等的条件下，也会有比女性更多的男性愿意选择这些职业道路。这不是因为性别歧视或社会化过程，而是因为存在着真实的偏好差异。

2018年，吉斯伯特·施托特和戴维·吉尔里这两位研究者指出，在像芬兰和挪威这样性别平等程度更高的国家，女性在大学中选修"STEM"专业课程的可能性更小。施托特和吉尔里将此称为"性别平等悖论"。[58] 他们猜测在高收入和高福利国家,追求"STEM"职业的经济动力可能较低,使得女性能够选择与其个人偏好更加吻合的课程与工作。一些相关研究支持了施托特和吉尔里的结论。阿明·福克与约翰内斯·赫姆勒研究了一系列国家中特定偏好——比如冒险的意愿、耐心、利他主义、正面和负面互惠以及信任——的性别差异。在更加富裕和性别平等程度更高的国家,性别差异最大,每种偏好都有独立的影响。他们总结说,"物质和社会资源更加平等主义的分配使得女性和男性能够不受影响地表达其特定于性别的偏好"。[59] 一项运用不同数据来源的类似研究得出了同样的结论。"一种可能的解释是,更加进步和平等的国家中的人们更有机会表达他们与生俱来的生物学差异,"该研究的作者之一佩特里·卡乔纽斯指出,"另一种解释是在进步主义的国家,人们更有欲望通过性别来表达他们在身份方面的差异。"[60]

重要的是要注意,上述这些研究在其设计中都不允许明确的因果解释。但至少,这些研究工作应当让我们在坚持每个生活领域中都要实现完美性别平等的立场时小心谨慎。我们观察到的一些差异可能源自信息充分的条件下个人的能动性——如果是这样,我们就应当尊重这些选择。尽管保守主义者有时会说，不遵从传统角色的女性就是否定自己的天性，而许多左翼会坚持说遵从这一角色的女性就必然是向性别歧视屈服，但我认为《大西洋月刊》的作者奥尔加·卡赞说得对："这项研究的结果既不是特别女性主义的，也不是非常悲观的。它并没有认为性别平等不鼓励女孩追求科学。它说的是在女孩对科学不感兴趣时，性别平等允许她们不追求科学。"[61]

这里有两点值得重复。其一，群体间的平均差异永远不应影响对于个体的看法。即使女性对工程领域的工作有点不像男性那么感兴趣，这也不能构成歧视任何特定女性的正当化理由。其二，这些特征的分布依然在很大程度上是重叠的。比如，在一项有关"人与物"维度上的性别差异的重要研究中，几乎一半（47%）的男性和女性的偏好分布是与另一个性别重叠的。[62] 这意味着在某一特定职业中，任何一种性别的无效表现都不能被合理地归因于自然偏好。心理学家苏荣和詹姆斯·朗兹开展了一项有趣的研究，他们比较了基于兴趣的性别差异而被期待进入不同职业的女性的比例与实际进入这些职业的女性的数字。图 7-1 再现了他们的一些结果。[63]

苏和朗兹在许多领域，诸如数学（40%）和生命科学（45%）中，发现两个数字之间有很好的匹配关系。但是女性在工程领域的代表性明显不足：根据他们的估测，如果兴趣构成职业选择的唯一动力，大概有 30% 的工程师会是女性，但女

性工程师的实际数量占到所有工程师的一半。在天平的另一端,

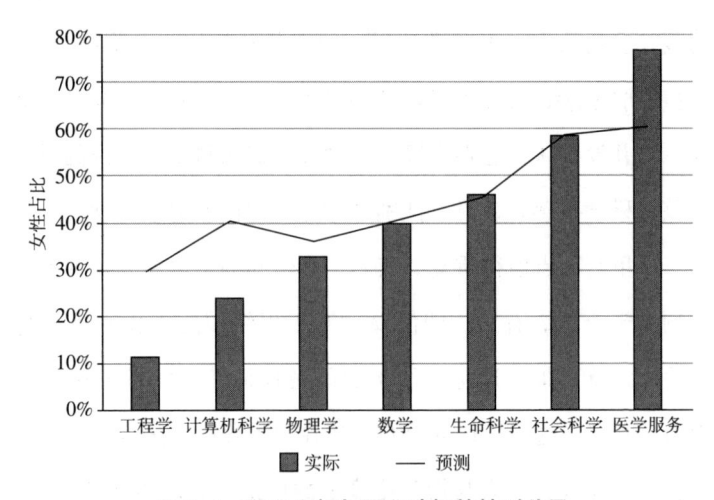

图 7-1 职业兴趣与职业选择的性别差异
女性的预测与实际比例,选取"STEM"领域

注:基于和苏博士在 2022 年 2 月 1 日交流时获得的一份更新表单。
来源:Rong Su, James Rounds, Patrick Ian Armstrong, "Men and Things, Women and People," Table 4 and Figure 1,参见本章注释2。

女性在包括看护在内的医疗服务领域的比例明显过高。在本书第十一章,我会有力地论证更多的男性能够——也应当——在健康和教育领域工作。

殷切期待

美国心理学协会(APA)的任务是"造福社会、改善生

活"。[64]但是该协会在2018年发布的有关"与男孩和男人一同工作"的指导方针却未能达到这一标准。指导方针的概要部分说,"传统的男子气概——以坚韧、好胜、占据主导地位和具有攻击性为标志——整体来看是有害的"。[65]美国心理学协会的报告也将相关问题描述为"男子气概意识形态",后者被界定为"对大量人口具有控制力的诸多独特标准的一种集合,其中包括:反女性气质、优秀、避免软弱的姿态、探险、冒险以及暴力"。[66]

该协会很快就遭到保守派人士的抨击,他们说,这些指导方针相当于"转化治疗",类似于曾经向女同性恋和男同性恋提供的治疗。[67]协会在推特上做出澄清:"指导方针支持鼓励'传统男子气概'的积极方面,诸如勇气和领导力,但摒弃暴力和性别歧视等特征,同时强调绝大多数男性并不暴力。"[68]这个说法显然不对。指导方针对于男子气概的这些积极方面未置一词。

或许政治立场偏右的一些人反应过激了,但美国心理学协会的确抛出了一份糟糕的文件。指导方针未能承认男性心理学的任何生物学基础。比如,它并没有提及睾酮。情况似乎是,就美国心理学协会而言,男子气概完全是社会建构的。该报告指出:"在一个男性成年时,他会倾向于表现出受到其种族、文化以及男子气概不同建构的行为。"

这份报告中生理习性的无影无踪与该协会有关女孩和女人的同等报告形成了对比，后者有帮助地讨论了青春期、分娩和更年期的潜在心理学影响。[69] 所以女孩和女人被视为有血有肉的活人，而男孩和男人却被视为白纸一张。这显然很荒谬。而且这同时也颇具危害，尤其是当女性占比高达80%的心理学家群体想要帮助男孩和男人时，这份报告提供的指引很糟。

在涉及性别与生物学时，美国心理学协会似乎并不是唯一一个厌恶科学的机构。2015年麦克阿瑟基金会（MacArthur Foundation）发布了一份长达47页的报告，涉及有关青少年发展的最新科学对于青少年司法的潜在影响。[70] 这份报告引起人们关注种族不平等。但是尽管青春期女孩和男孩在大脑发育——特别是冒险和攻击性方面——有巨大差异，这份报告却对性或性别未置一词。对"性别决定论"的恐惧，在这些情形中似乎导致人们不愿意介入甚或承认先天因素影响行为的证据。当专业机构或研究机构采用这种观点狭隘的方法时，事情就大错特错了。

舞会和海难

英国私立男子学校斯多中学（Stowe School）的首任校长J. F. 罗克斯伯格将自己的目标描述为培养"在舞会上可以得

到接受，在海难中珍贵无比"的男人。[71]他想要男人做出卡内基英雄奖章得主所做出的那类牺牲。或许他心中想的是"泰坦尼克号"中许多男士的英雄主义。众所周知这艘轮船在1912年沉没，男性乘客的生还率只有19%，而女性乘客的生还率是75%。[72]不过罗克斯伯格表述的前半部分更加重要。"在舞会上可以得到接受"的男士是那些已经学会如何在公司中举止得体、如何尊重女性并平等以待的人。简言之，他们是成熟的男性。

人类文化的基本功能之一，就是帮助年轻人成为有责任心且有自知之明的成年人。在其诸多含义中，成熟尤其意味着以适合于情境的方式校准自己行为的能力。成为成年人就是学会如何驯服我们自己的天性。我们学会上厕所。我们学会在心烦意乱时不会相互攻击。我们学会不冲动行事。我们学会了有同理心、克制与反思。这需要时间，至少是几十年。男孩比女孩花的时间更久一些。但我们大多数人最终都做到了。男孩成为男人，甚至是绅士。不过男孩的一面始终伴随着我们，只是不再处于支配地位。

第四部分
政治困境

第八章
进步主义的盲点：
政治左翼不肯接受现实

我的儿子们进入了一所有着"有害的男子气概文化"的学校。这所学校可能并非你的首选。贝塞斯达-切维蔡斯高中（Bethesda-Chevy Chase High School）服务于华盛顿特区外一个生活富裕、充满自由主义氛围且受过高等教育的郊外社区。该县三分之一的成年人拥有研究生学位，[1] 有五分之四的人投票支持乔·拜登。[2] 2019年，该学区为学生性别增加了第三个选项。[3] 如果存在自由主义泡沫，这就是泡沫中的泡沫。

不过学校在2018年发生的一个事件使得它得到媒体广泛报道，其中包括哥伦比亚广播公司的《今早节目》，美国广播公司的《早安美国》以及美国全国广播公司的《今日秀》，还有《华盛顿人》与《华盛顿邮报》。[4] 一份英国纸媒《每日邮报》报道了这一事件。[5] 这次事件是这样的。学校里的一个男生根据自己女同学的魅力程度制作了一个排名，并将其分享给自己的许多朋友，其中有一些人还加入了自己的看法。几个月后，排名表中的一位女生在另一个男生的电脑中看到这个名单。许多女生都向学校行政部门投诉。制作名单的男孩受到了训斥，并被拘留。抗议随之而来。其中一位年轻女性告诉《华盛顿邮报》，"对我们女生来说，这是'男孩就是男孩'（boys will be boys）文化带来的最后一根稻草"。[6]

一份在校长办公室外抗议活动中得到宣读的声明提出了如下诉求："我们应当能够在一个没有物化女性和厌女症的环境中学习。"学校召开了大量会议来讨论文化氛围。制作这份名单的男生向牵涉其中的女生和《华盛顿邮报》做出了个人道歉。学校校长和两位女生之后参与了在有限卫星公众事务网络（C-SPAN）播出的有关这一议题的小组讨论。[7]

这是发生在一个学校特定时刻的一次事件。它之所以一下子就引起我的关注，是因为它碰巧发生在我们当地的学校。但这件事的启迪在于，它立即被形容为"有害的男子气概"的一个例证，尤其是在媒体报道中。如果真的是这样，这个词就有了如此广泛的定义，以至于它可以适用于男孩或男人的任何反社会行为。

指出男子气概的某些方面在不成熟或极端的表达中可能是非常有害的，这是一回事；认为男孩和男人天生的特征本质上是不好的，则是另一回事。不加区分地将"有害的男性气质"这个标签贴到这类行为上是错误的。这与其说是把男孩们拉入一场有关能够学到什么教训的对话，倒不如说是将男孩们送入网络男性空间（manosphere），在这里他们会得到肯定：自己没有做错任何事情，而是自由主义者在找他们的麻烦。毕竟，青春期的女孩也会有类似的欺凌和不尊重他人的行为，且通常是针对其他女孩的，但这并没有被立刻视为"有害的女性气质"。

发生在我们高中的这一事件，凸显了政治左翼在男孩和男人议题中四大失败的第一个方面，即倾向于将男性身份中自然出现的因素加以病态化，且通常打着"有害的男子气概"的旗号。进步主义的第二个缺陷就是个体主义，男性问题被视为某种个人失败的结果，而非结构性挑战。第三个问题就是不愿承认性别差异的任何生物学基础。第四个问题是根深蒂固地确信性别不平等只会以一种面目出现，那就是会对女性不利。在第九章分析政治右翼同样有害的回应之前，本章中我会依次逐一分析进步主义的这四个失败。

发明"有害的男子气概"

直到2015年前后，"有害的男子气概"这个词组还只是在学术界少数领域中被略有提及。[8] 根据社会学家卡罗尔·哈林顿的统计，2015 年之前用到这个词组的文章数量未超过 20 篇，并且几乎所有的使用都出现在学术期刊。但随着唐纳德·特朗普的崛起以及"#我也是"（#MeToo）运动的兴起，进步主义者使这个词组变得日常化了。到了 2017 年，这个词组被提及上千次，且大部分是在主流媒体中。哈林顿指出，这个词组几乎从未被定义过，甚至没有被学者界定过，而是被简单地用来"表示不赞成"。[9] 由于缺乏连贯或一致的定义，这个词组现在指的是使用者所不赞成的任何男性行为，从糟糕的行为到琐碎无聊的行为。特别是大规模枪击[10]、帮派暴力[11]、强奸[12]、网络暴力[13]、气候变化[14]、金融危机[15]、英国脱欧[16]、唐纳德·特朗普当选[17] 以及在新冠疫情期间不愿戴口罩[18] 这些行为，都被归结为"有害的男子气概"。这种用法将这个词同恐怖分子和犯罪分子混为一谈，最终毒害了男子气概这个概念本身。佩吉·奥伦斯坦在写自己的书《男孩与性》（Boys and Sex）时访谈了许多青春期男孩和年轻男士，总会问他们喜欢男性身份的哪一点，她说大多数情况下是一无所获。一位大二学生告诉她："这很有意思。我从来没有真正想过这个问题。你更多听到的是男人有多么糟。"[19]

有害的男子气概是一个适得其反的词。很少有男孩或男人会对他们体内有某种需要被清除的有害物质这个观点做出

160　掉队的男人

良好回应。考虑到他们中大部分人都强烈认同自己的男子气概，这一点尤其正确。十分之九的男性和女性都称自己"完全"或"几乎完全"具备男性或女性气质。[20] 人们也非常看重这些性别身份。几乎有一半男性（43%）说自己的性别对于他们的身份认同而言"极为重要"。在皮尤研究中心开展的另一项调查中，有类似比例的男性（46%）说，他认为自己"是个男人或具有男子气概"非常重要或比较重要。[21]（在两项研究中，女性的数字甚至更高。）换言之，大部分人非常强烈地认同男子气概或女性气质。给半数人口贴上"他们自身存在某种问题"的文化标签，并不是一个好主意。

"有害的男子气概……这个表述疏远了大部分并不暴力也不极端的男性，"女性主义作家海伦·路易斯指出，"并且既没有消除诱惑易受影响的大众走向极右立场的愤怒，也对诱惑易受影响的大众走向极右立场的方法无能为力。"[22] 考虑到刚刚描述的调查结果，这也不是一个伟大的政治主张。根据公共宗教研究所（Public Religion Research Institute）的一项调查，现在有一半的美国男性和几乎三分之一的美国女性（30%）认为，社会"仅仅由于男性表现得像男人而对之加以惩罚"。[23] 如你所料，在这个问题上存在着两党分歧。五分之三的共和党人赞同上述观点，与之相比，民主党人中这一数字只有四分之一。[24] 宗教也发挥着作用。比如，在信仰新教的白人和黑人中都有一半人同意，男性由于表现得像男人而受到惩罚（这个数字分别是50%和47%）。

将男子气概病态化甚至会破坏对女性主义的支持。现在只有不到三分之一的美国女性认为自己是女性主义者。[25] 舆观调查网（YouGov）在2018年针对非女性主义者女性就有关女性主义的看法展开调查，几乎有一半人（48%）说"女性主义者太过极端"，并且"当下的女性主义潮流并不代表真正的女性主义"（47%）。有四分之一的人（24%）认为"女性主义者反对男性"。[26] 这些发现应该会让进步主义者冷静一下。在急于谴责男子气概的阴暗面时，他们有将这些特质病态化的严重危险。许多女性对于这种趋势感到不舒服。对于那些感到精力充沛或躁动不安的男孩或男人来说，暗示或明示的信息，常常都是你有问题。但事实并非如此。男子气概并不是一种病态。正如我在本书第七章所说，它就是生活的一个事实。

谴责受害者

进步主义有关男性和男子气概的看法所包含的第二个重大缺陷是个体主义。通常来说，进步主义者不愿意将太多责任归属于个人自身的问题。如果有人有肥胖症，或犯了罪，抑或失业了，进步主义者的初始立场是先考察结构性和外部原因。

这是一个难能可贵的本能。将结构性挑战归罪于个体实在太过轻巧。可是有这样一个群体，进步主义者似乎愿意将他们的困境归罪于其自身：这便是男性。"油管"视频博主纳塔利·温（Natalie Wynn）对这种立场的描述很到位："当我们说'你瞧，有害的男子气概正是你无法表达自己感受的原因，正是你感到孤独和匮乏的原因'时……我们就是在以某种方式告诉男性，'你孤独且有自杀倾向，是因为你有毒。不要这么做！'"[27]

卡罗尔·哈林顿认为，有害的男子气概这个词在这里发挥着重要作用，因为它自然而然地使人们关注单个男性的品行缺陷而非结构性问题。如果男性身陷抑郁，这是因为他们并没有表达自己的感受；如果他们生病了，这是因为他们不想去看医生；如果他们学习成绩不好，这是因为他们不努力；如果他们英年早逝，这是因为他们沉迷烟酒且胡吃海喝。因此，在政治左翼看来，在事关男人的问题上是可以谴责受害者的。

新冠疫情时期也充分体现了这种个体主义的倾向。男性非常容易受到新冠病毒的伤害。从全球来看，在感染病毒后，男性死亡的可能性要比女性高大概50%。[28] 在美国，截至2021年底，由于新冠病毒而死亡的男性要比女性多出85 000人。45~64岁的女性每死亡100人，就有184名男性死亡。[29] 结果就是男性的平均预期寿命减少了2年，这是自第二次世界大战以来的最大降幅，而女性的预期寿命则减少了1年。[30] 在英国，工作年龄男性的死亡率是同年龄女性的2倍。[31] 可是这些差异似乎没有给公共卫生官员或政策制定者留下任何印象，即使他们意识到了它。[32]

男性较高的死亡率几乎没有引起卫生机构或媒体的注意。当人们承认其较高的死亡率时，他们提供的主要解释是，由于和"生活方式"因素相关的既有身体状况（诸如吸烟、酗酒），抑或在安全措施方面缺乏责任（比如戴口罩），男性更容易受到伤害。[33] 简言之，如果男性死掉，这是他们自己的问题。可事实并非如此。死亡率的差距无法通过感染率抑或既有身体状况方面的性别差异得到解释。[34] 这种差异是生物学方面的。

新冠感染死亡率的性别差异清楚地表明，我们需要做更多女性主义医疗保健倡导者几十年来一直在敦促的事情：更多特定于性别的医学，包括按照性别分解结果和副作用的临床试验。"在过去二十年间，我们已经在很大程度上改变了我们进行医学研究和照顾女性患者的方式，"玛丽安·J. 莱加托写道，"我现在认为……到了按照我们已经学会的对待女性的方式关注男性独特问题的时候了。"[35] 一个不错的起点是在卫生和公共服务部中设立男性健康办公室，对标已经为女性设立的非常不错的机构，并提供3500万美元的同等额度资金。[36]

《平价医疗法案》（*The Affordable Care Act*）也应当扩展到男性群体，并为男性提供与女性一样的年度免费体检。考虑到新冠病毒带来的不同影响，我们必须问，如果不是现在采取这些措施，更待何时？

在男子气概这个问题上，左翼和右翼都陷入了个体主义陷阱，只是角度不同。保守主义者认为，男子气概是解决方案；进步主义者认为，男子气概是问题所在。但是他们都赞同这个问题存在于个体层面，因此这是一个心理学领域的问题，而非经济学、人类学或社会学领域的问题。这是一个严重的思维错误。考虑到近几十年来文化变迁的程度，仅仅对男孩和男人展开说教，让他们跟上潮流并不是一个好办法。"如下话语中包含着一种矛盾，它一方面主张男性的优先地位、特权以及父权制是人类创造的最强大的压迫力量，"《卫报》评论员卢克·特纳写道，"但另一方面，这个世界（可以理解地）希望男性迅速接受这种观点，且毫无怨言。"[37]

科学是真实的

现代政治左翼的战斗口号之一就是"科学是真实的"。保守主义者屈从于神话和错误信息，进步主义者则高举着理性的启蒙火炬。至少，政治左翼是这样看问题的。但真相是双方都有否认科学的人。许多保守主义者否定有关气候变化的环境科学，而许多进步主义者否定有关性别差异的神经科学。后者是进步主义立场的第三个主要缺陷。

如我在本书第七章所述，有充分证据表明，两性之间在心理学和偏好方面的一些差异具有生物学基础。遗传心理学家凯瑟琳·佩奇·哈登写道，"人类生活中的基因差异就如气候变化一样是一个科学事实……基因因素与环境因素结合在一起不过是对现实的一种描述"。[38]但在许多进步主义者看来，在任何结果或行为方面的性别差异完全源自社会化过程，这是一个自明之理。在涉及男子气概问题时，政治左翼的主要看法是男性已经适应了某种行为方式（当然，总体来说这种观点指的是糟糕的方式），因此男性也能够通过社会化而不如此行动。可这完全是错误的。男性并不会仅仅因为社会鼓励男性性欲而有更强的性冲动，即使社会的确如此。他们的睾酮水平更高，攻击性更强。别忘了，两岁以下男孩的攻击性是女孩的5倍。[39]这自然不是因为一岁孩子从他们周围的环境中获得了有关性别的引导。

平心而论，对于如何运用这类科学存在着一些合理的关切。哲学家凯特·曼勒担心"自然化"男性和女性之间的任何不平等会导致如下影响，即"使得这些不平等看起来是不可避免的，抑或将反抗这种不平等的人们刻画为在进行一场必输的战斗"。[40]从理论上来说，她对于这种危险的看法是正确的。男性和女性之间的自然差别总是被用来为性别歧视辩护。但总体来说这是一种过时的担忧。近年来，大部分研究自然差别的科学家，如果有任何发现的话，也是倾向于强调女性的优先地位。[41]但即使是一直赞同生理习性作用的谨慎细致的科学家也被歪曲成"还原论"或介入"性别本质主义"立场。

一种解决问题的方法，就是采取梅尔文·康纳在《毕竟是女人》中的路径，并认为，尽管生物学发挥着重要作用，也只是以利于女性的方式发挥作用。实际上，有一些证据表明，如果女性在竞争中领先，人们总体来说更能接受自然差别这个观点。[42]爱丽丝·伊格利和安东尼奥·穆拉迪尼茨称之为"WoW（women-are-wonderful，女性很棒）效应"。[43]比如，就性冲动来说，康纳写道，"认为这些差异仅仅源自文化性因素是极为幼稚的"。但在这个大胆而又真实的表述之前，是如下道德化的主张，即"无论男性的（性）需求是多么自然而然的一件事，我都不认为这些不同的偏好是同样值得称许的"。[44]

这种方法的吸引力显而易见。它允许讨论生物学方面的差异，但方式则是强调男性的病态化，因此在自由主义学者和评论者当中获得了更为热烈的认同。不过从某些角度来看，这发出了最为危险的信息：男性天生不同于女性，但只是在他们很糟糕的方面如此。比如，康纳对于更强烈的男性性冲动的贬低，与清教徒有关性的原罪的观点存在危险的相似性。主张男性或女性天生要比另一个性别更好是没有用的。平均来看，我们只是在某些方面有所不同，这些不同可能是消极的，也可能是积极的，这取决于环境和表达差异的方式。

单向的不平等

政治左翼的第四个主要缺点就是未能承认性别不平等是双向的，且这一趋势会越来越强。拜登总统在2021年成立了一个白宫性别政策委员会（White House Gender Policy Council），接替之前被唐纳德·特朗普废除的妇女与女孩委员会（Council on Women and Girls）。名称虽然改变，但任务没有不同。新委员会的正式任务是"指引和协调影响妇女和女孩的政府政策"。[45]2021年10月，该委员会发布了美国历史上首份《性别公正与性别平等的国家战略》（National Strategy on Gender Equity and Equality）。[46]

这个战略完全是不对称的。它没有强调任何与男孩或男人相关的不平等。在大学中女性数量超过男性这个事实得到了提及，但这只是为了强调女性背负的学生贷款比男性更多这个事实。这很荒谬。这仿佛是在抱怨男性由于挣得多而缴纳更多所得税一样。这份战略根本没提在中小学教育中有利于女孩的巨大性别差距。战略提到为了帮助黑人女孩而要改革学校纪律政策的需求，却没提黑人男孩所面临的独特挑战（即便他们的辍学或退学率是黑人女孩的两倍）。[47] 战略强调了增加女性获得健康保险机会的目标，但没有提及男性未参加保险的风险比女性更高这个事实（15%对比11%）。[48]

我还可以继续列举，但你已经知道了整体情况。你可能会想，这种没有把一碗水端平的情况会带来何种程度的影响，特别是当你对白宫战略报告的作用持有怀疑态度时。不过这种不公平会推动政策的出台。这份战略指引政府所有部门和机构去"确立和优先考虑至少三个有助于推动该策略所提出的目的的目标，并在实施方案中详细列明实现这些目标所需的计划和资源"。有缺陷的思维会导致糟糕的政策。

在引入新战略时，白宫宣布"新冠疫情加剧了健康危机、经济危机以及看护危机，它们放大了女人和女孩……长久以来面临的挑战"。[49] 这与如下几乎随处可见的倾向如出一辙，这就是强调疫情对于女性的负面影响，却忽视了它对男性的影响。主要的性别叙事一直都是对女性进步的灾难性的影响。"新冠病毒最令人震惊的影响之一就是使得许多夫妻回到了20世纪50年代，"海伦·路易斯在2020年3月的《大西洋月刊》写道，并补充说"在全世界，女性的独立性会成为疫情沉默无言的受害者"。[50] 艾丽西娅·萨瑟·莫德斯蒂诺在《华盛顿邮报》发表了一篇充满悲观论调的文章,标题就是《新冠病毒导致的儿童养育危机会使女性回到一代人之前的状态》。[51]2020年12月,阿斯彭研究所妇女和女孩论坛(Aspen Institute Forum on Women and Girls)指出,"新冠病毒摧毁了我们在性别平等方面取得的微弱进步"。[52]

几乎世界上的每个主要智库和国际组织都发布了有关疫情给女性带来的负面影响的报告,有许多是以夸张的语气写就的。相比之下,新冠病毒导致男性更高的死亡风险则鲜有提及。男性大学录取率的急剧下降也无人问津。当然,疫情的影响从各个方面来说几乎都是负面的,但是它在某些方面对女性不利,在另一些方面对男性不利。我们可以同时持有这两种观点。

性别差距仅仅是单向的这个假设,甚至会体现在对不平等的测量指标中。世界经济论坛(WEF)每两年都会发布《全球性别差距报告》(*Global Gender Gap Report*)。这是国际上有关性别平等进步的最有影响力的研究,但与白宫战略一样,它受到不对称思考的扭曲。在编撰报告时要计算各个国家的性别平等指数,这个指数在0(完全不平等)到1(完全平等)之间,基于涵盖4个领域(经济、教育、健康和政治)的14个变量。(指数中每个变量也都按照0到1的幅度计算。)2021年,美国根据该标准的得分是0.76,全世界排名第30位。冰岛排名第一，得分是0.89。[53]

但重要的是，这里没有考虑女性比男性优秀的领域。如世界经济论坛的数据处理专家所解释的，"对于已经实现女性和男性平等的国家，以及女性超越男性的国家，该指数的赋分是一样的"。在所有14个指标中，美国女性如今在6个指标中的表现与男性相同或更好。比如，在高等教育中，实际的性别平等得分是1.36，这体现出在此领域女性大幅领先于男性。但是计入指数而产生的美国总体得分并不是1.36，而是1。性别不平等只是单向的这种观点深入世界经济论坛方法论的骨髓。可是这个假设是站不住脚的，尤其是在发达经济体中。我和我的同事法里哈·哈克在考虑了双向的性别不平等后重新计算了世界经济论坛的排名。[54]我们还删除了14个变量中的一个，它是对于收入差距的一项主观调查，质量可疑，同时我们赋予所有取值同等权重（世界经济论坛会给差距最大的变量赋予更高权重）。我们的双向方法使得美国的分数上升到0.84，冰岛的分数上升到0.97。如我们的论文所示，它在一些情形中也在很大程度上改变了国家排名。

这里的要点不在于贬低性别政策委员会、世界经济论坛或任何其他旨在改善女性地位的组织的工作。消除女孩和女人落后的差距依旧是一项重要的政策目标。但考虑到近几十年来女性取得的巨大进步以及现在许多男孩和男人面临的巨大挑战，认为性别不平等是一条单行道是没有道理的。这在实践层面会导致对男孩和男人问题的政策性忽视。但是我认为，忽略一个方向上引人注目的性别差距也会使得另一个方向上消除差距的努力丧失平等主义的道德说服力。伦敦政治经济学院从事不平等研究的阿玛蒂亚·森讲席教授弗朗西斯科·费雷拉（Francisco Ferreira）在评论教育差距时指出："现在得到广泛认同的共识是性别不平等并不公平，会浪费人的潜能。当处于弱势地位的是男孩时，与女孩的情况一样，这一点依然成立。"[55]

这里需要思维模式的简单转变，承认性别不平等是双向的。我说的是简单，却不代表容易。在历史上看，有关性别平等的斗争一直都是女孩和女人为了自己而斗争的同义词，这是有充分理由的。但现在我们已经到了影响男孩和男人的性别不平等必须被认真对待的时刻了。政治左翼中的许多人似乎担心，承认男孩和男人的问题实际上会以某种方式削弱为女孩和女性所做的努力。从实践来看，这完全是错误的，并且导致了危险的政治动态。许多男孩和男人面临着需要解决的现实问题，如果进步主义者忽略这些问题，另一些人肯定就会接手。

我们现在的政治状况受到了毒害，以至于左翼人士几乎无法讨论男孩和男人的问题，更不要说设计解决方案了。这便错失了机遇。我们需要最强有力的性别平等倡导者——他们中有许多人处于政治光谱的自由主义这边——持有更加均衡的观点。否则，就有男孩和男人在其他地方寻求帮助的危险。[116]汉娜·罗辛说："几千年的历史不经历痛苦是不会逆转的，这正是我们为何要同舟共济的原因。"[56] 罗辛对于痛苦的看法没错。但是她对同舟共济的说法并不对。事实上，我们在性别问题上把自己撕裂了，结果是男孩和男人的问题得不到处理。

第九章
勃然大怒：
政治右翼想要时光倒流

2021年11月1日，参议员乔希·霍利在全国保守主义大会（National Conservatism Conference）上演讲。听众已经准备好接受他的标准说辞：经济民族主义、爱国主义以及自由市场的力量，等等。但是霍利却令他们出乎意料。他只关注男性问题，强调了一些我在此描述的挑战，包括教育、就业以及家庭生活。不过，在霍利看来，这些问题并不是社会与经济变迁的副产品，它们是左翼有针对性的政治攻击的结果。霍利说"左翼想要给我们一个没有男人的世界"，并宣称"男性向来都是左翼对美国进行更广泛攻击的首要目标"。[1] 他继续说道："左翼想要将传统的男子气概界定为有害的事物。他们想要将传统男子气概的美德……界定为对社会的危害……在男性多年来被灌输自己是问题所在、自己的男性气质是问题所在后，越来越多的男性退回到失业、色情文学以及电子游戏的小天地中，我们会感到惊讶吗？"

霍利参议员认为，男孩和男人之所以苦苦挣扎，是因为左翼厌恶他们。这是一个强有力的政治信息，前半句没错，但后半句会由于许多左翼病态化男子气概的倾向而听起来像是合理的。他因这次演讲而收获许多关注。可是在涉及解决方案时，霍利基本上束手无策。他能提出的最多就是恢复制造业工作这种模糊的承诺，以及在税法（tax code）方面的婚姻奖励。不过，几周后，他的确在政治上获得了小胜，他在最后时刻发起了一场行动，试图推翻《国防授权法案》（National Defense Authorization Act）中一项允许女性服兵役的条款。他说："迫使自己的女儿、母亲、妻子和姐妹去战斗是错误的。"[2] 言下之意，霍利参议员认为迫使自己的儿子、父亲、丈夫和兄弟去战斗并没有错。

保守主义者要比进步主义者更加关注男孩和男人所面临的越来越棘手的问题，但是他们的方案最终同样无效。他们的方法中有三大缺陷。其一，许多保守主义者助长了男性对政治利益的不满，这会制造更多的愤怒和不满。其二，他们过于看重生物学性别差异对于性别角色的重要性（这是进步主义者完全忽视这些因素的倾向的翻版）。其三，他们认为男性问题的解决方案在过去而非未来，其形式就是恢复男性供养者与女性照顾者之间的传统经济关系。保守主义者没有帮助男性适应新世界,而是以旧世界的许诺欺骗他们。这可能提供了某种暂时的心理安慰。但我们不需要止疼药,我们需要的是解药。

怨恨的政治

唐纳德·特朗普由于在男性中 24 个百分点的领先优势——成为半个世纪以来出口民调中最大的性别差距——在 2016 年当选为美国总统。[3] 在构成选民三分之一的白人男性中,特朗普领先 30 个百分点（62%对比 32%）。[4] 女性倾向于民主党候选人,但只是与先前选举中的程度大致相同。《华盛顿邮报》报道说:"在今年,性别差距扩大,出于同样的理由特朗普入主白宫。男性,特别是白人男性,大量转向右翼立场。"[5] 在同一年,男性的投票使英国退出欧盟。[6]

助长民粹主义的怒火涉及方方面面——人口特征的变化、世俗化、贸易、劳动力市场的震动,等等。但这也与性别相关。请注意,特朗普即便在 2020 年大选中失利,也依旧赢得了大部分男性选民的投票,而且事实上增加了他在黑人男性和拉丁裔男性中的支持率。当特朗普说"对美国的年轻男性而言,这是非常令人害怕的时刻"时,进步主义者对他嗤之以鼻。[7]但这种说法似乎得到了许多男性以及至少是一些家长的呼应。特朗普的诉求充满了乡愁：让美国再次伟大。他发现了一个巨大的政治市场。他的大多数选民都认为从20世纪50年代以来生活不断变糟，并且性别在其中发挥着重要作用。[8]诉诸过往的背后是有关女性气质与男子气概的传统立场。在他的集会中销售最火爆的T恤之一写着，"我支持唐纳德·特朗普。我热爱自由。我喝啤酒。我扳把手。我保护自己的家庭。我吃肉且持枪。如果你不喜欢，走开"。[9]这几乎是你能找到的对"特朗普卫队"（Trump Army）身份的最好描述，完全展现了潘卡吉·米什拉所说的一种"后卫军大男子主义"。[10]

不过这并非只出现在美国。这是一种国际现象。在整个世界，男性都要比女性更有可能支持右翼或反对党。[11]比如，在瑞典，2015年的一次民意调查表明，有四分之一的男性支持极右翼的瑞典民主党，这是女性支持率的两倍。[12]在德国，特别是东德地区，男性已经在政治上迅速右转。在2017年，有三分之一的萨克森男性投票支持极右翼的德国另类选择党（Alternative for Germany Party）。萨克森州融合部部长佩特拉·科平（Petra Köpping）指出，"在东德地区，我们出现了男子气概危机，这推动了极右翼立场"。[13]在韩国，反对女性主义的观点也助长了年轻男性转向坚定的右翼立场。2021年4月首尔市长选举中，20多岁的男性中有73%投票支持保守党候选人，

第九章　勃然大怒：政治右翼想要时光倒流　177

而在同年龄群的女性中，这一数字只有41%。[14] 年轻男性的压倒性支持也在 2022 年 3 月使得保守党总统候选人尹锡悦（Yoon Suk-yeol）以微弱优势登上总统之位。[15] 尹锡悦承诺会废除性别平等与家庭司。印度总理纳伦德拉·莫迪（Narendra Modi）夸耀自己 56 英寸的胸围。巴基斯坦有一位男性领袖伊姆兰·汗（Imran Khan，"女性主义完全贬低了母亲的角色"），土耳其有反对女性主义的雷杰普·塔伊普·埃尔多安（Recep Tayyip Erdoğan，"女性与男性并不平等"），而菲律宾有毫不遮掩的厌女人士罗德里戈·杜特尔特（Rodrigo Duterte，"只要有许多好看的女人，强奸案就会更多"）。[16] 这些政客对于男性的错位没有深思熟虑的理解，也没有任何积极的补救措施。他们只是利用这一点来实现政治目的。正如特朗普前任顾问斯蒂芬·班农（Stephen Bannon）所说："这些家伙，这些无所寄托的白人男性，有猛兽般的力量。"[17]

一些保守主义者甚至声称存在着一场"针对男性的战争"或"针对男孩的战争"。[18] 这种话语促使并助长了一种受害感。现在有可能认为韩国存在着比歧视女性更严重的歧视男性现象的 20 多岁的韩国男性，是之前的两倍。[19] 在美国，持有各种政治观念的男性中有三分之一认为自己受到了歧视，在共和党支持者中这一数字还在增长。[20] 这些看法都是不对的。尽管男孩和男人的问题是现实存在的，但这是经济和更广泛的文化的结构性转变以及我们教育体制的失败所导致的，而非任何有意为之的歧视性行为。可是在政治右翼这里和在政治左翼那里一样，有关性别议题的态度是完全不基于事实的。

保守主义在此的目标是煽动党派基本盘，反对霍利参议员所说的左翼试图通过"对性别这个概念的攻击"来"解构美国"的做法。霍利用来证明这一主张的一个数据点就是允许跨性别女性参加竞技性女性体育项目。诉诸跨性别者权利所带来的威胁，现在已经成为保守主义剧本的标准内容。就连人们使用哪个卫生间这个问题都成了一个政治足球。（值得称赞的是，唐纳德·特朗普在2016年回答了一个有关卫生间议题的问题，他说跨性别者应该"使用他们自己认为合适的卫生间"。）[21] 尽管涉及这些争议的人数很少——毕竟，跨性别者只占人口的0.6%——但这是一个可以用来捍卫性与性别传统观念的武器。[22]

保守派活动人士认为，跨性别问题是一种将矛头指向他们所认为的激进性别意识形态的方式，后者试图完全消除一切基于生理习性的性别差异。这些活动人士的关切实际上并不在于跨性别者是否能够服兵役或使用自己选择的卫生间，而恰恰在于男子气概和女性气质这两个基于生理习性而明确且有别的范畴与特征。但是他们的反对活动过激了。绝大多数人，至少有99%，都是顺性别的，认为自己是与出生性别一致的男性或女性。有些人并不适合这种简单的二元范畴，这对范畴本身并不构成威胁。跨性别者更像是证明规则的例外，而规则和例外都是可以接受的。

这里的好消息是，普遍趋势依旧朝向对跨性别者更高的包容度和保护程度发展，特别是 2021 年 6 月美国联邦最高法院作出具有里程碑意义的判决，即根据《民权法案》第七章保护性少数人士（LGBTQ）不受工作场所歧视。特朗普任命的尼尔·戈萨奇（Neil Gorsuch）撰写了多数意见，后者明确无误地表明："雇主仅仅因为一个人是同性恋或跨性别者而将之解雇，是违法的。"[23] 现在美国护照上增加了第三个性别选项（即"X"选项）。[24] 21 个州和华盛顿特区也对驾照做了同样的规定。[25] 但很明显，许多保守主义者可能会继续把跨性别者权利这个议题视为一种武器，在有关性与性别的更广泛的文化战争中加以利用。

感到幻灭的男性，跟随着互联网搜索算法的魔笛手，可能会被越来越深地引导到一个叫作"网络男性空间"的地方，这是一个由精神控制家、煽动者甚至一些男性分离主义者——MGTOWs（Men Going Their Own Way，走自己路的男人）——构成的世界。这是那些服下"红色药丸"的男性同情、组织和憎恨女性主义者的地方。"红色药丸"这个词来自《黑客帝国》（*The Matrix*），指的是选择看清世界的本来面目。

在这里，它指的是看到我们的社会远非压迫性的父权制，而是实际上受到女性主义者支配，她们试图诱骗和剥削男性。在网络男性空间中更明智的区域，存在着有关男孩和男人所面临的真实问题的论辩，这些问题包括如学校纪律、多动症（ADHD，注意力缺陷多动障碍）的过度诊断、自杀率、职业伤害以及死亡，等等。但是对于心怀不满的年轻男性来说，一下又一下地点击下一个视频，可是太容易了。女性主义活动家劳拉·贝茨在其著作《厌恶女性的男性》中描述道："那些迷失的男孩，他们掉入了我们社会刻板印象的裂缝，直接投入了准备招募他们的团体的怀抱，这些团体贪婪地向他们灌输其男子气概和生计受到威胁的恐惧。"[26] 一种合理的担忧或正常的焦虑会转变为厌女症。女性可能会逐渐被视为心理意义上的猎物，被操纵用来提供性服务；这就是精神控制家（pickup artist）的含义。对于最极端的非自愿独身者来说，就连不惜一切代价诱骗女性上床似乎都显得不公平。他们主张，男人有性的权利，而女人有义务向男人提供这一点。厌女症可以从聊天室蔓延到社交媒体，甚至最终演变为肢体暴力。

与此相反，"MGTOWs"并不想在线上精神控制女性或骚扰她们。他们想要彻底远离女性。在这个团体中被激起的最大恐惧之一就是虚假的强奸指控，害怕这一点就最好远离女性。"MGTOWs"中有一个很有用的层级结构，与你可能在电脑游戏中发现的等级非常类似。一个男子服下红色药丸并选择了"MGTOWs"这条路，步骤包括：拒绝长期关系（第1级）；断绝任何性关系或"出家"（第2级）；斩断与经济的关联，维持仅够自己生活的收入（第3级）；以及最后，完全脱离社会或"消失"（第4级）。许多年轻人在某个时刻都涉足了这些领域。它甚至可能成为一种成人礼。一些人找到了真正的社群感，这在他们的线下生活中可能是缺乏的。但绝大多数人成长后都摆脱了它，很少有人最终表现出这样或那样的糟糕行为。在这一切的下面，是一口困惑与迷失的深井，一如既往，有人想要利用这一点。我并不是说霍利或其他民粹主义保守派人士应当为这些线上网络男性空间运动的兴起负责。如果有责任的话，那也是进步主义者在这方面要承担更多的责任，因为他们要么完全忽略了男性问题，要么基于"有害的男子气概"而指责他们。不过霍利与这些团体共同持有的是一种反动的世界观，是一种认为帮助男性的唯一方法就是恢复传统性别角色和关系的信念。他们想要回到旧世界，一个男人和女人都知道自己位置的世界。可是回到旧世界是无法找到解决方案的。

反对平等的龙虾

2016年,迥异于几乎所有政治预测,当唐纳德·特朗普赢得总统选举时,一位在学术界默默无闻的加拿大心理学家迅速出圈,成为乔治·梅森大学经济学家兼播主泰勒·考恩(Tyler Cowen)所说的"目前西方世界最具影响力的公共知识分子"。[27]这就是乔丹·彼德森,他因有关人格特质方面的研究而受到学者们的尊敬,又因拒绝使用一些代词而出名,这些代词是跨性别学生在抗议加拿大有关跨性别者权利的新法律时所青睐的。伴随着全球巡回演讲,他的2018年的《生活的12条法则》以果壳问答网上的一个帖子为基础,销量超过500万册。[28]对于认真理解年轻男性身上正发生着什么的任何人来说,彼德森的吸引力是一个重要的数据点。根据彼德森自己的估算,年轻男性在其读者中占比达80%。这些人向他蜂拥而来,是因为与许多人不同,他并不会嘲弄别人或显得高人一等。他使年轻男性感觉得到了倾听。彼德森偶然发现了一个由人们尚未满足的需求构成的巨大水库。他对年轻男性的真诚同情,使得他与那些想要痛斥年轻人的左翼以及那些想要利用年轻人的右翼区别开来。他是一个真正的知识分子,在与真实而重要的问题做斗争。

不过和许多保守主义者一样，他也过于看重生物学。和所有成功的现代公共知识分子一样，彼德森有一个线上商店，不仅卖书，还卖贴纸、袜子和壁挂艺术品。还有一个"龙虾专区"，主打T恤和连帽衫，上面印着彼德森最喜欢的甲壳类动物的红色小图案，当然现在还有一种点缀着龙虾图案的口罩。在彼德森的粉丝看来，龙虾已经成为部落忠诚的象征。你可能想要知道这是为什么。彼德森解释说："龙虾生活在等级制度中。它们有一种和等级制度相适应的神经系统。这个神经系统依靠血清素运转，就和我们的神经系统一样。龙虾的神经系统与人的神经系统非常像，以至于抗抑郁的药物对龙虾也有效。"[29] 彼德森哲学的主要内容之一，就是社会等级制度构成了自然秩序的一部分。哺乳动物天生知道自己的位置。

不过这里的科学可不太妙。人们最后发现，龙虾实际上没有大脑。不管怎样，我认为他对龙虾的借用最好被视为他叙事风格的一部分。在我看来，彼德森是男性运动中"神话-诗意"派的最新化身，这种运动用寓言（在彼德森这里是龙虾社会的寓言）来唤起一种更加古老、更加深沉的男子气概。1990年的畅销书，罗伯特·布莱的《上帝之助》，提出了一种类似的说法，它认为男人已经被过度驯化为"软男"，他们需要重新发现内心深处的"毛人"。[30] 英国社会学家杰夫·登奇在他1996年的著作《转变男性》中将男性描绘成在森林中寻找公主的青蛙。[31]登奇、布莱和彼德森都写作了大量有关巫师、鲸鱼、城堡、高塔和国王的作品。我们不应对此感到惊讶。布莱是个诗人，而彼德森先前一部著作《意义地图》（*Maps of Meaning*）是一项有关神话故事的晦涩但颇受好评的学术研究。

如果只限于龙虾，彼德森过于看重生物学就没有太大影响。但不幸的是，这也扭曲了他有关性别的看法。他指出，女性相较于男性会更随和、更认真、更融入他人且更有教养。男性则更具攻击性、更具身份意识且更受性的驱动。这些都没错。真正的问题在于，这些差异在多大程度上可以解释当今社会中的性别不平等。在彼德森看来，似乎是很大程度上。

尽管进步主义者的错误是否认性别差异的任何生物学基础，但是像彼德森这样的保守主义者——就此而言他非常有代表性——犯下了与之相反的错误，即通过诉诸自然本性而消除了当今性别不平等的问题。结果就是他们正当化了这种不平等，可是这些不平等太过广泛，以至于无法归因于先天原因。职业选择问题就是一个不错的例子。在一次访谈中，彼德森谈到"如果你让男人和女人不受干涉地自己做出选择，他们就不会把自己归为一类"。这么说还是可以接受的。但是他接着指出，在工程领域男女比例是"20∶1"，而在护理行业这个比例颠倒过来，是"男性和女性自由选择的结果……这些是不可消除的差异"。[32]彼德森式的保守主义者在看到只有

15%的工程师是女性而只有9%的护士是男性时，他们认为这不过是体现了先天的性别差异（毕竟，这些比例要比二十分之一高多了）。但是别忘了，我在本书第七章引用的苏和朗兹进行的研究表明，如果职业选择实际上符合潜在偏好，女性工程师和男性护士的数量至少会是现在的两倍。此外，还有一种危险是，养育行为中的性别差异被用来正当化家庭生活方面的传统分工：彼德森敦促我们"不要再教导19岁的女孩说，她们的首要目的是事业"。[33]

在涉及具体政策时，事情就变得更为复杂。保守主义学者查尔斯·默里在《人类多样性》中描述了有关男性和女性性别差异的证据。这是一个透彻且基本公允的概述。问题出在他运用这些数据正当化性别歧视政策。规定子女监护权的法律是这方面的一个不错例证。默里指出："无论以何种方式衡量哪一种性别更擅长养育幼童，都存在着对女性有利的巨大效应量，而且一个压倒性的进化论案例表明，女性的优势是基于生物学的。"[34] 他论证说，法庭因此应当默认母亲对于幼童的监护权，而非现在法律默认的立场，即基于个案基础考量儿童的"最佳利益"。

按照默里的说法，"法官们……在没有明确的证据基础支持父母一方且无助的第三方的福利正受到威胁时，一个有条理的自由主义立场会承认男女之间存在着重要的先天差异"。

这是不对的。如果法官确实对于离异的夫妻双方在抚养能力方面的差异"缺乏明确的证据基础",仅仅基于他们的性别就将监护权授予一方是任意且不公平的。默里罗列了在抚养能力的某些方面确实存在平均差异的证据,以此论证将一条性别歧视性的原则纳入家庭法。父亲们正努力维持着自己的角色,默里的主张会使情况变得更糟。他对妇女在军事战斗中服役的问题也提出了类似的主张,并且毫无疑问,他乐见霍利参议员成功阻止了女性参军。

这里更广泛的问题在于,被保守主义者用来正当化性别不平等的生物学解释并没有错,只是太过薄弱以至于无法承载他们施加的重负。当然,在保守主义者的论敌完全否定生理习性在人类行为中的重要性时,保守主义者对于这一因素的论述似乎是更合理的。在论敌完全否定真理时,我们就难以看清主张真理的人在何种程度上夸大了它。这是有关性别与生物学文化战中最不幸的动态之一。左翼越激烈地否定任何先天性别差异,右翼就越强烈地感受到有必要坚持强调这些因素的重要性,反过来也一样。留给不极端立场的空间越来越小。

憧憬过去

保守主义者犯下的最后且最严重的错误，就是他们假定，帮助男孩和男人的唯一方法，就是恢复传统的性别角色，这意味着颠覆女性在经济独立方面取得的一些成就。在这种零和博弈的世界中，如果女性生活得更好，就必然造成男性生活得更糟。持有这种观点的人不在少数。几乎五分之二的共和党男性（38%）同意如下表述，即"女性在社会中取得的成就是以男性为代价的"。[35]

在2016年大选之前开展的一项有趣研究中，菲尔莱·狄更斯大学（Fairleigh Dickinson University）教授丹·卡西诺在有关投票意图的调查中加入了一个不同寻常的问题："与自己配偶相比，你挣得更多、更少还是一样？"调查中有一半受访者是在他们被问及投票前更早拿到这个问题的，剩下的一半受访者是在他们表明自己投票意愿后拿到这个问题的。卡西诺写道，这个问题的目的是指点男性"思考自己性别角色的潜在威胁"。[36] 结果令人震惊。在调查中被更早问及配偶收入问题的男性，更有可能说他们会投票给唐纳德·特朗普而非希拉里·克林顿（Hillary Clinton）。这是一个大概包含700位登记选民的小样本民意调查。但卡西诺的实验却暗示了如下可能，即政客会激活和利用男性对于地位丧失的焦虑。

许多保守主义知识分子的观点是，如果男性丧失了他们的传统角色，他们就会与社会脱节，抑或以行动发泄不满。班农察觉到的"猛兽般的力量"就会被引导为反社会行为。这种担忧并不新鲜。保守主义者几十年来都在担心女性运动给男性带来的危险。保守主义知识分子乔治·吉尔德在1992年的著作《男性与婚姻》[此书是对其1973年的作品《性自杀》(*Sexual Suicide*)的更新]中认为，女性主义会使男性变得多余。[37]他警告说，一旦女性能够"同时成为供养者和生产者"，与男性结婚的需求就会下降，导致男性要么成为"不法之徒"，要么成为"流亡者"。年轻读者可能并不熟悉吉尔德的作品。但是在某个年代的女性主义者中，他的大名激起了强烈反响。吉尔德继续影响了罗纳德·里根（Ronald Reagan）的经济政策，并且引以为豪地成为被《时代周刊》(*Time*)和国家女性组织（National Organization of Women）联合命名的"年度男性沙文主义蠢猪"（Male Chauvinist Pig of the Year）。[38]吉尔德的世界观中有很多令人厌恶的地方。但事情就是如此。他并非一无是处。

如我在前文第七章中引述的大部分人类学家（包括玛格丽特·米德、梅尔文·康纳、戴维·吉尔摩和谢里·奥特纳）一样，吉尔德认识到了男性角色的脆弱。"与女性不同，男性

第九章 勃然大怒：政治右翼想要时光倒流 *189*

并不拥有写入其身体内的文明开化的角色或议程,"他写道,"因此,男性在家庭中的角色是可以被颠覆掉的;即使男性离开家庭,女性的角色也是持续的且是不可弹劾的……没有女人的男人的内心中会有一种深刻的可有可无之感。"[39] 与此观点类似,杰夫·登奇认为"女性主义分析的根本弱点"在于未能"看到男性需要主要供养者这个角色身份,来使得他们有充分理由全身心且持久地投入更长期的家庭生活的种种负累中"。[40]

保守主义者担心被剥夺了传统角色的男性会出现失范与疏离(detachment)的危险。但是他们认为解决方案是以某种方式回到过去,让女性再次依赖男性而赋予男性生活目标,这是不对的。皮尤的社会价值观调查显示,尽管人们渴望想象中的过往,但在 2012 年,只有不到五分之一(18%)的美国人说"女性应该回到她们在社会中的传统角色",低于 1987 年的 30%——而且在这个问题上,不同寻常的是,性别、年龄、政治倾向或种族之间没有重大差异。[41]

保守主义者的主张是,女权主义颠覆了事物的自然秩序,我们所有人,特别是男性,都在为此付出代价。恢复传统的家庭和角色才是问题的答案。这种分析是错误的。女权主义颠覆的是父权制,后者是一种特殊的社会秩序,其致命缺陷就是严重的不平等。它所带来的破坏是真实存在的,必须得到认真对待。男性确实需要帮助，但我们可以在不妨碍女性或不让时光倒流的前提下帮助男性。特别是父亲身份可以在一个更加平等的世界中得以重塑。

"恢复男子气概的关键，并不在如下充满怀旧气息的希望中，即羞辱具有攻击性的女性并复原陈旧的男性至上意识，"小亚瑟·施莱辛格在写于1958年的文章《美国男子气概的危机》中写道，"男性至上意识，与白人至上一样，都是不成熟社会中的神经官能症。女性获得解放对于男性和女性都是好事。无论怎样，这个过程是不可逆的；这个被放出来的魔鬼永远无法被再次装入瓶中。"[42]

如果这种观点在1958年是成立的，在今天无疑就更是如此了。这正是说我们能够逆转潮流毫无用处的原因。保守主义者不是帮助男孩和男人完成适应平等新世界这个艰巨的任务，而是鼓励他们对抗女性的进步。这种对抗的姿态会使人感觉良好，至少在一段时间内如此，或许比适应现实这个艰巨的任务感觉要好，但它也是徒劳和无意义的。

离心的性别政治

一位敏锐的文化观察家写道："男性和女性的角色正在发生转变。女性不得不……相信她们过去的地位是男性压迫造成的。

与此同时,男性……被指责为压迫者——并且是对这种转变感到愤怒的压迫者。整个转变过程发生在极为糟糕的怒火之中,由此衍生的大量敌意本身就对良好结果的出现产生了威胁。"

这位观察家就是玛格丽特·米德,上面这段话写于1975年。[43] 尽管女性运动取得了非凡成就,这种敌意依然存在。我们的政客在此必须承担很多责任。左翼和右翼都未能回应男孩和男人日益严峻的问题,这在我们的政治生活中导致了一个危险的真空地带。在文化战政治*的离心运动中,右翼越向一个极端发展,左翼便越向另一个极端发展,反过来也一样。左翼无视生理习性,右翼却对之过于偏重。左翼看到针对女孩和女人的战争,右翼看到针对男孩和男人的战争。左翼将男子气概病态化,右翼将女性主义病态化。

与此同时,在远离文化战前线的地方,男孩和男人在现实世界中的问题基本上没有得到解决。这带来极大的风险。正如美国犹太人委员会的跨大西洋研究所主任丹尼尔·施瓦门塔尔(Daniel Schwammenthal)所说:"政治的铁律是,如果社会中存在着真正的问题,但对此负有责任的一方不去处理它们,那么不负责任的一方就会扑向这些问题。"[44]

---

* 文化战政治指的是政治立场在文化领域的体现,有文化自由主义、文化社会主义等。——译者注

第五部分

怎么办

第十章
给男孩穿上红衫：
男孩需要多等一年进入课堂

妻子和我都很犹豫。我们家的老二，布赖斯，该去上小学了。可是他看起来完全没有准备就绪，人际交往和知识储备方面都没有。经过他学前班老师的同意，我们决定让他蹲班几个月，让他在第二年1月而非当年9月去我们当地学校报到。当时我觉得我们做得有些过头了，推迟4个月是一个错误。但现在我觉得我们做得还不够。我们应当等上一整年。布赖斯在他的整个学生时代，特别是高中时期，在很大程度上由于未确诊的睡眠呼吸暂停（没错，事实证明孩子们也可能患上这种疾病）而苦苦挣扎。他最后只是勉强从高中毕业。在他的毕业典礼上，当我周围的大多数父母聊起来他们的孩子将去哪所大学时，我热泪盈眶，这是喜悦而骄傲的泪水：尽管经历了这一切，我的儿子还是从高中毕业了。

布赖斯的教育经历并不罕见，尤其是对于男孩来说。在我们认识的许多家长中，有一种简短解释，用来解释一个青春期孩子特别是学习上但也包括整体生活上努力维持常态："他是男孩。"一天晚上，我们一个朋友 15 岁的儿子爬上了一座 10 层楼高的起重机，并在"色拉布"（Snapchat）上发布了一张自己站在起重机顶端的照片，附带的信息是："嗨，老妈!"。（他下来时，警察正等候多时。）这就是前额皮质，以及风险偏好。

"不同群体之间的真正平等，只有通过包容差异才能够实现。"这仍旧是玛格丽特·米德的观点，写于 1974 年。[1] 米德所说的真正的平等可能就是现在的公平（equity）。当初始条件存在差异时，对人们一视同仁（即平等相待）与公平地对待他们并不一样。一个常见的视觉插图是三个不同身高的孩子，他们都想越过栅栏向外看。为了让他们视线一样，你需要把较高的盒子给较矮的孩子。思维模式从平等向公平的转变，在思考种族正义时一直都起到了重要作用，在美国语境中尤为如此。但这里也有性别的意涵。比如，一个公平的教育制度承认天生的性别差异，特别是承认如下事实，即相较于女孩，男孩在他们上学的关键节点处于发育劣势。

本章将为更加男性友好的教育制度提出建议。具体来说，我会论证三个重要改革：在男孩进入小学前，让他们多上一年学前班；招聘男老师进入课堂；大力投资职业教育，包括投资更多的技术中学。我知道这些议程中有些可能看起来很激进。但如果我们认真对待性别平等问题，一些激进主张是在所难免的。

时间的馈赠

晚一年上小学一直被称为"红衫行为"（redshirting）。这是一个从大学体育竞赛的某种行为中借来的词，在该行为中，一名运动员被排除在常规比赛之外一个赛季。这种观点在2008年猛然得到了广泛关注，当时马尔科姆·格拉德威尔在他的著作《异类》中提出证据表明，比同学年长一些的孩子会在学业测试和整体生活方面表现得更好。他指出，在一个班级中无论年龄大一些还是小一些，都会使得"孩子们进入成绩优秀与不良、得到鼓励与失去信心的模式，而且这种模式会持续数年"。[2]

值得注意的是，红衫行为是一种合理的常见现象。"晨间咨询"（Morning Consult）和"教育选择"（EdChoice）在2021年开展的一项调查显示，有12%的学龄儿童父母说自己至少推迟了一个孩子进入幼儿园的时间，在其子女已超过18岁的父母中，这个数字是6%。[3] 推迟入学的理由中，排名前三位的

第十章　给男孩穿上红衫：男孩需要多等一年进入课堂　197

是，孩子太小、情感方面没有准备好，以及学习方面准备不足。有意思的是，在拥有学龄子女的教师群体中，红衫行为的比例稍高，达到15%。[4] 这些数字要高于2010/2011学年的官方数据（这是该数据可公开获得的最后时间），当时有7%的男孩和5%的女孩推迟入园。[5]（在此，疫情当然是一个影响因素。）

不过，一些孩子要比其他孩子更有可能"穿上红衫"。富裕家庭的孩子推迟入学的可能性要比低收入家庭的孩子高两倍。同样的差距也出现在白人孩子与黑人孩子之间。男孩要比女孩更容易"穿上红衫"，如果他们父母是教师就更会这样。[6] 孩子年龄比对应年级小时，也更有可能推迟一年。这些因素相叠加，推迟入学率是非常高的。根据西北大学经济学家戴安·怀特摩尔·尚岑巴赫和斯蒂芬妮·霍华德·拉尔森对2010/2011年度数据的分析，夏天出生且父母具有大学本科学位（他们是读过《异类》的那群人）的孩子中，红衫行为的比例是20%。[7] 根据传闻，在私立学校中红衫行为似乎也更为常见。穿上红衫的孩子读写能力和数学成绩都稍高于平均水平，远非成绩最不理想的群体。[8] 换句话说，最少受益的男孩是最有可能被穿上红衫的。

我建议所有男孩都要被默认穿上红衫。引入一年的生理年龄差距，将会减少男孩和女孩在发育年龄方面的差距。换言之，这会更加公平。我在本书第一章已经指出，学习方面的性别差距很早就开始出现，但就大脑发育来说，最大的差距出现在青春期。让男孩晚一些上学的主要目的，不是为了让他们在幼儿园的时候大一岁。这样做，是为了让他们在进入初中和高中时大一岁。

穿上红衫管用吗？

男孩推迟入学会缩小性别差距吗？我不知道确切的答案。[136] 对这种在教育政策方面的巨大改变，我们很难做出提前评价。不过从有关红衫行为的研究中所得出的证据，使我对这种方式能够有很大帮助满怀希望。大量有关穿上红衫的男孩的研究表明，这样做，在学校阶段男孩的多动症和注意力不集中现象大幅减少，生活满意度水平更高，被留级的可能性更低且考试成绩更高。[9]

尚岑巴赫是最近与达特茅斯学院的伊丽莎白·卡西欧一起运用田纳西州的数据对红衫行为进行高质量研究的学者。他们样本中的儿童不成比例地来自低收入家庭和多样化的种族。其中有半数儿童享用幼儿园的免费或减价午餐，有三分之一是黑人。整体来看，尚岑巴赫和卡西欧发现，在八年级时大一岁对考试成绩有积极影响，降低了高中前留级的风险，并且提高了参加美国高中毕业生学术能力水平考试或美国大学入学考试的机会。不过整个八年级的所有结果测量（outcome measures）中，男孩的收益至少是女孩的两倍，而到高中时，只有男孩会获益。卡西欧和尚岑巴赫还发现低收入家庭的学生受益最大，这正如他们指出的，"这与观察到的高收入家庭的孩子更有可能被穿上红衫的现象形成了鲜明对比"。[10] 最后，他们发现这对穿上红衫的孩子的年幼一些的同学没有任何负面影响。他们说，即使有影响，也是一些轻微的积极"溢出"影响。

因此，红衫行为特别为男孩提供了长期的积极利益，尤其是对于家庭背景比较贫穷的男孩，而且对于其同学没有负面影响。重要的是，这些结果不是源自相对年龄效应，而是源自绝对年龄效应——这正是我的红衫政策试图传达的。来自该研究的最令人振奋的发现之一，就是留级的风险大幅下降。留级现象在不同种族、性别以及经济背景的群体中是极为不平等的：有四分之一（26%）的黑人男孩在他们高中毕业前至少留过一次级。[11] 通过从一开始就给男孩穿上红衫，我们可以降低他们留级的风险。

卡西欧和尚岑巴赫的发现，与菲利普·库克和康颂曼运用北卡罗来纳州的数据进行的另一项研究是一致的。[12] 后者的分析表明，穿上红衫的孩子在三年级结束时在阅读和数学方面的成绩明显要好很多。在关注种族群体内的性别差距时，他们发现白人男孩中 10% 的红衫行为，会将三年级阅读中白人学生的整体性别差距缩小 11%。

这里还有一些质性证据。科林学院的苏珊娜·斯塔勒·琼斯展开的一项深入研究发现，相较于同龄人，被穿上红衫的夏天出生的青春期男孩的生活满意度更高。[13] 她指出，在那些按照规定年龄入学的孩子中，一个常见的抱怨是，"我总是在亦步亦趋地紧跟着"。但她也提到年纪大一些的孩子给她的总体感受是，"他们喜欢红衫行为，喜欢年纪大一些，对此感到无所谓，他们绝不会认为这是一种伤害，这只会有帮助"。琼斯还访谈了父母，询问他们如果又有一个夏天出生的孩子会怎么做。"（他们）不假思索地说：'我们会给他穿上红衫。'"不过值得强调的是，调查的这个小群体主要是白人和富人，这完全是因为他们是目前最有可能给孩子穿上红衫的群体。

综上所述，这些结论潜在地指向了所有男孩晚一年入学的巨大收益。最大的受益者恰是那些最不可能立刻穿上红衫的群体，特别是来自低收入家庭的男孩和黑人男孩。我也期待这些收益在诸如平均绩点等其他结果测量中会更高，这是现有研究一直无法评估的。比如，高中成绩与大脑执行能力相关——这是女生成绩更高的一个可能原因。[14] 额外一年的发育时间无法完全消除这些能力方面的差距，但它的确会有所帮助。

反对红衫行为的观点

对于我的建议，当然会有一些不错的反对观点。这里我会讨论其中五种。第一，推迟入学可能会给父母带来再照顾孩子一年的压力，这可能是低收入父母不大愿意给自己孩子穿上红衫的一个理由。这是一个切实存在的担忧。我的建议是男孩在和女孩一样的年纪参加一个普遍的学前教育项目，但在他们继续学习之前多给一年时间。换句话说，男孩会得到双倍的学前教育周期。从父母的角度来看，这个政策不会影响育儿成本。

第二，人们担心推迟入学的男孩更有可能在高中辍学，因为他们在高中教育完成之前可以合法地离开正式教育一段时间。我难以明确这个问题会有多么严重。教育经济学家戴维·戴明和苏珊·戴纳斯基通过数据分析表明，推迟一年入学的学生的高中毕业率并没有受太大影响，但他们的确会延期毕业。[15] 不过如我们所见，该学生群体并不具有代表性；今天身穿红衫的孩子都来自更优越的家庭，在任何情况下都不太可能在高中辍学。在此会有帮助的一个因素是将离开学校的法定年龄提高到 18 岁——这正是美国大概有一半的州已经做的事情。[16]

第三，一个相关的反驳意见是男孩一旦成人，就会在劳动力市场中失去一年，这潜在地减少了他们的终身收入。这是戴明和戴纳斯基的主要担忧之一。"退休年龄不变，一个人推迟一年入学，在劳动力市场中就少了一年，"他们指出，"推迟一年入学的经济损失，包括在劳动力市场一年的收入，以及对这失去的一年的劳动力市场经历的终身回报。"[17] 同样，这种担忧是合理的。可是这种担忧适用于在任何年龄段增加在校年限的任何政策。比如，你可能在社区大学读了两年，然后没拿到任何文凭就出了校门。事实上，现在很少有年轻人在中学毕业后就能进入劳动力市场。几乎有五分之一的人不能按时完成高中学业。[18] 在开始就读社区大学的人中，不到三分之一会在三年后拿到文凭。[19] 16 岁到 24 岁的年轻男性中，有超过十分之一的人是"脱钩"的（既没有从事有偿工作，也没有上学）。[20] 我的观点只是说我们不应当假定，多学习一年就意味着收入减少了一年。如果像我相信的那样，这有助于改善男孩的状况，它应当也会改善男孩在劳动力市场的前景。

第四，存在着如何分阶段实施改革的问题。如果我们猛然让所有同龄男孩推迟一年，就会只有同龄女孩群体进入教育体系，这会非常古怪，对男孩来说尤为如此。我的建议是在几年间分步骤推进，从年龄最小的男孩开始，逐渐扩展到各个年龄段,直到该政策覆盖所有男孩。比如,或许第一年有三分之一的男孩推迟入学,第二年就是三分之二,第三年就是全部推迟。(这也为社会科学家创造了天然的实验来评估不同年龄的男孩推迟入学的收益。)

最后但同样重要的是,这合法吗?让我们想象一个学区或州采纳了我们的方案。美国公民自由联盟(ACLU)可能会发起一些法律挑战。他们会引用1964年《民权法案》第七章禁止基于性别的歧视,还可能会引用第十四修正案中的平等保护条款。[21] 我们的辩护理由就是女孩和男孩在发育方面存在差异,这些差异可以在不违背"第七章"的前提下在教育政策中得到考虑。此时弗吉尼亚军事学院(一个全是男生的学校)的著名案例当然会被援引。联邦最高法院在1996年强制要求该学院彻底向女性开放。露丝·巴德·金斯伯格(Ruth Bader Ginsburg)大法官起草了多数意见。[22] 重要的是,法院并没有争论男孩和女孩的学习方式存在平均差异这个主张。不过正如金斯伯格所述,这个主张并不能够为排除女生——"她们的天赋和能力使其完全不在一般描述之列"(即她们的学习能力与普通男孩更加类似)——提供正当性。今天在这所学校中大概有12%的学生是女生。[23]

法院判定,若想将某一性别完全从公立教育机构中排除出去,州必须提供"极具说服力的正当性证明"。[24] 但我的主张并不是将任何性别排除出任何机构，而只是基于男孩和女孩不同的发育轨道，使得他们从幼儿园进入学前班的默认年龄稍微错开。父母可以自由跨越默认年龄，让自己的女儿推迟一年或让自己的儿子早入学，就如他们在现在的制度中一样。但尽管如此，明确将制度建立在性别差异之上还是会遇到显而易见的法律挑战，这是制度设计和实施中需要考虑的。

因此，我认为对于"给男孩穿上红衫"计划的合理担忧，还是有合理答案的。确定答案的唯一方法就是去实施这个计划，最初可采用一些试点项目形式，可以在一系列条件中选定一些学区。我希望这些方案能够在缩小教育中性别差距问题上取得良好效果，并且获得良好的投资回报。当然，我也可能错了。这就是评估性研究为何如此重要的原因。让我们拭目以待。

更多男老师给男孩上课

目前，男孩并没有完全融入学校。根据经济合作与发展组织在2015年的一项调查，在全世界，男孩认为学校"浪费时间"的概率是女孩的两倍。[25] 在美国，男孩被开除的可能性是女孩的三倍，被停学的可能性是女孩的两倍。[26] 有许多能够为男孩改善学校环境的改革举措，包括更多的体育课程、较晚的入学时间以及更好的食物。锻炼、饮食和睡眠：总而言之，教育制度需要花更多功夫认识到学生是血肉之躯，而不只是一根棍子上立着的大脑。当然，这些改革举措也会让女孩受益。

不过有一种学校改革举措，会让上述一切都相形见绌：这就是在教室讲台上要有更多男性。在美国，男老师的比例很低，而且正在下降。中小学阶段男老师的比例从20世纪80年代初的33%下滑到现在的24%。[27] 如图10-1所示，在小学和初中，男老师尤为稀缺。在包括英国和韩国在内的其他国家，我们也可以观察到类似的趋势。[28]

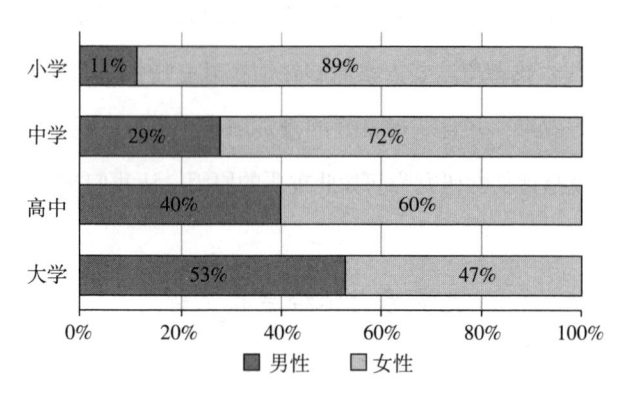

图10-1 男性教师数量不足
教师性别，根据学校层级排列

注：在中学之后的阶段，数据显示的是学位授予机构中全职教师的情况。
来源：美国国家教育统计中心（中学后教育数据系统，2021年3月）：中小学阶段数据显示的是2017—2018年的情况；中学后阶段的数据显示的是2017年、2018年和2019年的情况。

宾夕法尼亚大学的理查德·英格索尔（Richard Ingersoll）和他的同事在2018年的一份报告中指出，"如果这个趋势持续下去，我们就会看到（在美国）十位老师中有八位是女老师的一天"。他们补充说："有越来越高比例的小学会没有男老师……考虑到老师身为榜样的重要性，以及对一些学生而言老师甚至替代了他们的父母，有些人当然会认为这个趋势是一个问题，是政策应当关注的对象。"[29] 实话说，我并不知道有谁没有将这个趋势视为一个问题。首先，如果孩子在成长过程中将照护或教育视为女性的工作，这就会在不同代际间强化性别刻板印象。如格洛丽亚·斯泰纳姆在1995年所说，"我们陷入错误的男性和女性观念源自我们的童年所见"。[30]

此外，有坚实的证据表明，男老师会促进男孩的学习成绩，尤其像英语这样的科目。这方面的潜在优势非常巨大。教育研究者托马斯·迪伊估计，如果从六年级到八年级的英语老师中有一半是男性，"（男孩和女孩间的）阅读成绩差距在中学结束时就会下降将近三分之一"。[31]（值得注意的是，女孩在英语科目的表现似乎不受老师性别影响。）芝加哥开展的一项独立研究发现，在男老师所教授的班级中，九年级平均绩点的性别差距几乎减半。[32]

当男老师在芬兰小学中的比例由于训练课程40%的配额而增长时，男孩和女孩在学校的表现都更好。[33] 这个配额在

1989年被取消了,男性进入小学教师行业的比例缩水了一半。这个政策由于1987年通过的性别歧视法而被终止。但在2005年,芬兰政府制定了一项法律,要求每个国有公司在董事会中至少有40%的女性。[34] 我承认自己对于芬兰法律制度的错综复杂之处缺乏专业知识,但这里肯定有些需要留意的问题。

不过我偏离主题了。尽管有充分证据表明男老师很重要,但其确切机制并没有得到充分理解。态度可能是一个因素。女老师比男老师更有可能认为自己课堂中的男孩具有破坏性,但男老师倾向于对男孩及其能力有更加积极的看法。[35] 还有可能存在着榜样效应(role model effect)。值得在这里提及的是,老师的种族也很重要,教师行业对白人的偏好甚至超过对女性的偏好。不过黑人男孩似乎在拥有黑人老师时获益最多。[36] 美国进步中心的教育学者莉泽特·帕特洛写道:"同时拥有男老师和女老师可能对学生有益的原因,与学生能够从种族和族群多元的师资受益的原因是一样的。"[37]

这里需要的是大规模且迫切的招聘工作。在理想的世界中,从学前班教师到博士班研讨课,我们都有数量大致相当的男老师和女老师。如图10-1所示,大学已经取得了巨大进步,女性现在占据全部全职教工的一半(47%)。[38] 此外,在大学和学院的系主任中,女性占比一半以上,在院长中占比40%,在大学校长中占比30%。[39] 美国教育委员会定下目标,要在 2030 年前在大学领导方面完全实现性别平等。考虑到近来的上升趋势，以及有半数现任的大学校长说他们会在未来五年内离职这个事实，这个充满雄心的目标看起来是可以实现的。[40] 该委员会称之为"推动指针"（Moving the Needle）动议。于是在高等教育中，我们看到性别均衡在各个层面都取得了切实的进步，以及给未来设立的明确目标。但与此同时，随着时间流逝，在中小学阶段我们却正在逐渐远离性别平等，并且没有设立任何目标。毋庸置疑，推动指针在这里至少同样重要。第一步举措，就是我们应当设立在中小学教师中男性比例达到 30% 的目标。这一目标可以要求学区来保证实现。

招募更多的男性从事早期教育，招募更多的黑人男性以及更多的男英语老师，还需要一些具体的举措。早期教育近乎一个全是女性老师的环境。只有 3% 的学前班和幼儿园老师是男性，这应当算是整个国家的耻辱。[41] 现在美国驾驶军用飞机的女性数量，是幼儿园男老师数量的两倍（按照职业比例计算）。[42] 根据曼哈顿社区大学科尔斯顿·科尔与其同事针对在学前班和幼儿园工作的 46 位男性教育者的深入研究，在这个领域中招聘男性的障碍很大。[43] 污名化是一个主要的挑战。许多男士都被建议要确保自己从来不会单独和一个孩子相处，并且要当心任何肢体接触。（就在我写作本章时，我儿子打电话说一份照顾孩子的工作拒绝了他，因为孩子的父母不愿意让一个男人照顾自己的孩子。儿子说,"至少他们如实说出了原因"。)

在积极的方面,这些教育者中有许多人说,他们为自己给幼童树立了积极的男性榜样而感到自豪,并且指出许多父母很开心自己的孩子有一个男老师。科尔和她的合作者敦促采取统筹性的政策努力以在早期教育阶段吸引和留住更多男性。他们写道:"由于男性教育者在这个领域现在很稀缺,他们可能也需要有意为之的支持,以应对他们所面临的与偏见和孤立相关的特殊环境。"他们提出可以效仿像"纽约市教师"(NYC Teaching Fellows)这样的项目,定向招聘男性进入这一领域。纽约市的这个项目支持专业人士转换职业进入高需求的学科领域任教,其中包括数学、科学等学科以及师资不足的纽约学校的特殊需求。重视性别平等的慈善基金会应该在教育市场为那些希望从事早期教育事业的男性提供慷慨的大学奖学金,就如他们支持对"STEM"职业感兴趣的女孩一样。

第二个优先事项就是招聘更多的黑人男性教师。华盛顿特区公立学校艺术和法语教师查尔斯·让-皮埃尔(Charles Jean-Pierre)指出,"身为男性黑人教师,有时我觉得自己像只独角兽"。[44]这并不令人惊讶。黑人男性只占美国教师总数的2%。[45]如前所述,黑人男孩尤其会受益于黑人老师。现在有一系列措施,主要是在城市层面,提升黑人男性教师数量,其中包括"纽约市男性教学"(NYC Men Teach)、"黑人男性教育者国家协会"（National Association of Black Male Educators）、"有色人种男性教师举措"（The Male Teacher of Color Initiative）、"黑人男性教育者征募"（Black Male Educators Convening），等等。但是许多这类措施都是在资金捉襟见肘且亟须支持的条件下展开的。

在南卡罗来纳州的哥伦比亚市，校监巴伦·戴维斯（Baron Davis）确立了明确目标，要额外招聘100位有色人种男性教师（尤其是黑人男性），这会使得这个群体在此校区的比例提升到10%。这种意向性和特殊性，正是我们在全美范围内有关男老师的平权行动项目中所需的。戴维斯指出，"你不能一直唠叨教育领域没有足够的黑人男性"。他认为问题在于，"你将会为此采取何种行动？"[46] 我认为这同样适用于教育领域中男性的整体情况。

招聘中第三个优先事项是让更多男性讲授英语。文字和语言能力是男孩最落后于女孩的地方，同时这些技能对于之后的教育前景而言也很重要。一项研究发现，美国学生九年级的英语水平每提高一个字母等级，他们被大学录取的可能性就会提高十个百分点。[47] 男孩通过推迟入学获得的额外一年在此当然会有帮助。但在合适的学科特别是英语学科中有更多男老师，也是有用的。别忘了，拥有男英语老师会提升男孩的成绩，同时对女孩没有负面影响。所以有越多男老师讲授英语，就越好。目前，中学阶段男性在英语老师中的比例是

12%，在高中阶段这一数字是23%。[48] 从教师招聘角度来看，现在大部分政策努力都集中于吸引更多的男性或女性老师进入"STEM"学科。这当然很重要。但我认为现在让更多男性讲授英语的需求同样迫切。一种选择是借鉴"STEM"领域的一个观点，让大学中英语专业的学生有机会同时获得教师资格，从而减少学习年限。显然，这对男性和女性都有吸引力。

少说话，多购物

我提出的第三个重要的政策改革是大规模投资对男性友好的职业教育和培训。我们的教育制度偏好标准的学术路径，一路读上去直到四年制的大学学位。在先前章节中，我对大学有诸多论述。可是许多人没有四年制大学学位生活得也不错。实际上，根据乔治城大学的安东尼·卡内瓦莱及其合作者的一项研究，有16%拥有高中学历的人以及28%拥有副学士学位的人，他们在整个工作生涯中赚的钱比拥有本科学位的人的收入中位数要高。[49] 根据他们的观察，"给高中生'上大学'这个简单建议已经不够了"。卡内瓦莱说，在高中阶段，我们需要更多职业顾问，他们所具备的技能和信息能够帮助学生看到一系列选择。有时这种职业的名称是"大学和职业咨询师"，但通常情况是"大学"会最受关注。（在此我们也应为性别更加平等而斗争：目前，在咨询师中只有四分之一是男性。)[50]

对于传统大学路径的单一关注发出了如下信号，即一些技能，特别是那些能让你"准备考大学"的技能，要比其他技能更有价值。对于支撑这一领域大量思考和政策的阶级优越论（classism）和"聪明崇拜"，我有许多可以讨论的。[51]不过其中一个要点就是，这会低估职业教育。从整体来看这是有害的，对男孩和男人而言尤甚。平均来说，男生似乎在更具"动手能力"和实践性方法的学习中表现更好，所以会从更具职业性的学习方法中获益最多。[52]但是，美国学校的职业和技术教育（CTE）急剧衰退，这是如下原因造成的：对读大学的痴迷，以及对如下行为残留的恐惧，即"追踪"某些远离学术课程的学生。1992年到2013年（后者是该数据可获得的最后年份），美国高中学生获得的职业和技术教育学分下降了17%。[53]在过去的几十年间，联邦开支也在下降。[54]

高中课程设置需要更多"动手"要素。这并不是说把所有男孩都送到手艺课去学做生意，却让女孩打磨自己的大学申请短文。它指的是在一般课程设置中纳入更多实践性和职业性要素（比如职业和技术教育），特别是创办更多独立的技术学校。这里更为广泛的目标更像哲学家约瑟夫·菲什金所说的"机会多元主义"。[55]相较于他所说的"一元的机会结构"中单一而狭窄的路径，本应有许多通往成功的不同道路。

职业和技术教育在何种程度上能够对男孩尤其有帮助？这方面的证据基础并不非常广泛，但看起来令人鼓舞。一些高质量的研究引人注目。第一项研究考察了职业学院的影响，这是小规模的、以职业为导向的高中。这类高中在全美大概有7000所，但其教育方式差别很大。[56]美国人力资源开发和研究公司开展的一项评估研究关注了纽约市9所这类学院。考察传统的教育指标，诸如年级、考试分数、大学升学率等，这些学院是失败的。但是毕业于这些学校的男生，主要是西班牙裔和黑人，在随访研究的八年间收入增长了17%，相当于增加了30 000美元收入。[57]这种薪水增长情况与完成两年社区大学学习的学生类似。令人震惊的是，毕业于职业学院的年轻女性在任何测量结果方面都没有明显的受益，构成了我在本书第六章论述的教育干预政策整体规则的一个例外——同时这也是职业和技术教育是一种对男性尤其友好的教育方式的进一步证据。

第二项研究考察了康涅狄格州全州16所职业和技术教育学校体系的影响，它们总共培养了大概1.1万名学生，占学校系统总数的7%。[58]在这些学校中，男生的毕业率要比传统学校高出10个百分点，并且他们在23岁时的工资要比传统学校高出33%~35%。同样，女生并没有明显的收益。这些美国研究呼应了挪威一项研究的类似发现，在后者的研究中，高中新引入的职业教育方案增加了男性参与者的收入。这正如该研究作者玛丽安·伯特兰、玛格尼·莫格斯塔德和杰克·芒乔伊所写，"有关不同性别的不同收益的考虑，应当是围绕职业教育的政策对话中不可或缺的一部分"。[59]

近年来，实际上一直有令人欣喜的迹象表明，政策制定者正在向职业和技术教育热情地投资。许多州都提高了资助。比如，内华达州对于职业和技术教育的投资翻了三倍。[60]2018年，《卡尔·D. 珀金斯职业和技术教育法案》(*Carl D. Perkins Career and Technical Education Act*) 重新获得批准，每年为各州提供13亿美元用来支持对职业和技术教育的资助。[61] 就目前来说，它的效果不错。不过相较于支持大学教育的1500亿美元，这显然还远远不够。[62]

另一个问题是几乎所有对职业和技术教育的投资都涌入了学校内的课程，但关于职业和技术教育收益的最有力的证据来自整个学校的教育方式。在每个学校，我们肯定都需要更多的职业和技术教育。但更重要的是，我们需要更多的职业和技术教育学校。根据我的估算，全美目前大概有1600所技术类高中，占所有公立高中的大约7%。[63] 它们都集中在西北地区的较大城市或郊区学区中。[64] 整体来看，只有12%的学区拥有职业和技术学校。在2030年之前，我们应当在全美增加至少1000所新的技术类高中。如果联邦政府为这些学校给各州的补贴是每个学生5000美元，那么实现这个目标每年大概需要

40亿美元。[65] 这些新学校自然会同时向男孩和女孩开放。但考虑到评估研究的结果，向男生推销它们是有道理的。

在高中之外，还有扩展学徒制培训的有力主张。2021 年在众议院通过的《国家学徒制培训法案》(The National Apprenticeship Act) 会在 5 年内投资 35 亿美元，用来创造将近 100 万个新的学徒岗位。[66] 我们急需这种投资；让我们希望参议院也这么认为吧。尽管近来有所增长，但在有关参与学徒培训的成年人数量的国际排名中，美国约为 63.6 万人，依旧垫底。[67] 社区大学也提供了会带来更多就业和收入的职业课程，特别是在健康、商业和"STEM"方面。这些大学也是美国年轻人最常见的后中学命运。（与之相比，从劳动力市场情况来看，博雅教育专业的副学士学位并不是一个好投资。）[68] 通过一项新的联邦资助项目，每年至少应当有 200 亿美元进入社区大学，同时还要有更多激励措施确保学生完成他们的学业，特别是在能带来最佳就业前景的学科。[69]

所有这些改革都需要时间。如中右翼智库"美国指南针"(American Compass) 的负责人奥伦·卡斯所说，"让教育改革走出对大学的痴迷，转向对年轻人在劳动力市场中可以遵循的其他路径的尊重，将是一个漫长而缓慢的过程"。[70] 因此，我们最好开始着手。

在此我一直关注的都是职业教育的路径，但我也会对大学提出一个请求，仅此一个。我乐意看到更多的国家或美国各州遵循苏格兰地区的引领，后者在其《性别行动方案》（Gender Action Plan）中设立了在本科生录取上将性别差距减少到5%的目标。考虑到现在的差距是17个百分点，这是个很有挑战的目标。[71]不过苏格兰政府引人注目之处在于，它明确指出双向的性别不平等都很重要，并为处理这些问题设定了具体目标。

最后，我或许应当提及一个我并不支持的政策主张：更多单性别学校。在有关如何帮助男孩的讨论中，这种解决方案非常常见。一些研究表明，这种方案会有令人印象深刻的影响，其中一个研究来自特立尼达和多巴哥共和国的20个学校。[72]但整体来看，这个研究并没有表明男孩或女孩从男女分校中受益很多。[73]情况有可能是单一性别的教育为某些群体，包括黑人男孩在内，提供了特殊的收益；但在这个特定问题上，并没有强有力的证据。当然，情况就如迈克尔·古里安在其著作的书名中所说，"男孩和女孩以不同方式学习"。[74]但是亦如古里安所敦促的那样，解决这个差异的方法最好是修改教师教育课程，以便纳入一些有关性别差异的科学证据。（目前来看，这一点还未实现。）

从发育角度来说，今天课堂中男孩和女孩之间的许多差异都是因为女孩就是"更大一些"。我们可以让男孩就读和女孩一样的学校，只不过，推迟一年。

第十一章
男性可以从事"HEAL"行业：
让男性从事属于未来的工作

卡梅伦大概 6 岁时，我带他看完大夫正开车回家。他说："爸爸，我不知道男人可以当大夫。"我不明所以了一会儿。接着我意识到他先前遇到的两三位医生碰巧都是女性。考虑到英国的初级保健医生有一多半都是女性，这并不奇怪。只遇到女性从事医疗工作，他当然会好奇男性是否可以干同样的工作。我让他把心放进肚子里，男人确实能够当大夫，但我也谨慎地补充，"当然也可以做护士"。儿子们就读的小学教工都是女性，所以我们花了一番功夫才让他们相信男人也可以成为老师。

为了保持平衡，我们特意雇用男性来照顾他们。当然，这并不总是那么容易，因为男性在育儿工作者中所占的比例很小。其中有一位"澳大利亚人迈克尔"特别受欢迎。他会把帐篷搭成"家庭作业营",让孩子们在写作业间隙追逐橄榄球。迈克尔天生知道如何让做作业变得不大像有期徒刑而更像做游戏。(我有时会好奇,这是否正是布莱斯最后在儿童保育和教育领域工作的一个原因。)

在本书第十章,我为男孩在教育制度中面临的结构性问题提出了一些解决方案。本章中,我将转向工作世界中的男性。如我在本书第二章所示,在诸如制造业和重工业等传统上由男性主导的行业中,高薪工作一直都在流失。新中产阶级的工作往往被称为"粉领",因为这些工作基本都是由女性从事的。虽然女性已经决定性地进入了许多先前由男性主导的职业,包括制药、法律以及会计,但是在另一个方向上却没有类似的运动。劳动力市场对性别隔离的废除几乎完全是单向的。[1]特别是,男性在"HEAL"职业——健康、教育、管理和文字工作——中的比例依旧非常低。格洛丽亚·斯泰纳姆观察发现,"女性总是在说,'我们可以做男性能做的任何事情'。但是男性却没有说'我们可以做女性能做的任何事情'"。[2]当然有更多男性可以从事"HEAL"行业,并且考虑到劳动力市场的趋势,他们也必须如此。

在本章中,我会首先描述和界定一下"HEAL"行业。接着我会提出使更多男性进入"HEAL"行业的理由,这包含三点。第一,考虑到传统以男性为主导的行业的衰落,男性在这些领域中求职是必要的。第二，这些职业变得多元化，也会有助于满足它们日益增长的劳动力需求。第三，这会使得男孩和男人更有可能找到这些服务的男性提供者。因此，让男性进入"HEAL"行业对男性有利、对职业有利、对客户有利——三赢。

最后，依照一些使更多女性进入"STEM"行业的成功经验，我会为使更多男性进入"HEAL"行业提出一些政策建议。我的"男性可以从事'HEAL'行业"方案的三个要素是，在教育制度中搭建渠道、提供经济激励以及减少在这些领域中工作的男性面对的污名化。

"STEM"与"HEAL"

我们永远不能怀疑一个好的首字母缩略词的力量。二十年前，美国国家科学基金会的教育和人类资源助理主任朱迪斯·A. 拉马利（Judith A. Ramaley）负责改善科学、数学、工程学和技术学。她接手的对于其工作的首字母缩略词是"SMET"。但是她"不喜欢这个词的发音"，转而开始使用"STEM"。[3] 到了 2005 年，国会中有一个"STEM"核心会议，自此之后这个词就得到了广泛使用。最开始的时候，推动"STEM"学科的动机是对经济增长和国家安全的担忧。但近年来，这个目标转变到性别平等，特别是让更多女性进入男性主导的"STEM"行业的重要性上，并取得了巨大成功。

在广义上，"HEAL"行业可以被视为"STEM"的对立面。前者更关注人而非事物，更倾向于要求更高的读写能力而非计算能力；因此"L"取代了"M"的位置。大概只有12万壮年劳动者（25岁到54岁）的职业名称是数学家或统计学家，但在此之外的许多工作中，数学技能都发挥着重要作用。[4] 与此相似，大概有15万位作家、写作者和编辑，但在此之外的许多工作中读写能力和沟通技能非常重要。在"HEAL"这个范畴中，我纳入了一些宽泛的职业类型，诸如教育（如老师、图书管理员）、医疗保健（如护士、医生、牙科卫生师）以及医疗保健支持（如家庭保健护理、医疗助理）。[5] 此外，这个范畴还包含一些具体的职业，比如社会工作者、心理健康咨询师、培训和发展经理与专家、教育和儿童保育管理员、编辑、法庭书记员，诸如此类。2020年，"STEM"工作在美国壮年劳动者就业中的占比为9%，而"HEAL"工作的占比是23%。医疗健康和教育是非常大的部门，占所有工作岗位的15%。

近几十年来，"STEM"工作中女性的比例不断增加。比如，女性在美国生命科学家和物理科学家中的占比从1980年的不到五分之一，上升到现在的接近一半（45%）。[6] 在工程师中，女性的比例从4%上升到15%。技术产业近年来的变化不大，女性的占比一直保持在25%左右。整体来看，如图11-1所示，女性在"STEM"劳动者中的占比从1980年的13%上升到如今的27%。但是就男性在"HEAL"工作中的占比而言，趋势却与此相反。2019年，这些岗位中男性的占比从1980年的35%下滑到26%。（我应当再次强调这里我所有的数据都来自年龄在25岁到54岁的全职劳动者。）

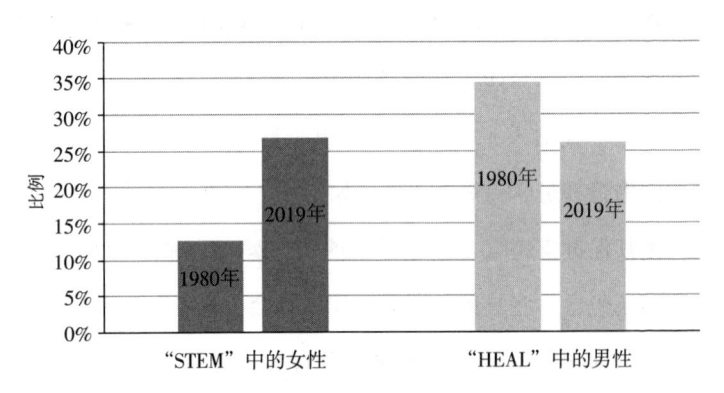

图11-1 "STEM"中女性占比上升，"HEAL"中男性占比下降
按性别划分从事"STEM"和"HEAL"
职业的劳动者比例，1980年和2019年

注：全职、全年、普通人，年龄25～54岁，有正收入的劳动者。"HEAL"和"STEM"的划分根据1990年职业代码（occupational codes）做出。
来源：Steven Ruggles and Others, *IPUMS USA*: Version 11.0, 2021。

我们在"HEAL"领域为何需要更多男性

如果女性继续主导着"HEAL"职业，会有什么影响？别忘了，考虑到男性和女性之间先天的性别差异，如果相较于男性，有更多女性被吸引进入这些职业，我们不应对此感到惊讶。但是问题在于，女性多出了多少？正如我煞费苦心指出的那样，男性和女性的自然偏好与兴趣的分布在很大程度上是重叠的。就如目前女性在工程或领导岗位上的代表性不足不能被合理地归因于先天原因一样，认为社会工作者中18%的男性比例是男性对该工作真实兴趣水平的表征，同样是荒谬的，尤其是考虑到这一比例自1980年以来已经减少了一半。[7]如果某些职业被视为男性禁止入内的区域，男性的选择就会受限，就和相反情形中女性的情况一样。

"HEAL"部门是这些限制男性选择的工作的发源地。若想改善男性的就业前景，我们就需要让他们更多地进入这类工作。根据哈佛大学的戴维·戴明计算，1980年到2012年，"美国劳动力市场中，要求高程度社会交往的工作增长了将近12个百分点"。与此同时，"在相同时期数学能力密集但社交能力要求较少的工作……减少了3.3个百分点"。[8]的确，"STEM"职业会被更多地描述为未来的工作。有志青年身穿实验室白大褂熠熠生辉的照片当然也强化了这种印象。但仅仅从创造工作机会的角度来看，"HEAL"正在超过"STEM"；根据我的计算，在2030年之前每创造一个新"STEM"岗位，就会产生不止三个新的"HEAL"工位。[9]

平均来看，"STEM"工作的薪资的确要高于"HEAL"工作。这反映出如下事实，即一些最庞大的"HEAL"行业工资水平低。比如，大约有61万家庭健康护理和个人护理助手（全职工作，年龄在25~54岁之间），他们的年薪中位数是26 000美元。但也有薪资水平相对较高的大量"HEAL"职业，比如专科护理师（100 000美元）、医疗和健康服务经理人（71 000美元）、教育和儿童保育管理员（70 000美元）抑或职业治疗师（72 000美元）。[10] 许多"HEAL"岗位即使在经济下行周期也能提供高度的工作保障；在经济衰退时，我们依旧需要护士和老师。

让更多男性进入"HEAL"岗位的第二个理由，就是这有助于满足护理和教学等领域对劳动力日益增长的需求。现在已注册的护士中有几乎一半年龄在50岁以上。这意味着许多人有可能在接下来的15年中退休，尤其是当工作强度较高时。[11] 同时，到2030年，对护士和专科护理师的需求预计将增加约40万人。[12] 即使在新冠疫情之前，护士的职业倦怠也已被视为一个日益严峻的问题。[13] 美国护士协会（American Nurses Association）高级政策顾问肯德拉·麦克米伦（Kendra McMillan）指出，"在疫情之前，医院就难以找到护士填补岗位。疫情对医疗保健系统的需求，进一步恶化了一个长久以来的预期，该预期令护理人员负担沉重"。[14]2021年9月，美国护士协会敦促联邦政府宣告"全美护理人员配置危机"。[15]根据查蒂斯农村健康中心在2021年底展开的一项调查，有99%的乡村医疗报告人员短缺，同时有96%的医院指出招聘和挽留护士是它们最大的挑战。有四分之一的医院说缺少护士使它们不得不暂停一些服务，其中包括新生儿交付、化学疗法以及结肠镜。[16]人们提出了一系列解决方案来应对这一需求，包括更高的薪水、更加灵活的工作时间、招聘奖励、更好的工作场所文化以及经过拓展的护士教育。[17]这都是不错的想法。但有一个方案几乎无人问津：让更多男性进入护理行业。

教育职业面临着类似的挑战。前线教育（Frontline Education）在2021年针对1200位学校和学区负责人的调查中发现，有三分之二的学区报告师资短缺。[18]同样，乡村地区面临的问题最严峻。根据这些教育负责人的看法，问题的主要根源在于缺乏有资质的老师，并且相对于工作量而言薪水不高。调查者认为，整体来看，情况"可怕"。

2014年，有关教学的舆论观点跨过了一个令人不安的里程碑。有史以来第一次，在面对"你希望自己的孩子成为一名公立学校的老师吗？"这个问题时，大多数家长的回答是"不愿意"（从2009年的28%上升到54%）。[19] 教师培训项目的入学率在2000年到2018年下降了不止三分之一，并且在男性群体中下降得要比在女性群体中更快。[20] 疫情使情况变得更糟，一些地区采取了严厉的举措。新墨西哥州派遣国民警卫队的士兵担任代课老师；明尼阿波利斯市的一个学区请求家长志愿者获得代课教师资格证；佛罗里达州波尔克县则从8个国家空运了60位持有J-1签证的老师。[21] 但在讨论长期解决方案时，几乎没有人提到这种可能性，即吸引更多男性进入该职业。

我们经济中最大且最重要的两个部门——医疗保健和教育——面临着劳动力短缺。但我们正试图仅仅通过全部劳动力中的一半人来解决这些问题。

让更多男性进入"HEAL"工作的第三个也是最后一个理由，就是改善许多重要服务中服务提供者和使用者之间的性别匹配度，特别是护理行业。在本书第十章中，我描述了男性教师比例的持续下降——现在下降到不足四分之一——以及早期教育中男性教师令人震惊的匮乏。在心理健康和相关护理行业中，男性的比例也出现了显著下降。比如，如图11-2所示，男性在社会工作者（18%）和心理学者（22%）中占比较低，性别失衡正在加剧。与教育领域类似，较大的性别差距在这些职业中也会产生重要影响。寻求帮助对于许多人来说都很困难，对男性来说似乎尤为如此。[22] 比如，我们知道，男性通常不太可能寻求心理健康咨询。[23]

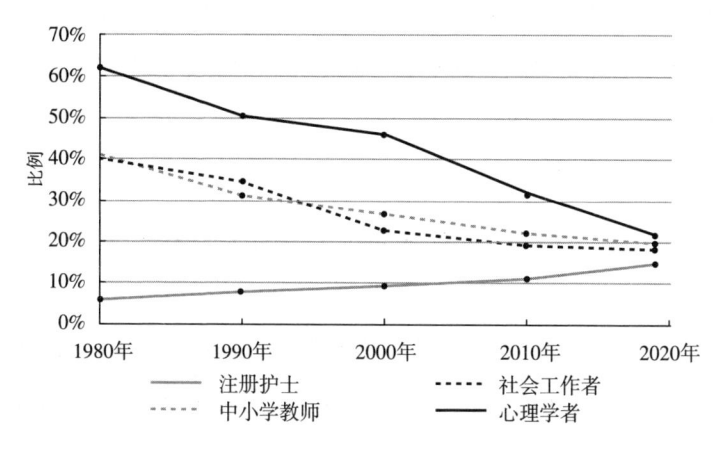

图 11-2 护理职业中男性数量不足
男性在一些选取自"HEAL"职业岗位所占比例

注：全职、全年、普通人，年龄在 25~54 岁，有正收入的劳动者。职业划分根据 1990 年职业代码（occupational codes）做出。
来源：Steven Ruggles and Others, *IPUMS USA*: Version 11.0, 2021。

这里可能存在着某种恶性循环。男性可能更不愿意向女性咨询师或治疗师敞开心扉，尤其是当他们正在努力克服攻击性、冒险行为、成瘾抑或性问题时。[24] 这方面没有可靠的数据，所以我们无法肯定这一点。（我会说基于自己的概率，面对男性治疗师时，我的表现会好一些。）不过在此我要冒昧地简单说一句，如果大部分药物滥用顾问是女性（76%），而大多数药物滥用者是男性（67%），抑或大多数特殊教育教师是女性（84%），而大多数被转入特殊教育的学生是男性（64%），这种情况是不理想的。[25] 我并不是说我们需要在这些职业中实现完美的性别平等。但在客户与供应商之间建立更密切的匹配是合理的。

"HEAL"行业中男性的10亿美元

在国家层面，我们应当设定两个目标：到2030年，在"STEM"岗位中女性的比例达到30%，同时在"HEAL"领域中男性的比例达到30%。实现这个"30比30"的目标意味着要让300万以上的男性进入"HEAL"岗位。这就需要资金，就像为增加从事"STEM"行业的女性人数所付出的一样。

2019年，梅琳达·弗伦奇·盖茨承诺捐赠10亿美元来改善女性在美国的机会。她关注的三个主要领域之一，就是提高女性在"STEM"职业中的比例，这是对美国已经轰轰烈烈的"女性进入'STEM'"运动令人鼓舞的推动。[26] 美国国会在2019年通过了《STEM基石法案》（*Building Blocks of STEM Act*），指导美国国家科学基金会将其更多对于中小学教育阶段"STEM"的资助（大概每年1.6亿美元）通过如"性别包容的计算机科学充实课程"等方式，投入小学教育和学前教育，并向女孩开放。[27]2021年，美国国家科学基金会宣布，将在2021年和2022年提供2900万美元的拨款，用于"'STEM'学术职业中性别平等的组织性变革"项目，该项目支持提高"STEM"学科中女性教师比例的措施。[28]

要想准确估算让更多女性进入"STEM"工作总共花费了多少钱是不可能的，这尤其是因为涉及其中的机构太多了。但可以举一个具体的例子。美国女工程师协会总部有36位员工，有大概1900万美元资产，每年支出为1200万美元。[29]这个协会在提供演讲者项目，通过奖学金来为学生提供经济资助、职业发展机会以及有效的倡导与游说方面成就斐然。与此相反，"男性进入HEAL职业"的运动几乎并不存在。有许多机构正尝试让更多黑人男性和西班牙裔男性进入教学领域，但它们的资金都捉襟见肘。在护理领域，只有美国男性护理发展协会（American Association for the Advancement of Men in Nursing）这个机构，它没有雇员，只有4000美元资产，年收入为183 000美元。[30]

在社会层面，我们意识到需要让更多女性进入"STEM"工作，并且进行相应的投资。现在情况对于男性和"HEAL"来说是一样的。我建议在接下来的十年间，为了实现这个目标至少要有10亿美元的全国性投资。这笔资金，无论来自政府还是慈善，应该以如下三种方式支出。其一，学校和大学给未来男性"HEAL"工作者开辟渠道；其二，为"HEAL"领域的男性学生和劳动者提供经济支持；其三，开展社会营销活动，使得这类职业选择对男孩和男人更具吸引力。

一个充满男性的渠道

首先是渠道问题。我们需要让更多男孩和青年男性较早地思考"HEAL"职业。大获成功的"STEM"举措的经验之一，就是渠道确实发挥着重要作用。这正是为何存在着一个针对中学生的"她会'STEM'"的运动的原因，该运动还伴随着学习资源、网上音乐会以及活跃的社会媒体渠道。搞一个类似的"他会'HEAL'"运动如何？在高中，我们需要为对"HEAL"职业感兴趣的男孩提供更多的服务性学习的机会（比如早期儿童教育）以及以学校为基础的举措，以便提升男性在这些岗位中工作的意识。在这方面一个杰出的范例就是"全国女生合作项目"（National Girls Collaborative Project）。该项目通过小额奖金（迄今为止已发放给781位研究生）构建了一个网络，以便"为'STEM'领域的性别平等创造转折点"。[31]（这项合作获得了美国国家科学基金会超过400万美元的资助。[32]）另一个范例是"百万女孩登月计划"（Million Girls Moonshot），旨在"以课外活动和暑期项目的形式在接下来的5年间额外让100万女孩获得学习'STEM'的机会，由此重新构想谁能成为工程师，谁能建大楼，谁能发明创造"。[33] 同样，这棒极了。但是我们也需要100万男孩进入"HEAL"行业。

这些举措应该会增加大学中选择"HEAL"类课程的男性数量。就目前的情况来看，男性仅占医疗卫生领域授予的学士学位的16%，占注册的护理专业人数的12%。[34] 他们在教育行业中的比例也很低，占教育学学位的18%，在小学教育中仅占8%。许多男孩和年轻男士完全没有意识到自己可以做这些工作。高中女孩中有20%期待在30岁时从事医疗保健工作，而在男孩中这个数字只有4%。[35] 男性社会工作者中，只有十分之一说他们在进入大学前思考过从事该职业。考虑到这些职业现在都是由女性主导，这种现象并不奇怪。我们必须清醒地认识到这个现实。

还有许多"HEAL"方面的工作不需要四年制本科学位，所以向男孩和男人开放职业培训机会也很重要。比如，考取健康科学资格证书的女性数量是男性的三倍。全国妇女和女孩教育联盟在2017年的一份报告中强调："男性参加非传统的课程，包括相对高增长和高收入领域的课程，如护理和律师助理等，可能是……不受鼓励的。"[36] 接着该联盟敦促运用经济激励手段来提升女性培训者在男性主导的职业与技术教育课程中的数量。这么做没问题，但反过来是否也可以？平心而论，这个联盟做的正是其名称所暗示的工作。反其道而行之的举措，就要由"全国男人和男孩教育联盟"来做。但并没有这样一个机构。

另一个重要的环节是让更多男性在大学和学院中教授这些专业。当94%的教授都是女性时，说服年轻男士们护理是他们可以从事的职业无疑非常困难。[37]有证据表明，女性选修女教授开设的"STEM"课程会获得更高的分数，在之后的学年中也更有可能选修更多这类课程，并以"STEM"学位毕业。[38]据我所知，还没有关于"HEAL"学科中男性教授的类似研究，但我们没有理由认为反过来不成立，尤其是考虑到对中学男教师的研究。

我们需要打破"女性教女性"的职业循环。一些强有力的平权运动在这里是合理的。我建议，在卫生和教育领域的教职候选人中，对男性和女性申请者的偏好应当是2∶1。在你向平等就业机会委员会举报我之前，你应该知道我并不是凭空捏造了这个数字。事实上，根据温迪·威廉斯和斯蒂芬·塞西的一项研究，目前"STEM"领域中女性终身教职教授受到了同等青睐。他们指出，"这些结果表明，如今正是女性在学术科学领域开始职业生涯的好时候"。[39]这是个好消息。但我们也需要对男性在"HEAL"领域开始学术生涯提供类似的激励。

金钱的力量

有时,向一个问题砸钱是个好方法。一系列基金会、社会团体和高等教育机构向从事"STEM"研究的女性提供数百种大学奖学金的理由正在于此。正如中学后奖学金信息最大集聚地奖学金网(scholarships.com)所说,"如果你正好是一名对科学专业擅长并感兴趣的女性,这对你来说可能是一个很好的机会"。[40] 比如,玛丽·居里奖学金向在圣玛丽学院———所位于内布拉斯加州奥马哈市的私立天主教女子学院——研习生物学、化学或数学的年轻女性提供 80 000 美元的奖学金。这项奖学金还得到美国国家科学基金会的支持,后者目前在这方面已经投入了大约 50 万美元。[41] 一个对此持怀疑态度的人会质疑这笔开销;毕竟,在玛丽·居里奖学金覆盖的学科里,女性目前在全美授予的学士学位中占据了很大一部分比例:生物学(64%)、化学(50%)和数学(43%)。[42] 不过我的观点并非应当减少吸引女性进入"STEM"领域的努力;而是认为我们应当以同样程度的努力鼓励男性进入"HEAL"领域。这两者是并行不悖的。

尽管存在女性在后中学教育阶段超越男性这个事实,却几乎没有专门为男性设立的奖学金，实际上也没有任何奖学金旨在鼓励他们进入"HEAL"领域。美国护理男性协会（American Association for Men in Nursing）提供了五项奖学金，总价值略高于 10 000 美元，并且这些奖学金主要面向已经开始从事护理职业的男性。还有一些奖学金是为准备进入教师行业的黑人男性和西班牙裔男性准备的，尤其是通过"叫我先生"（Call Me MISTER）项目。这个项目起始于南卡罗来纳州，现在已经有乔治亚州和得克萨斯州的教育学院加入，提供资金和学术支持。不过我们需要的不仅是黑人男性教师。我们在课堂中也需要更多西班牙裔男性。拉丁裔女性构成了白人女性之外在中小学教育阶段教师群体中增长最快速的群体，特别是在加利福尼亚州。根据芝加哥大学社会学家格伦达·弗洛里斯的研究，教师现在成为拉丁裔大学毕业生的职业首选。[43] 但在拉丁裔男性中并没有出现同等的趋势。基于像"叫我先生"这类项目的成功，我们现在需要一场更为广泛的运动，倾向所有种族和族群的男性。

"HEAL"行业的雇主也应当获得资助，以便鼓励他们雇用更多男性。同样，我们可以借鉴"女性进入'STEM'"运动。目前已经有一个不错的现成政策框架，即《劳动力创新和机会法案》（WIOA）。该法案将资金分配给劳动力发展项目，特别是为了帮助失业或低技能工人在快速增长的经济部门找到工作。[44] 在 2021 年，这个法案支出了 55 亿美元。[45] 许多支持女性的项目，包括"STEM"领域的，都是通过这项立法而得到资助。比如，得克萨斯州劳动力委员会强调，它将《劳动力创新和机会法》的资金用于女性赋能峰会（Women Empowered Summit），该峰会"赋予与会者能力、激励与启发，并丰富了她们的职业生活"；此外还有代码营（Camp Code），旨在"通过参加夏令营，提高中学女孩对于计算机编码和计算机科学的兴趣"。[46] 这同样非常好。但我尚未发现帮助男性进入"HEAL"职业的《劳动力创新和机会法案》项目。这是一个严重的政策盲点。

还应当为这项努力拨出一些专用资金。在这方面《STEM RESTART 法案》（STEM RESTART Act）提供了一个很好的范例，该法案在两党合作的基础上于 2021 年重新提交给国会。[47] "RESTART"代表着通过有针对性的援助、再就业和培训来恢复就业技能（Restoring Employment Skills through Targeted Assistance, Re-entry, and Training）。（我觉得这些举措真的想要这个首字母缩写。）该法案将修订《劳动力创新和机会法案》，并为已经离开"STEM"的劳动力或想要转变进入该领域的劳动者，每年提供额外的 5000 万美元的"再就业补助"或职业中期实习。这些授予的资金将支持为期 10 周的项目，使劳动者能够获得指导和培训，并特别关注"代表性不足的人群"，尤其是女性和少数族裔。我喜欢这个构想。但我也想要对这个法案稍作调整，将它重新命名为"STEM 和 HEAL RESTART 法案"，并拨款 5000 万美元用于帮助未被充分代表的劳动者，特别是男性，转行进入"HEAL"工作。

一些重要的行业，包括社会工作、咨询和教学领域，也有充分的理由提高工资水平。更高的工资有可能吸引更多男性进入这些岗位，同时也会帮助已经在这些岗位上工作的女性。今天中小学教师的工资和 21 世纪初是一样的。[48] 在一系列教师罢工后，乔·拜登总统在 2021 年告诉老师们："你们应当获得加薪，而不仅仅是表扬。"[49] 他希望通过"第一修正案项目"每年额外增加 200 亿美元的支出，以便为服务贫困学生的学校提供资助。但是用 150 亿美元，我们就可以给高度贫困的学校的每位教师加薪 10 000 美元。[50] 这在我看来是不需要动脑子的事情。

想象护士的形象

雷切尔·克拉顿和乔治·阿克洛夫在 2000 年创立了一个新的学术领域："身份经济学"（identity economics）。他们指出，个体决策不仅受到成本收益分析的确切数字的影响，也受到人类身份更个人化方面的塑造。"在一个充满社会差异的世界中，个体所作出的最重要的经济决策可能就是自己是何种人，"他们写道，"对于这项选择的约束，也会是经济行为、机会和福祉的重要决定性因素。"[51] 比如，打破既定的性别身份规范对于个体来说是有代价的。这就仿佛是一种威慑。一种维持规范的平衡被创造出来，进而产生了打破它的成本。或按照他们的表达，"$I_j = I_j (a_j, a\_j; c_j, e_j, P)$"。

克拉顿和阿克洛夫将他们的模型运用到劳动力市场的分化以及家庭中的无偿工作中。他们指出，女性主义减少了"身份丧失"，包括选择从事传统男性工作的女性，以及从事粉领工作或做家务的男性。克拉顿和阿克洛夫发表其论文的那一年，正值喜剧电影《拜见岳父大人》(Meet the Parents) 上映。电影的主题之一就是，本·斯蒂勒 (Ben Stiller) 饰演的主角是一位护士，另一个角色对他说，"能这样回报别人真是太棒了，我想抽时间做点志愿工作"。

二十年后，男护士的比例略有上升，从 10% 涨到 15%。[52] 但是从事护理工作的男性总是会受到歧视或被刻板印象所认知。科罗拉多州丹佛市的一位护士肖恩·罗杰斯 (Shawn Rodgers) 说："他们问我，你为什么会是一名护士，或者你怎么不去医学院？"[53] 他的经历很典型。男护士经常被刻板成见视为娘娘腔或同性恋，抑或仅仅是失败的医生。[54] 弗洛伦斯·南丁格尔 (Florence Nightingale) 从一开始就定下了基调，她在 19 世纪有效地创立了现代护理专业，反对男性从事这一行业，理由是他们"坚硬而长满老茧的手"不适合"触碰、清洗和包扎受伤的肢体，无论他们的内心有多么柔软"。[55]

从事教育工作的男性，特别是教授幼童的男性，甚至会遇到更为严重的污名化。华盛顿特区的一位幼儿园老师说："有的人假定，如果你是一位教授幼童的男性，你就在某种程度上是一个恋童癖、怪人变态抑或其他什么玩意儿。"[56] 吉尔·亚沃斯基在2019年的一项研究中发现，雇主中反对雇用男性进入女性主导的工作的性别偏见，要比反对女性进入男性主导的工作的性别偏见更为普遍。[57]

"HEAL"职业依旧是高度性别化的，电视节目和广告强化了某些职业与女性之间的联系。一项研究发现，当涉及人们在工作中的形象时，电视广告中的性别角色是最不平衡的。[58] 我们必须减少克劳迪娅·戈尔丁所说的附着在某些职业上的"性别光环"——尤其是现在女性主导的职业。[59] 但要怎么做呢？

榜样在这里至关重要。你无法成为你看不见的人。流行文化在此扮演着重要的角色。好莱坞和纽约数百万人消费的电视节目、广告和电影的决定，比华盛顿通过的任何法律都更能影响人们的行为。《威尔和格蕾丝》（*Will and Grace*）为婚姻平等铺平了道路。[60] 全球音乐电视台（MTV）的《16岁怀孕》

（16 and Pregnant）显著降低了少女怀孕率。[61] 节目和广告中有更多男性出现在"HEAL"职业的角色中，会有助于减少可能从事这些职业的男孩和男人的身份丧失。

我们还应当开展鼓励男孩和男人进入"HEAL"职业的全国性的社会营销活动，特别是在男性劳动者数量非常低的地区和领域。[62] 这么做的目的，用法学家凯斯·桑斯坦和经济学家罗伯特·弗兰克的话说，是创造"规范普及"（norm cascades）或"行为传染"（behavior contagion）。[63] 一旦获得足够的文化动力，规范和刻板印象就有可能迅速改变。出于显而易见的理由，我这里一直关注的"STEM"领域中的女性就是这方面的一个例证。不过你可能会觉得有关性少数群体和婚姻的舆论转变也是一个例证。

雇主还应当确保男性在招聘活动中占据醒目位置。早在2003年，俄勒冈护理中心就制作了一张引人注目的招聘海报，上面问道，"你有足够的男子气概……成为一名护士吗?"。广告海报里有9名护士，他们正如该中心的戴博拉·伯顿（Deborah Burton）的解释，"体现了我们社会中的男性特征"。这些护士中有一名前海军飞行员、一名自行车手、一名空手道冠军、一名橄榄球运动员、一名滑雪板运动员和一名前消防员。这次招聘引起了媒体关注。这当然是一次大胆的尝试，目的也完全正确。但是从全国男性招聘率来说，它似乎没有奏效。[64] 此外，这则广告似乎也变相夸大了对护士的刻板印象和对男性的刻板印象之间的对比。随后的研究表明，这种方法可能会适得其反，因为它凸显了心理学家所说的在男子气概和护理观念之间的"角色不一致"。[65] 阿姆斯特丹大学的行为科学家马尔奇·科廷厄姆对美国旨在吸引男性从事护理行业的营销材料展开了深入研究。他发现，一种更常见的方法，是将一些可能符合传统男性气质规范的元素（如男性从事运动或使用技术设备的图片）与对经济回报的猛烈强调结合起来，但与此同时还有其他图片强调工作的培养属性和以人为本属性。[66]

南佛罗里达大学的心理学家詹妮弗·博森（Jennifer Bosson）研究了男性对传统的女性工作的态度，她告诉美国国家公共广播电台（NPR）的尚卡尔·韦丹塔姆（Shankar Vedantam）："你可以把护理工作说成是非常男性化的职业。这是危险的。这是对身体的折磨。我们对护士的刻板印象——你知道，你可以改变这种刻板印象，把护理转变为一种看起来很男性化或适合男性的职业。"[67] 我认为"适合男性"是思考这个职业的正确方式。我们的目标不是让护理、社会工作、心理健康或教育看起来成为男性而非女性的工作，而是强调有许多机会能够同时提供给男性和女性。我们无须让男性感受到成为护士会在某种程度上增强他们的男子气概，只是要让他们觉得这么做不会减少男子气概而已。[68]

240 掉队的男人

我在这里提出的所有建议都需要制度性支持，有一些可能需要公共制度支持。正如美国国家科学基金会支持一系列女性进入"STEM"职业的举措一样，健康和人类服务部应当为男性进入护理行业、教育部应当为男性进入教师行业提供同样的支持。不过我们也需要致力于性别平等的慈善基金会将它们的资源投入到"HEAL"领域男性的事业中（梅琳达，你意下如何？）。我们需要公司来资助会议、督导项目以及开展营销活动。我们需要新的、资源充裕的非营利组织和游说组织，就像那些成功地让更多女性进入"STEM"领域的组织一样。

简言之，我们需要全国性的努力。正如我在本章所说，考虑到许多传统男性工作减少了，让更多的男性从事"HEAL"工作对他们自身的经济前景来说很重要。但我也希望能够说服你，这对社会也有好处。男性能够从事"HEAL"行业。

第十二章
父亲的新面孔：
作为独立社会制度的父亲身份

当手机上显示出孩子小学的号码时，无论在做什么，你都会接起电话。有很多次，为了接听这些电话，我妻子不得不从巴黎或纽约的商务会议中抽身出来。当她被告知我们的一个儿子生病或者受伤，需要她去接时，她会礼貌地提醒打电话的人，她丈夫是这种情况下的第一联系人。毕竟，我是全职老爸，距离学校只有一公里多远。（实际上，当这种情况发生三四次后，这种礼貌就芳踪无觅了。）最终学校明白了。不过这个事情提醒我们，虽然我们已经付出了巨大努力，但在更新我们的父亲身份模式方面还有更长一段路要走。汉娜·罗辛说："职业母亲现是常态。全职父亲仍是头版头条中的异类。"[1]

在本书第十章和第十一章，我为学校中的男孩以及劳动力市场中的男人所面对的结构性问题提出了一些解决方案。

现在我转向最具挑战性的问题,即重塑男性在家庭中的角色。在整本书中,我一直都在试图抵御言过其实的诱惑。总体来说,我认为有关"危机"的主张几乎总是夸大其词,通常都服务于特定的目标。但我确实认为,家庭中传统男性角色的丧失一直都是巨大的文化冲击,使得许多男性感到困惑震惊。狭隘且基于经济供养的陈旧父亲身份模式,不再适应一个性别平等的世界。它需要被一种含义更为广泛的父亲角色替代,后者包含更多的照顾性元素,并且在这点上与母亲是平等的。

这当然并不意味着父亲不再承担物质供养的责任。它只是意味着与母亲一同分担这个责任。同样,养育子女的情况也是一样的:这个责任能够且应当彼此分担。所以尽管这个问题中存在着巨大挑战,但也存在着拓展父亲之为父亲的确切意涵的巨大机会。

不幸的是,父亲身份没有成为严肃文化关注的议题,反倒沦为文化战的另一个受害者。进步主义者反对父亲发挥着独特作用这种看法,担心这会在某种程度上削弱母亲的地位或贬低同性伴侣。因此,他们拒绝任何可能带有"父亲权利"意味的提议。与此同时,保守主义者哀叹无父现象的流行,但他们只想恢复传统婚姻,在后者中男性和女性有清晰明确且彼此有别的角色。

对于一些政治右翼来说,甚至父亲身为养育者的观点似乎都具有威胁性。2021年10月，福克斯新闻（Fox News）主持人塔克·卡尔森攻击交通部长皮特·布蒂吉格（Pete Buttigieg）说："他们说他在休产假。"[2] 当丹尼尔·克雷格（Daniel Craig）被拍到抱着孩子时，皮尔斯·摩根对他进行了类似的攻击，他在推特上写道："哦007……想不到你也这样？! #幼儿#被阉割的邦德"[3]

露丝·巴德·金斯伯格有关平等社会的更与时俱进的看法，与此形成了鲜明对比。1975年，她在联邦最高法院成功地论证了温伯格诉维森菲尔德案（*Weinberger v. Wiesenfeld*）。在一致判决中，法院宣布在为照顾子女的遗孀提供社会保险的同时却拒绝为鳏夫提供社会保险，这是违反宪法的。金斯伯格说，这是她自己论证的案件中最令人自豪的，因为它提供了一个机会来增进"两位——而非只有一位——慈爱的父母对子女的抚养"。[4] 就金斯伯格大法官来说，成为一位女性主义者意味着支持父亲的同等权利。

在本章中，我会叙述父亲对孩子至关重要的证据，包括在某些方面与母亲所发挥作用极为不同的证据。接着我会描述一种新的家庭模式，在其中父亲和子女的关系独立于父亲和母亲的关系：直接的父亲（direct dads）。最后，我会勾勒一种支持直接父亲身份的政策议程，它包含着平等且独立的育儿假期、现代化的子女抚养制度，以及对父亲友好的就业机会。

这些政策旨在支持一种新型父亲身份模式的发展，以适应这个母亲不需要男人但孩子依旧需要父亲的世界。

父亲至关重要

大约在 50 万年前，父亲真正开始发挥作用。当时人类的大脑处于快速发展阶段。为了滋养刚刚生育孩子的母亲和他们的孩子，人类对食物特别是肉类食物的需求急剧增加。如人类学家莎拉·布拉弗·赫迪（Sarah Blaffer Hrdy）所说，从这一刻起，养育一个人从出生到营养独立大概需要 1300 万卡路里的热量。她指出："这远超一个女性自己所能够提供的。"[5] 如果父亲想让他们的孩子活下去，就必须留下来供养他们。于是父亲们这样做了。父亲身份是进化选择的产物。人类学家及《爸爸 50 万岁》一书的作者安娜·梅钦写道，就其本身来说，"父亲不仅仅是母亲的附属、偶然出现的保姆或拎包的人。他们是 50 万年进化的结果，且依旧是人类历史的重要组成部分"。[6] 梅钦观察发现，尽管父亲和母亲可以做许多同样的事情，但是父亲与两个独特贡献有关，这就是"保护和教导"。当然，在不同社会语境中它们的表达是不同的。在 21 世纪的纽约市"保护"你的孩子，与在 50 万年前的热带草原上，是截然不同的。

父亲影响子女幸福的方式不同于母亲，却同等重要。[7] 从心理健康、高中毕业、社会技能、文化水平，到青少年怀孕、犯罪和吸毒风险的降低，这一系列结构都与尽责的父亲密不可分。[8] 父亲尽责且给予支持的三岁孩子，会在认知发育测试中获得更高的成绩。[9] 佐治亚州的一项研究发现，在考虑到健康状况和社会经济背景的差异后，出生证明上没有列出父亲（代表着父亲的参与程度）的儿童的死亡率是其他儿童的两倍。[10] 这里很难确定直接因果关系：我们很难以社会科学的名义在孩子的生活中随意移除或添加父亲。但正如哈佛大学学者马克·格劳-格劳和汉娜·莱利·鲍尔斯所说："与早先几十年的情况不同，现在尽责的父亲的重要性是不可忽视的。"[11]

2016 年，教育学者威廉·杰恩斯在综述有关为人之父的关系和结果的研究时总结说，"在养育子女时，父亲的角色是独一无二的，并且可以在类型上与母亲在养育子女时的角色区分开"。[12] 这对我们大部分人来说并不是爆炸性新闻。根据皮尤研究中心的一项调查，大部分人（64%）认为，男性和女性在养育子女方面有不同的方式，并且这些人中几乎所有人（89%）都觉得这是一件好事，或者说无关好坏。[13] 我想起了宝琳·亨特在 20 世纪 70 年代对英国一个村庄的家务劳动进行的经典民族志研究。她发现，无一例外，男人擦窗户的外面，而女人擦窗户的里面。[14] 这里存在着明确但平等的劳动分工，或许也有工作任务的一定程度的专业化。不过最终重要的是，窗户明亮洁净。

……尤其是对青少年

我们中有许多人认为，青春期是一个需要青少年和父母共同熬过的阶段。但现在越来越多人认识到，青少年时期其实是一个至关重要的发育时期。如美国国家科学、工程与医学院在 2019 年的报告中指出的，"青春期的适应可塑性（adaptive plasticity）体现为青春期是一个通往改变的机遇窗口，抗压机制、恢复机制和发展机制都由此而成为可能"。[15]

在这一时期，父亲发挥着尤其重要的角色。与先前养育和依恋构成核心的阶段不同，青春期是孩子寻找自己的立足点、试探边界以及开始走自己路的时期。特拉华大学人类发展与家庭研究教授罗伯·帕科维茨指出，父亲"在激励孩子向世界敞开怀抱方面发挥着尤为重要的作用……鼓励他们冒险并捍卫自己的权利"。[16]

比如，与自己十几岁的孩子关系密切的父亲有助于减少孩子们有害的冒险行为。父亲尽责的青少年犯罪率较低。[17] 这些效果似乎也有长期影响。与自己父亲关系亲密的 16 岁女孩，在 33 岁时的心理状况要更健康。[18] 父亲的尽责也预见了青春期

第十二章 父亲的新面孔：作为独立社会制度的父亲身份　247

时更好的学习成绩。[19] 父亲的教导角色似乎确实在这段时间内发挥着重要作用。梅钦写道:"西方国家中的许多父亲在子女的童年晚期和青春期开始真正进入角色,特别是在开始教导他们子女的时候。这是在让子女准备好进入广阔天地时至关重要的角色。"[20]

总体来说,就如社会学家凯文·谢弗在他的著作《这么亲密却那么疏远:在加拿大与美国做父亲》中所写:"从子女出生到青春期,父亲的尽责会带来实质性的好处。"[21] 当然,这里的一个重要问题是,父亲的贡献在多大程度上不同于母亲,或任何性别的第二家长?社会学家戴维·艾格贝恩运用"全美青少年到成人健康的纵向研究"——一项对美国 20 000 名年轻成年人的代表性调查——讨论了这个问题。他考察了父亲和母亲的投入如何影响了他们十几岁孩子的心理健康、犯罪行为以及公民参与。四分之一的父母投入是没有影响的,剩下的父母投入的影响可能是叠加的、多余的或唯一的。叠加投入指的是父母双方的影响都是积极且相同的,42%属于这一类。多余投入指的是第二个家长的投入没有额外效益,这类占比12%。剩下的22%是唯一投入,指的是积极影响只来自父亲或母亲。特别是艾格贝恩总结说:"父亲似乎尤其会通过自身的人力资本对其子女的幸福有独特贡献,而母亲则是通过自身的可及性和亲密性而对子女有独特贡献。"[22] 父亲教导,母亲照顾。艾格贝恩的结论很有说服力。他表明父母对于自己青春期子女的幸福的贡献在很大程度上是重叠的,并且两人合力要比单打独斗好。但是他也指出,父亲和母亲都为养育事业带来了独一无二的一些要素。

这里值得注意的是,所有这些研究衡量的都是父母和孩子之间关系的质量:时间、参与度、投入度、亲密度,等等。从这个角度来说,将父亲二分为"在场"或"不在场",仿佛他们的角色可以仅仅通过露面来衡量,是没有什么意义的。重要的是父母与子女的关系。[23] 如研究男子气概的学者威廉·马西略和约瑟夫·H. 普莱克所说,如果我们将"不在场"的父亲"从物理意义的不在场扩展到心理学意义的不在场",这个概念甚至就变得更为复杂。[24] 一项研究发现,与非常住父亲关系亲密的青少年的表现,要比那些与常住父亲关系疏远的孩子更好,这是通过更高的自尊、犯罪率和心理健康来衡量的。[25] 好父亲无须与孩子一同居住。关系才是最重要的。

直接的父亲

父亲对孩子来说很重要,无论他们是否和母亲在一起。这样做的目的是强化父亲作为其子女的直接养育提供者的作用,无论他们是否结婚甚或与子女的母亲生活在一起。这里有政策发挥作用的空间,我稍后会谈到这一点。但显而易见的是,无论是男性还是女性,都需要进行重大的文化转型。

凯瑟琳·埃丁和蒂姆·尼尔森耗时7年访谈了费城和新泽西州卡姆登市低收入街区的110位父亲,他们大部分人都是单身。在2013年出版的著作《尽我所能:城市中心的父亲身份》中,他们指出,大部分父亲想要参与到自己子女的生活中,但是受到如下因素阻碍:自身问题(贫困、心理疾病以及犯罪)、主要是想收钱的法律和儿童抚养制度,以及行为如同子女的"守门人"一样的母亲。[26] 在很多方面,黑人父亲都具有代表性。他们现在更有可能被归类为非常住父亲(44%,而在白人父亲中这一比例是21%)。[27] 但与非常住白人父亲相比,他们也更有可能以不同方式参与子女的生活,包括辅导作业、带他们参加活动以及在日常生活中与他们联系。[28] 正如一项研究所得出的结论:"黑人非常住父亲……要比西班牙裔和白人(非常住)父亲更频繁地分担责任并表现出更有效的共同抚养状态。"[29]

如我在本书第三章所说,基于传统家庭角色的过时的父亲心理模式与现代社会和经济现实之间存在着巨大的脱节。在一个女性经济独立的世界里,父亲身份与以往一样重要,但必须以全新面目示人。好消息是,父亲可以扮演一个更令人满意的角色,与孩子的关系更加亲密。坏消息则是,在我们社会的大部分地区，男性距离能够担当起新父亲的角色还有很长一段路要走。

支持新的直接父亲模式的政策议程包含三个核心要素。其一，平等且独立的带薪休假资格。其二，改革儿童抚养制度。其三，父亲友好型就业机会。我将依次加以论述。

父亲的带薪休假

父亲和母亲都应该具有为每个孩子带薪休假六个月的法定权利。理想状况下，这个休假应提供100%的工资替代，最高可达收入的中位数，由雇主和雇员缴纳的更高社会保障费用来支付。在我的整个职业生涯中，我一直在为父亲和母亲的同等休假而呼吁，不过这里提出的具体建议与学者珍妮特·戈尼克和玛西亚·迈耶斯在2009年的一篇文章《支持亲子关系与雇用关系中性别平等的制度》非常吻合。戈尼克和迈耶斯的目的是创设一系列制度，使父母能够真正在子女身上投入时间，同时又可以推动性别平等。他们的目标是一个"双人工资/双人抚养"（dual-earner/dual-caregiver）的社会，其中"父亲和母亲对家庭的贡献是对称的"。[30] 我赞同这些主张。

这看起来是一个相当激进的提议，原因有三。其一，六个月的带薪育儿假似乎是很长一段时间，只与欧洲少数几个国家的规定相当。其二，100%或与此比例接近的替代工资似乎过于慷慨。其三，专门为父亲提供的六个月"不用便作废"的假期（意味着父亲和母亲之间不可转让）是目前任何国家都没有提供过的。我会简要地辩护这三个特征。

六个月的假期是必要的，这样父母就可以在不丧失与劳动力市场关联的条件下与孩子度过重要时光。考虑到双职工家庭是现在的常态，老实说，我认为六个月是一个温和的主张。由于女性大量成为劳动力人口，我们的劳动力市场已经发生了根本性变化，可是我们的福利制度却像什么都没有发生过一样维持着。正如经济学家希瑟·布歇所说："工作世界与家庭需求似乎总是彼此冲突——这种情况已经延续了几十年。"[31]

慷慨的工资替代也是需要的，这样父母双方就都能够真正休假。父母给出的无法带薪休假的最常见理由，就是他们无法承受收入下降。[32] 经济资源最少的父母往往在想照顾孩子的时候，却面临着让他们返回工作岗位的最严重的经济压力。在州层面有一些令人鼓舞的举措：比如，俄勒冈州的十二周带薪休假为收入达到州平均工资三分之二的劳动者提供100%的替代工资。[33] 同样值得一提的是，经济合作与发展组织的十五个成员国现在专门为父亲休假提供了90%或更高的替代工资，尽管休假长度要比我这里倡导的六个月短很多。[34]

最后，给予父亲不可让渡的育儿假期，会鼓励并允许男性在家庭战线上成为平等的伴侣。为了支持一种更直接的父亲身份模式，我们需要将育儿休假理解为一种个人利益而非家庭利益。有证据表明，提供只限于父亲的"不用便作废"的假期政策在很大程度上增加了父亲休假的比例。[35] 不过这里重要的是，要诚实地面对这种做法的代价。只有在父母双方都休假时才可以休全额假，会涉及挪威社会学家阿恩罗格·莱拉（Arnlaug Leira）所说的"温和的结构性强制"。[36] 一种替代性主张是给予十二个月的带薪休假，并且允许父母双方按照选择进行共享。一个折中立场是给予父亲比母亲稍短的专属假期，这是像挪威这样的国家以及加拿大魁北克地区采用的方案。在我的职业生涯中，我在这个问题上的观点已经转变过两次。一个具体的担忧是，父亲很少或没有与子女接触的家庭只能获得六个月的休假，同时这些家庭主要都是低收入家庭。

不过我现在认为，如果我们认真对待拓展父亲角色这件事，同等休假是至关重要的。政策制定者需要发出的信号是，父亲的抚养与母亲的抚养一样重要。任何未能实现完全平等的政策都会损害这一信号。我还认为，除非父亲开始从劳动力市场中抽出更多的时间，否则缩小收入性别差距的进展就缓慢得令人痛苦。[37] 这一点是无法避免的：如果我们想要工作中的平等，我们就需要在家庭中实现平等。

但这种平等不需要每天甚至每年都测量。当你有小孩的时候，人们会说"不知不觉他们就长大了"。无意冒犯我的儿子们，我深爱着他们，可是这绝非我的感受。有时候我觉得时间完全静止了。为人父母是一条漫长的道路。平均每对夫妇都有两个孩子，他们之间的年龄间隔为 2~3 岁。这意味着所有孩子从出生到成年需要大约 20 年的时间。因此，我想对戈尼克和迈耶斯的计划做出的修改是，提供给父母的带薪休假一直到孩子 18 岁生日，而非他们提议的 8 岁。这在一定程度上是因为我为这一点概括的证据：青春期是一个重要的发育阶段，且往往会在公共政策中受到忽视。有关带薪休假或弹性工作的讨论往往会假定，为人父母者的主要任务在孩子进入学校时便告一段落了。

我赞同戈尼克和迈耶斯的目标，即"父亲和母亲对家庭的贡献是对称的"。不过重要的是，这种对称可以在几十年中而非几年中实现——如果你愿意的话，可以称之为异步对称（asynchronous symmetry）。格美特（The Grommet）的联合创始人与前任首席执行官朱尔斯·皮耶里（Jules Pieri）认为，家庭生活是一种"芭蕾舞"，她和自己的丈夫"轮流担任主角"。[38] 这也是我妻子与我的情况（不过我认为这很少让我有芭蕾舞的感觉）。即使有平等的带薪假期，母亲们也很可能会选择在最初的几年里承担更多的照顾工作。即便近几十年来女性就业人数大幅增加，大多数有 3 岁以下孩子的母亲要么离开劳动力市场，要么从事兼职工作。[39] 总体来看，这似乎是一种选择；超过一半从事兼职工作的母亲（54%）说，这是她们人生这一阶段的偏好，14% 的母亲表示她们根本不希望从事有薪工作。[40]（剩余 33% 的母亲愿意从事全职工作。）*

我的观察是，只要父亲在其他方面同样努力，母亲很少会因为父亲在孩子很小的时候没有承担直接育儿责任的一半任务而感到生气。她们真正会生气的是，许多年后父亲承担的责任依旧少于他应当承担的份额。这是因为，母亲擅长母乳喂养 3 个月大的孩子，并不意味着她们也善于为 13 岁的孩子预约牙医。女性主义作家玛丽·戴利（Mary Daly）礼貌地称之为"家庭时间的性别政治"。[41] 我已经提出证据表明，在抚养青少年方面，父亲实际上可能具有某些独特的优势，并且我能够想象一种社会规范的发展，根据该规范，母亲和父亲对于养育子女都有广泛的同等贡献，只是时间不同。小孩子给妈妈，青少年给爸爸？

---

* 此处应该是约数，可能原始数据有小数点，查这个数据引用源，数字就是如此。作者无误。——译者注

抚养子女——金钱、监护与照顾

凯瑟琳·埃丁和蒂姆·尼尔森在《尽我所能》一书中写道："实际上规制这些父亲生活的每种法律和制度安排都告诉他们，他们就是付薪水的支票，仅此而已。每时每刻，当一个未婚的男人想要成为父亲而不只是爸爸时，都会被一套制度拒绝，这个制度一只手把他推到一边，另一只手却伸进他的口袋。"[42]

管理家庭生活的法律完全跟不上社会的步伐。当父母结婚时，他们对孩子的权利和责任是得到明确界定的。如果他们离婚，就有一个法律机构来决定监护权的安排、探视权和经济义务。当然，离婚夫妇之间往往会有冲突，但至少他们每个人对于自己的孩子都有合法的地位。近几十年来，家事法已经朝着离婚更加平等的方向转变。法院现在有义务在确定监护权时平等对待父母双方，并且如今通行的法律标准是孩子或孩子们的最佳利益，因此出现了向共同监护制度的戏剧性转变。在一项针对威斯康星州案例的研究中，玛丽亚·康西安和其他人发现，母亲获得单独监护权的比例从1986年的80%下降到2008年的42%。平等监护制度（孩子与每位家长相处的时间相同）的比例从5%上升到27%。如康西安和她的合作者所说,"从母亲单独监护到共同监护的转变引人注目"。[43] 从全美来看,在分居或离婚后,父亲陪伴孩子的时间约为三分之一。[44] 这些趋势都是极为积极的。法律的默认状态应该是共同监护,孩子应尽可能地与每位家长相处同样的时间。

问题在于缺乏有关未婚父母的类似法律。在美国各州,未婚妈妈被推定为唯一具有监护权的家长。未婚父亲必须首先证明父亲身份(这一点在已婚伴侣中已经得到假定),进而要提出探视和监护的请求。对于许多父亲来说,这可能是一个艰难的过程。与此同时,母亲可以选择禁止所有可能性。不过,无论是否享有探视权,未婚父亲通常都有义务支付子女抚养费,这往往是低收入父亲尤其需要努力达到的水平。[45]

离婚的夫妇通常会把自己的安排视为一个单一过程的一部分。但是对于未婚父母来说,抚养孩子的支出是被视为完全独立于监护权和探视权的。已婚父亲被视为一种三维存在,但未婚父亲就被视为行走的提款机。在 2020 年,子女抚养费收集了 380 亿美元,还有大概 1150 亿美元处于拖欠状态。[46] 从父亲那里收集的钱款甚至没有用来抚养他们的孩子。这些钱流向政府,用来帮助抵消福利支出,特别是"贫困家庭临时救助"项目,这削弱了对整个制度的支持。而在科罗拉多、明尼苏达和佛蒙特这三个州,抚养孩子的所有经费都流向了家庭而非政府。是其他州效仿这一做法的时候了。[47] 正如一位苦苦挣扎的父亲告诉蒂莫西·尼尔森（Timothy Nelson）的那样，"无论我创造了什么，我都会放弃。我尽最大努力成为一名好父亲，尽我所能提供最好的东西，甚至不惜牺牲自己。（我）祈求并希望事情能有所改变，（但是我）厌倦了长期处于底层而无法再看到顶端"。[48]

子女抚养费的确定应该更多地考虑父亲的支付能力，并考虑到他们的非金钱贡献，包括对子女的直接照顾。比如，俄勒冈州有一个"育儿时间抵免"，如果无监护权的家长花更多时间照顾孩子，该项目就会减少他们所支付的子女抚养费。[49]长期目标应当是将有关未婚父母抚养孩子的决定纳入确定监护权和探视权安排的法律程序中。埃丁和尼尔森写道："如果我们真的相信性别平等，我们就必须找到一种方式来尊重父亲与其孩子建立联系的努力，就像我们对母亲所做的那样——赋予其责任的同时也赋予其权利。"[50]

父亲友好型工作

社会学家彼得·威尔莫特和迈克尔·杨（因发明了"精英统治"这个词而闻名）在他们出版于1973年的著作《对称家庭》中写道："到了下个世纪——1970年的先驱者已经站在了队伍的前列——社会将从（1）妻子和丈夫各有一份要求很

高的工作，转变为（2）妻子有两份要求很高的工作和丈夫有一份要求很高的工作，再到（3）妻子和丈夫各有两份要求很高的工作。这个对称将会实现。"[51]

嗯，某种程度上的确如此。我认为很多女性会说进入21世纪20年后，我们一直停留在阶段（2）。这在一定程度上是因为劳动力市场制度尚未适应一个没有妻子——这儿指的是没有全职照顾家庭的妻子——的世界。值得强调的是，在杨和威尔莫特的对称乌托邦中，标准的工作周将会被缩短到只有3天，留下4天给家庭与休闲。你可能已经注意到这至今尚未发生。在过去半个世纪中，美国的平均工作时长实际上几乎没有下降。[52] 三分之二的家庭是父母双职工。[53]

无论我们是否愿意，家庭现在是一种劳动力市场制度，而劳动力市场是一种家庭制度。但是目前来说，只有家庭发生了改变。男人、孩子以及女人都改变了自己的生活与安排，以适应市场工作几乎毫无变化的要求，适应"标准"工作日和通常的职业路径。我支持增加儿童保育机会，并提供课后俱乐部等措施。[54] 但是我的确担心，公共政策的目标似乎常常是创造对工作友好的家庭，而非对家庭友好的工作。克劳迪娅·戈尔丁写道："我们已经进入了一个男性和女性在经济方面平等的前所未有的时代，但是……我们的工作和养育结构是过往时光的残余，在当时只有男性能够同时拥有家庭和事业。"[55]

母亲们现在最痛苦地陷入了这个陷阱。但我们不应当假定父亲可以接受这种代价。认为自己在孩子身上花的时间太少的父亲是母亲数量的两倍（46%对比23%）。[56] 我有关带薪休假的建议是减轻这些紧张的一个方法。但是工作也必须做出改变。更多的弹性工作、兼职工作或居家工作的选择，至少能够减少在挣钱养家和养育子女之间的权衡。疫情期间我们大规模转向远程工作，是实现工作现代化的一个前所未有的机会；这个机会能否被把握住还有待观察。我希望如此，特别是从父亲的角度出发；三分之二的父亲认为，疫情使得他们与子女的关系更加亲密。[57] 令人惊讶的是，根据一项研究，疫情期间弹性工作的机会似乎使得男性比女性更加受益。[58]

除了日常性质的工作要更有弹性，职业阶梯也需要更为现代化。对于许多父母而言，减少投入到有薪工作的时间，不只意味着收入的暂时下降，还会永久性地损害职业前景。这个问题在戈尔丁所说的"贪婪的工作"（greedy jobs）中表现得更为严重。这些工资为投入漫长和不可预测的时间提供了丰厚的经济回报。法律、金融和管理咨询都是很好的例子。[59] 如果你想要升职，就不能休息。在这种情况下，父母中有一方继续在职业阶梯中最大化收入，而另一方退下来更多地照顾家庭就是合理的。通常，这分别对应着父亲和母亲。这些行业的职业结构不仅刺激了父母之间的明确劳动分工，还在事实上加强了这一分工。因此，这些行业成为收入性别差距最大的行业，就不足为奇了。从事法律和金融工作的女性的收入仅为从事该行业的男性的77%。从密歇根大学毕业、获得法学学位15年后，五分之四的男性每周至少工作45个小时，而女性的工作时间只有男性的一半。近四分之一的女性从事兼职工作，而男性中这一比例仅为2%。[60]

但这种情况绝非必然。存在着依旧支付高薪且不贪婪的职业，包括工程、技术和制药。并非偶然的是，这些行业也是收入性别差距更小的行业。将工作时长考虑在内，女性药剂师的收入是男性药剂师的94%。[61] 所以药剂行业做对了什么而法律和金融仍旧错着？主要的不同就是，药剂行业中一个药剂师取代另一个药剂师要容易很多。我们当中有多少人会介意走进药房取药时遇到的是不是同一位药剂师？可是我们对律师或金融顾问的感受不同。但重要的是别忘记，药剂师过去也是如此，也拥有与此相应的收入性别差距。企业合并和技术进步的结合，使得信息在药剂师轮班时从一个药剂师转移到另一个药剂师成为可能。重要的是，这意味着药剂行业的兼职工作几乎不存在小时工资惩罚。随着工作时间的增加，收入几乎呈线性增长。这就是戈尔丁会将药剂行业称为"最平等的职业"的原因。[62]

法律、金融和咨询可以遵循药剂行业的路径吗？技术会有所帮助，方式就是极大地降低在面向客户的员工之间传递信息的成本。一些金融公司、咨询机构和律所已经朝着正确的方向采取了一些温和的措施，比如减少周末工作时间，坚持让员工享受假期津贴，并允许更多的兼职选择，诸如一周工作4天。[63] 2016年，亚马逊宣布建设这样的团队，即包括领导在内的所有成员能够每周工作30小时，领取目前工资的75%。[64] 在此，以同样薪资比例选择兼职工作很重要——但至关重要的是确保发展和升职的机会不会丧失。在"贪婪的工作"与"妈咪赛道"之间，有一种工作方式——让我们称之为"普通人赛道"——允许在职业生涯的不同时期灵活地承担家庭责任，同时又不错失在未来的重要机遇。

但我认为，我们应当现实地看待如何才能改变这些不利于家庭的职业，那就是让有天赋的劳动者离开这些职业。大雇主们发现，特别是在年轻员工中，对更好地平衡工作和生活的期望正在迅速上升，在许多调查中它仅次于对薪水的期望。[65] 行业中女性人才的流失推动了一些补救性措施。但只要男性依旧愿意投入漫长且往往是不可预测的时间，结构性改革的前景就依然黯淡。有很多关于工作场所"文化变革"的必要性的讨论。这无疑非常重要。但是大多数美国男性表示，在他们的工作场所中有一条"未明言的规则"，那就是父亲不应该休完育儿假。[66]

"贪婪的工作"所处的行业不仅需要一种新风气，它们还需要重新设计。我把这些变革描述为推动"父亲友好型"就业。当然，将它们描述为"父母友好型"是更准确的。短期来看，它们实际上对母亲最有帮助。但我选择这个标签是有意为之。一份要求男性长时间工作以获得高额薪水的职业，并不是父亲友好型的，至少不是我认为的父亲身份现在必须得到定义的方式。即使它能够让一个男人承担养家糊口的角色，这也是以其身为人父的角色为代价的。这正如新美国基金会（New American Foundation）主席安妮-玛丽·斯劳特（Anne-Marie Slaughter）所警告的，如果我们继续将"抚养问题"界定为"女性问题"，那么在这方面取得进展就会很缓慢。[67]

对我们当中有幸成为父亲的人来说，父亲身份是我们身份的核心组成部分。我在这里提出，父亲身份现在需要成为一种更广泛的社会角色，一种不同于母亲身份但与之同等重要的角色。亲社会（pro-social）的男子气概不再意味着必须结婚或必须成为养家糊口的主要角色。但它的确要求男性全身心地投入父亲的角色之中。

结语

当你和别人提到自己正在写作一本书时,他们通常会问这本书的主题是什么。有时你会看到,当你在描述自己的计划时,他们就后悔提出了这个问题。(很遗憾地说,当我以极大的热情谈论我为19世纪哲学家约翰·斯图尔特·密尔写的传记时,这种情况常常会发生在我身上。)但这本书却没有这样。一次都没有。我常常没有时间全盘描述完自己的观点,对话者就开始分享他们自己的经历、观点,当然还有焦虑。我发现许多人真的很担心男孩和男人,包括他们自己生活中的男孩和男人。妻子们担心自己的丈夫找不到体面的工作。十几岁男孩的母亲正在组建非正式的支持小组,以便相互帮助度过高中的艰难时光。年轻女性对约会市场上毫无方向的男性感到沮丧。

尤其令我惊讶的是,即使是与我交谈过的最坚定的女性主义者,似乎也更担心她们的儿子而非女儿。我想了解这是否是一种普遍的现象。在2020年,为了找到答案,我在美国家庭调查中添加了几个问题，这是一项 3000 多人参与的年度调查。结果确实如此。父母通常更担心儿子而非女儿能否"长大成为成功的成年人"。[1] 但是，最担心他们儿子的是自由派的父母。私人层面，人们对于男孩和男人有深深的焦虑，但这种焦虑却尚未找到一个有效的公共出口，我写本书的一个目的就是试图弥合私人与公共之间的鸿沟。我们担心男孩和男人是正确的，因为他们作为学生、作为劳动者以及作为父亲正面临着现实的挑战。正如父母希望自己的子女都能幸福，我们也希望所有公民同胞都能幸福。

为男孩和男人做更多的事情，并不要求放弃性别平等的理想。实际上，前者是后者的自然延伸。作为一场自由主义运动，女性主义的问题并不是它"走得太远了"，而是它走得还不够远。女性的生活已经得到彻底重塑，但男性的生活却尚未如此。如我在本书前言中所说，在后女性主义世界中，我们需要一种有关男子气概的积极看法。作为一种文化，我们也需要成长到足够成熟，认识到巨大的改变，甚至是积极的改变，都会产生诸多影响。处理这些问题不仅是可能的，而且是必需的；这就是进步的本质。在本书所说的情形中，这意味着改革不再适合男孩的教育制度，帮助男性适应传统男性角色丧失所导致的真正错位。我们必须从两个方向入手应对特定于性别的挑战和不平等。

结语

目前，我们在这方面明显缺乏负责任的领导。政治已经变成了堑壕战，双方都担心损失，哪怕是最微不足道的阵地。当妈妈和爸爸担心他们的孩子时，我们的领导人却为他们的党派立场所困。进步主义者认为，任何为男孩和男人提供更多帮助的举动，都分散了为女孩和女性权益斗争的注意力。保守主义者认为，任何为女孩和女人提供更多帮助的举动，都受到压制男性这一欲望的推动。我的希望是，远离部落政治的愤怒与喧嚣，我们可以逐渐达成共识：我们的男孩和男人中有许多人都身陷现实的困难，这不是他们自己的问题，他们需要帮助。

致谢

启发本书的对话和争论已经持续了几十年之久,这涉及数不清的朋友、亲人与同事。在此我不会详列他们所有人的名字。不然名单会很长,而且他们也清楚自己对于我的意义。我同样感谢解答我的困惑、阅读本书部分章节甚至全部内容以及给予我反馈的诸位学者。同样,你们明白自己之于我的意义。谢谢你们。不过,我必须特别提及两位。首先是感谢彼得·布莱尔,他简直是完美的评审人——充满建设性的批判、具有实质价值的帮助以及像每位学者应当希望成为的那样坦率真诚。其次是感谢贝莱·索希尔,他最初将我引入布鲁金斯学会这个与我志趣相投的团体,并在此后一直都是我真正的朋友与同事。我也想向布鲁金斯学会许多研究者表达感激之情,他们同我一起辛苦工作,毫无怨言,表现优秀且专业:比昂德·登、寇拉·法勒、蒂凡妮·福特、阿里尔·格鲁德·希罗、法里哈·哈克、阿什莉·马席欧立克、克里斯托弗·普尔利曼、汉娜·范·德里、摩根·韦尔奇,以及特别是恩贝尔·

史密斯。同样也感谢史密斯·理查德森基金会帮助我抽出时间写作本书。

最重要的是,我无法用言语表达我对艾丽卡·豪弗的爱与感激,她是与我相伴二十三载的伴侣和妻子。我知道这很老套,但你的确让我成了一个更好的人。你也让这本书变得更棒。谢谢你!

注释

前言

1. U. S. Bureau of Labor Statistics, *Highlights of Women's Earnings in* 2020, BLS Reports, September 2021. 收入比值基于2020年16岁及以上的全职工资（wage）劳动者和固定薪资（salary）劳动者的通常每周收入的中位数。

2. National Center for Education Statistics, U. S. Department of Education, "Degrees Conferred by Postsecondary Institutions, by Level of Degree and Sex of Student: Selected Years, 1869-70 through 2029-30," (July 2020).

3. National Center for Education Statistics, U. S. Department of Education, "Degrees Conferred by Postsecondary Institutions, by Level of Degree and Sex of Student: Selected Years, 1869-70 through 2029-30," (July 2020).

4. Sarah A. Donovan and David H. Bradley, *Real Wage Trends*, 1979 *to* 2019 (Congressional Research Service, 2020).

5. Lindsay M. Monte, "'Solo' Dads and 'Absent' Dads Not as Different as They Seem," U. S. Census Bureau, November 5, 2019.

6. Joint Economic Committee, *Long-Term Trends in Deaths of Despair*, Social Capital Project Report 4-19 (September 2019). 参见数据附件。

7. U. S. Bureau of Labor Statistics, "Earnings by educational Attainment and Sex, 1979 and 2002," *Economics Daily*, October 23, 2003. Adjusted to 2020 dollars using CPI-U-RS; U. S. Department of Labor, Women's Bureau, "Median Weekly earnings by educational Attainment and Sex (Annual)." 注意收入指的是25岁及以上高中毕业但未上过大学的全职工资劳动者和固定薪金劳动者群体中的数字。

8. "Men Adrift: Badly Educated Men in Rich Countries Have Not Adapted Well

to Trade, Technology or Feminism," *The Economist*, May 28, 2015.

9. Camille Busette, "A New Deal for Poor African-American and Native-A Boys," Brookings Institution, March 14, 2018. 注意她包括了美国原住民的男孩和男人，而我在这里关注的是黑人男孩和男人。

10. Sherry N. Mong and V. J. Roscigno, "African American Men and the Experience of Employment Discrimination," *Qualitative Sociology* (2010).

11. Susan Faludi, *Stiffed: The Betrayal of the American Man* (New York: HarperCollins, 1999), p. 40.

12. Timothy J. Bartik, Bard J. Hershbein and Marta Lachowska, "The Merits of Universal Scholarships: Benefit-Cost Evidence from the Kalamazoo Promise," *Journal of Benefit-Cost Analysis* (2016), p. 406; Timothy J. Bartik, Bard J. Hershbein and Marta Lachowska, "The Effects of the Kalamazoo Promise Scholarship on College enrollment, Persistence, and Completion," Upjohn Institute Working Paper 15-229 (December 2017), p. 51.

13. 根据2020年盖勒普民意调查。See Jeffrey M. Jones, "LGBT Identification Rises to 5.6% in Latest U.S. Estimate," Gallup, February 24, 2021.

14. Simone de Beauvoir, *The Second Sex* [1949], trans. H. M. Parshley (New York: Alfred A. Knopf, 1953), p. 3.

15. 感谢约瑟夫·亨利希有一次在我播客（*Dialogues*, in June 2021）的对话中帮我想到这个表述。

第一章 女孩为王

1. Carol Frances, "The Status of Women in American Higher Education," *Sociology and Anthropology* (September 2018), pp. 696, 698.

2. "The Weaker Sex," *The Economist*, May 7, 2015.

3. Hanna Rosin, *The End of Men: And the Rise of Women* (New York: Penguin, 2012), p. 149.

4. National Center for Education Statistics, Digest of Education Statistics 1990, p. 232.

5. National Center for Education Statistics, "Degrees Conferred by Postsecondary Institutions, by Level of Degree and Sex of Student: Selected Years, 1869-70 through 2029-30," *Digest of Education Statistics*, Table 318.10.

6. National Student Clearinghouse Research Center, "Current Enrollment Term Estimates: Fall 2021," January 13, 2022.

7. Stephanie Riegg Cellini, "How Does Virtual Learning Impact Students in Higher Education?," Brookings Institution, August 13, 2021.

8. John F. Helliwell and others, *World Happiness Report* 2021 (New York: Sustainable Development Solutions Network, 2021).

9. OECD, "Finland: Student Performance (PISA 2018)," Education GPS, 2018.

10. OECD, "Are Boys and Girls Ready for the Digital Age?," *PISA in Focus* 12 (January 2012).

11. "Men Adrift: Badly Educated Men in Rich Countries Have Not Adapted Well to Trade, Technology or Feminism," *The Economist*, May 28, 2015.

12. Julia B. Isaacs, "Starting School at a Disadvantage: The School Readiness of Poor Children," Brookings Institution, March 2012, fig. 7, p. 9. 挪威的一项研究也发现，5岁时，有一半以上的女孩已经掌握了拼写单词，但是在男孩中，同样的里程碑要在6岁后出现。Ragnhild E. Brandlistuen and Others, "Gender Gaps in Preschool Age: A Study of Behavior, Neurodevelopment and Pre-academic Skills," *Scandinavian Journal of Public Health* (July 2021).

13. National Center for education Statistics, "Percentage of Students at or above Selected National Assessment of Educational Progress (NAEP) Reading Achievement Levels, by Grade and Selected Student Characteristics: Selected Years, 2005 through 2019," *Digest of Education Statistics*, Table 221.20.

14. National Center for Education Statistics, "Average National Assessment of Educational Progress (NAEP) Mathematics Scale Score, by Sex, Race/Ethnicity, and Grade: Selected Years, 1990 through 2017," Table 222.10.

15. Sean F. Reardon and others, "Gender Achievement Gaps in U.S. School Districts," *American Educational Research Journal* (December 2019), p. 26.

16. Nicole M. Fortin, Philip Oreopoulus, and Shelley Phipps, "Leaving Boys Behind: Gender Disparities in High Academic Achievement," Working Paper 19331 (Cambridge, MA: National Bureau of Economic Research, August 2013).

17. National Center for Education Statistics, "Number and Percentage of Public High School Graduates Taking Dual Credit, Advanced Placement (AP), and Interna-

tional Baccalaureate (IB) Courses in High School and Average Credits Earned, by Selected Student and School Characteristics: 2000, 2005, and 2009," 2009 High School Transcript Study (HSTS), U. S. Department of Education.

18. J. Q. Easton, Esperanza Johnson, and Lauren Sartain, *The Predictive Power of Ninth-Grade GPA* (University of Chicago Consortium on School Research, September 2017), p. 1.

19. 有关美国高中毕业生学术能力水平考试,参见 College Board, 2021 Suite of Assessments Annual Reports。有关美国大学入学考试,参见 The ACT Profile Report— National (2020)。

20. 《纽约时报》编辑竞赛组织者,个人通信。

21. Richard V. Reeves, Eliana Buckner, and Ember Smith, "The Unreported Gender Gap in High School Graduation Rates," Brookings Institution, January 12, 2021.

22. Civic and Everyone Graduates Center, *2019 Building a Grad Nation: Progress and Challenge in Raising High School Graduation Rates* (Johns Hopkins University School of Education, 2019), p. 15.

23. Nicole M. Fortin, Philip Oreopoulus, and Shelley Phipps, "Leaving Boys Behind: Gender Disparities in High Academic Achievement," *Journal of Human Resources* (Summer 2015).

24. U. S. Department of Education, National Center for education Statistics, "Number and Percentage Distribution of Teachers in Public Elementary and Secondary Schools, by Instructional Level and Selected Teacher and School Characteristics: 1999-2000, 2015-16, and 2017-18," *Digest of Education Statistics*, Table 2019. 22.

25. Benjamin Zablotsky and Others, "Prevalence and Trends of Developmental Disabilities among Children in the United States: 2009-2017," *Pediatrics* (October 2019).

26. Laurence Steinberg, *Age of Opportunity: Lessons from the New Science of Adolescence* (New York: Houghton Mifflin Harcourt, 2014), p. 77.

27. Robert M. Sapolsky, *Behave: The Biology of Humans at Our Best and Worst* (London: Penguin Publishing Group, 2017), p. 164.

28. Louann Brizendine, *The Female Brain* (New York: Harmony Books, 2017), p. 65. See also Elizabeth Vargas and Alan B. Goldberg, "The Truth behind Women's

Brains," ABC News, October 5, 2006.

29. Gokcen Akyurek, "Executive Functions and Neurology in Children and Adolescents," in *Occupational Therapy: Therapeutic and Creative Use of Activity*, ed. Meral Huri (London: Intech Open, 2018), p. 38.

30. M. A. J. van Tetering and Others, "Sex Differences in Self-Regulation in early Middle and Late Adolescence: A Large-Scale Cross-Sectional Study," *PLoS ONE* (January 2020). See also Theodore D. Satterthwaite and others, "Sex Differences in the effect of Puberty on Hippocampal Morphology," *Journal of the American Academy of Child and Adolescent Psychiatry* (March 2014).

31. Sol Lim and others, "Preferential Detachment during Human Brain Development: Age- and Sex-Specific Structural Connectivity in Diffusion Tensor Imaging (DTI) Data," *Cerebral Cortex* (June 2015).

32. Krystnell Storr, "Science Explains Why Women Are Faster to Mature Than Men," *Mic*, February 24, 2015.

33. Liz Griffin, "The Developing Teenage Brain," *The School Superintendents Association*, Interview with Frances Jensen, Chair of the Department of Neurology at the University of Pennsylvania's Perelman School of Medicine, September 2017. See also Frances Jenson, *The Teenage Brain* (New York: HarperCollins, 2015), "组织需要大脑的联结与整合功能，而不仅仅是原始的智力和突触能力。髓鞘形成在这一过程中起着重要作用，正如我们之前所说，它需要生命前30年的大部分时间才能全部完成。在此过程中，性别差异最大的时期是青春期"，第232~233页。

34. "由于大学准备和申请必须由青少年完成，所以发育上的微小差异可能导致大学成绩的巨大不同"，引自Claudia Goldin, Lawrence F. Katz, and Ilyana Kuziemko, in "The Homecoming of American College Women: The Reversal of the College Gender Gap," Working Paper 12139 (Cambridge, MA: National Bureau of economic Research, March 2006), p. 3。在一项有关人格发展的跨文化研究中，马琳·德·博勒（Marleen De Bolle）和她的合作者发现，"至少在目前的学校环境中，青春期女孩在促进学习成绩的人格特质上的得分一直高于男孩。换言之，目前的学校环境整体而言可能更适合女性化的人格，这使得——从整体来说——女孩在学校更容易取得更好的成绩"。Marleen De Bolle and Others, "The emergence of Sex Differences in Personality Traits in early Adolescence: A Cross-Sectional, Cross-Cultural Study," *Journal of Personality and Social Psychology* (January

2015). See also Tony Cox, "Brain Maturity extends Well Beyond Teen Years," NPR, October 10, 2011.

35. National Academies of Sciences, Engineering, and Medicine, *The Promise of Adolescence: Realizing Opportunity for All Youth* (Washington, DC: The National Academies Press, 2019), p. 40.

36 "随着竞争环境的公平,男孩和女孩之间的发育差异在解释教育成就差异方面就变得更加突出。" Goldin, Katz, and Kuziemko, "The Homecoming of American College Women," p. 4.

37. National Center for Education Statistics, "Degrees Conferred by Postsecondary Institutions, by Level of Degree and Sex of Student: Selected Years, 1869-70 through 2029-30," *Digest of Education Statistics*, Table 318. 10. See also National Center for Education Statistics, "Degrees in Business Conferred by Postsecondary Institutions, by Level of Degree and Sex of Student: Selected Years, 1955-56 through 2017-18," Table 325. 25.

38. National Center for Education Statistics, "Number of Postsecondary Institutions Conferring Doctor's Degrees in Dentistry, Medicine, and Law, and Number of Such Degrees Conferred, by Sex of Student: Selected Years, 1949-50 through 2018-19." See also Higher Education General Information Survey (HEGIS), "'Degrees and other Formal Awards Conferred' Surveys from 1965-66 through 1985-86 and IPEDS Fall 2019 Completions Component," July 2020.

39. National Center for Education Statistics, "Degrees Conferred by Degree-G Institutions, by Level of Degree and Sex of Student." 注意从1970—1971年到1978—1979年的参照年份,我使用的是2005年版的表246;1979—1980年之后的年份,我使用的是2020年版的。

40. National Center for Education Statistics, "Degrees Conferred by Degree-Granting Institutions, by Level of Degree and Sex of Student," Table 318. 20, July 2020.

41. 作者依据如下资料的统计:National Center for Education Statistics, "Number of Postsecondary Institutions Conferring Doctor's Degrees in Dentistry, Medicine, and Law, and Number of Such Degrees Conferred, by Sex of Student: Selected Years, 1949-50 through 2018-19."

42. Jay Reeves, "Women Are Law Review Editors at Top 16 Law Schools," Lawyers Mutual, *Byte of Prevention* (blog), April 17, 2020.

43. Nick Hillman and Nicholas Robinson, *Boys to Men: The Underachievement of Young Men in Higher Education—and How to Start Tackling It* (Oxford, UK: Higher education Policy Institute, 2016). 有关 2018/2019 学年, 参见 Higher education Student Statistics: UK, 2018/2019, Table 1。在 424 540 个学位中, 有 244 535 个授予女性。

44. "Widening Access and Participation," in *UCAS End of Cycle Report* 2019 (Cheltenham, UK: UCAS, 2019), chap. 6.

45. Jon Marcus, "The Degrees of Separation between the Genders in College Keep Growing," *Washington Post*, October 27, 2019.

46. Rosamond Hutt, "These 10 Countries Are Closest to Achieving Gender equality," *World Economic Forum*, December 19, 2019.

47. Marcus, "The Degrees of Separation."

48. Scottish Funding Council, *Gender Action Plan: Annual Progress Report*, February 6, 2019.

49. "STEM" 的整体情况, 参见 U. S. Department of Education, National Center for Education Statistics, "Number and Percentage Distribution of Science, Technology, engineering, and Mathematics (STEM) Degrees/Certificates Conferred by Postsecondary Institutions, by Race/ ethnicity, Level of Degree/Certificate, and Sex of Student: 2009-10 through 2018-19," Table 318.45, February 2021。有关数学和物理科学的更多情况, 参见 U. S. Department of education, National Center for education Statistics, "Bachelor's, Master's, and Doctor's Degrees Conferred by Postsecondary Institutions, by Sex of Student and Discipline Division: 2017-18," May 2021。

50. OECD, "Educational Attainment and Labour-Force Status: ELS-Population Who Attained Tertiary Education, by Sex and Age Group." 数据选自 2022 年 3 月 10 日, 大部分估测来自 2020 年。

51. Brown University, "Students by Gender," 2020-2021; Columbia University, "Enrollment by School and Gender," Fall 2020; Cornell University, "Composition Dashboard Fall 2019"; Dartmouth College, "Class Profile & Testing," Class of 2025 Enrollment; Jessica M. Wang and Brian P. Yu, "Makeup of the Class," *Harvard Crimson*, 2021; University of Pennsylvania, "Penn Diversity Facts and Figures," Fall 2020; Princeton University, "Diversity: Gender," 2020 Degree-Seeking Students; Yale University, "By the Numbers," Fall 2020.

52. Jennifer Delahunty Britz, "To All the Girls I've Rejected," *New York Times*, March 23, 2006.

53. Dave Bergman, "Gender in College Admissions—Do Men or Women Have an Edge?," *College Transitions*, May 21, 2021.

54. Vassar College, "Common Data Set 2020/21," Institutional Research.

55. Integrated Postsecondary Education Data System (IPEDS), "Kenyon College: Enrollment by Gender, Student Level, and Full-and Part-Time Status: Fall 2020," 2019-2020.

56. Hanna Rosin, *The End of Men: And the Rise of Women* (New York: Riverhead Books, September 2012), p. 148.

57. Rosin, pp. 148-9.

58. Douglas Belkin, "A Generation of American Men Give Up on College: 'I Just Feel Lost,'" *Wall Street Journal*, September 6, 2021.

59. Dylan Conger and Mark C. Long, "Why Are Men Falling Behind? Gender Gaps in College Performance and Persistence," *Annals of the American Academy of Political and Social Science* (January 2010).

60. Esteban Aucejo and Jonathan James, "The Path to College Education: The Role of Math and Verbal Skills," *Journal of Political Economy* (October 2021).

61. National Center for Education Statistics, "Graduation Rate from First Institution Attended for First-Time, Full-Time Bachelor's Degree-Seeking Students at 4-Year Postsecondary Institutions, by Race/Ethnicity, Time to Completion, Sex, Control of Institution, and Percentage of Applications Accepted: Selected Cohort Entry Years, 1996 through 2012," *Digest of Education Statistics*, Table 326. 10.

62. David Leonhardt and Sahil Chinoy, "The College Dropout Crisis," *New York Times*, May 23, 2019.

63. 这是我基于马修·钦戈斯提供的数据做出的粗略估计。

64. Siwei Cheng and Others, "Heterogeneous Returns to College over the Life Course," *Science Advances* (December 2021).

65. David Autor and Melanie Wasserman, *Wayward Sons: The Emerging Gender Gap in Labor Markets and Education* (Washington, DC: Third Way, 2013).

66. School League Tables Team, "School League Tables: Boys behind Girls for Three Decades," BBC News, February 6, 2020.

67. Claudia Goldin, Lawrence F. Katz, and Ilyana Kuziemko, "The Homecoming of American College Women: The Reversal of the College Gender Gap," *Journal of Economic Perspectives* (Fall 2006).

68. Catherine E. Freeman, "Trends in Educational Equity of Girls & Women: 2004," National Center for Education Statistics, Institute of Education Sciences, November 2004, p. 66. 之后的数据参见 National Center for Education Statistics, High School Longitudinal Study of 2009 (HSLS)。

69. Rosin, *The End of Men*, p. 263.

70. School League Tables Team, "School League Tables: Boys behind Girls for Three Decades."

第二章 打工人布鲁斯

1. "Emerging Labor Market and Education Trends: Reshaping Pathways to the Middle Class," Federal Reserve Bank of Chicago, YouTube channel (video), July 19, 2019 (quote at 1:03).

2. Susan Faludi, *Backlash: The Undeclared War against American Women* (New York: Crown, 2006), p. 41.

3. David Autor and Melanie Wasserman, *Wayward Sons: The Emerging Gender Gap in Labor Markets and Education* (Washington DC: Third Way, 2013), p. 7.

4. 这些数据是1970年第一季度至2019年第四季度经季节性调整后的壮年男性数据。来源：U.S. Bureau of Labor Statistics. Series ID: LNS11300061Q。

5. U.S. Bureau of Labor Statistics, "Labor Force Participation Rate—High School Graduates, No College, 25 Yrs. & over, Men." Series ID: LNU01327676Q.

6. 2019年第四季度，25岁及以上的文职劳动力中约有2140万男性有高中学历但没有上过大学。数字来自 FRED, Federal Reserve Bank of St. Louis on February 4, 2022。劳动力参与率为68%（参见前注），这意味着25岁及以上有高中学历但没有上过大学的劳动力中有1000万人没有参加工作。

7. Richard V. Reeves and Eleanor Krause, "Why Are Young, educated Men Working Less?," Brookings Institution, February 23, 2018.

8. Gray Kimbrough, "Xboxes and Ex-workers? Gaming and Labor Supply of Young Adults in the U.S." (American University, 2020), p. 9.

9. Betsey Stevenson, *Women, Work, and Families: Recovering from the Pandem-*

ic-Induced Recession（Brookings Institution, September 2021）, figure 1, p. 2.

10. Stefania Albanesi and Jiyeon Kim, "Effects of the COVID-19 Recession on the US Labor Market: occupation, Family, and Gender," *Journal of Economic Perspectives*（August 2021）. 斯蒂芬妮·阿伦森（Stephanie Aaronson）和弗朗西斯卡·阿尔巴（Francisca Alba）还发现，疫情期间学校关闭对母亲的就业有"温和"的负面影响：参见"The Relationship between School Closures and Female Labor Force Participation during the Pandemic," Brookings Institution, November 2021。

11. Stevenson, "Women, Work, and Families," p. 1.

12. Jason Furman and Wilson Powell III, "US Makes Solid Job Gains inOctober but Millions Are Still on the Sidelines," Peterson Institute for International Economics（November 2021）.

13. Vanessa Fuhrmans and Lauren Weber, "Burned out and Restless from the Pandemic, Women Redefine Their Career Ambitions," *Wall Street Journal*, September 27, 2021.

14. Mark Muro and others, *Automation and Artificial Intelligence*（Brookings Institution, January 2019, p. 44.

15. Sarah O'Connor, "The Robot-Proof Skills That Give Women an edge in the Age of AI," *Financial Times*, February 12, 2019.

16. Guido Matias Cortes, Nir Jaimovich, and Henry Siu, "The 'End of Men' and Rise of Women in the High-Skilled Labor Market," Working Paper 24274（Cambridge, MA: National Bureau of Economic Research, November 2018）.

17. Marcus Casey and Sarah Nzau, "The Differing Impact of Automation on Men and Women's Work," Brookings Institution, September 11, 2019.

18. U. S. Bureau of Labor Statistics, "Occupational Requirements Survey: Sedentary Strength Requirements"（2018）.

19. Elizabeth Fain and Cara Weatherford, "Comparative Study of Millennials'（Age 20-34 Years）Grip and Lateral Pinch with the Norms," *Journal of Hand Therapy*（October 2016）.

20. U. S. Bureau of Labor Statistics, *Occupational Outlook Handbook*.

21. 相关讨论，参见 Katherine G. Abraham and Melissa S. Kearney, "Explaining the Decline in the US employment-to-Population Ratio: A Review of the Evidence,"

Journal of Economic Literature (September 2020)。

22. Richard V. Reeves, "With Respect: How Liberal Societies Flourish," Brookings Institution, February 12, 2019.

23. Fatih Guvenen and Others, "Lifetime Earnings in the United States over Six Decades," Becker Friedman Institute, Working Paper 2021-60 (University of Chicago, 2021). 我在这里运用"个人消费支出平减指数"(PCE deflator)展示了他们的主要研究结果。也参见 Stephen J. Rose and Heidi I. Hartmann, *Still a Man's Labor Market* (Institute for Women's Policy Research, 2018)。

24. BLS Reports "Highlights of Women's Earnings in 2020," US Bureau of Labor Statistics (September 2021), p. 5.

25. Hans Rosling, *Factfulness: Ten Reasons We're Wrong about the World—and Why Things Are Better than You Think* (New York: Flatiron Books, 2018), p. 38.

26. U. S. Bureau of Labor Statistics, *Highlights of Women's Earnings in 2020*, BLS Reports, September 2021.

27. Claudia Goldin, "A Grand Gender Convergence: Its Last Chapter," *American Economic Review* (April 2014).

28. Toni Van Pelt, "The Paycheck Fairness Act Would Help Close the Gender Wage Gap. Why Won't the Senate Pass it?," *Fortune*, August 26, 2019.

29. Christina Hoff Sommers, "No, Women Don't Make Less Money Than Men," *Daily Beast*, May 29, 2019.

30. Kerri Anne Renzulli, "46% of American Men Think the Gender Pay Gap Is 'Made Up to Serve a Political Purpose,' " CNBC, April 4, 2019.

31. Francine D. Blau and Lawrence M. Kahn, "The Gender Wage Gap: Extent, Trends, and Explanations," *Journal of Economic Literature* (September 2017). See also 2022 *State of the Gender Pay Gap Report* (PayScale, 2022). 有趣的对比,参见 Gabriele Ciminelli and Cyrille Schwellnus, "Sticky Floors or Glass Ceilings? The Role of Human Capital, Working Time Flexibility and Discrimination in the Gender Wage Gap," VoxEU CEPR (May 16, 2021)。

32. CONSAD Research Corporation, *An Analysis of the Reasons for the Disparity in Wages between Men and Women*, Report Prepared for the U. S. Department of Labor Employment Standards Administration (January 2009), p. 2.

33. John Iceland and Ilana Redstone, "The Declining earnings Gap between Young

Women and Men in the United States, 1979-2018," *Social Science Research* (November 1, 2020). See also Press Association, "Women in Their 20s Earn More Than Men of the Same Age, Study Finds," *The Guardian*, August 28, 2015; and Sarah Kliff, "A Stunning Chart Shows the True Cause of the Gender Wage Gap," Vox, February 19, 2018.

34. Heather Long, "80 Nations Set Quotas for Female Leaders. Should the U.S. Be Next?," *Washington Post*, November 3, 2021.

35. Michelle J. Budig, "The Fatherhood Bonus and the Motherhood Penalty: Parenthood and the Gender Gap in Pay," Third Way, September 2, 2014. 养母与生母在收入方面相似地下降这个事实，凸显出这更多与母亲的抚养而非女性生理习性有关。See also Henrik Kleven, Camille Landais, and Jakob Egholt Søgaard, "Does Biology Drive Child Penalties? Evidence from Biological and Adoptive Families," *American Economic Review: Insights* (June 2021). 他们的结论是，"在高收入国家中，大部分剩余的性别不平等可以被归结于孩子对男性和女性的不平等的影响"，第183页。

36. Yoon Kyung Chung and Others, "The Parental GenderEarnings Gap in the United States," Working Paper CES 17-68 (U.S. Census Bureau, November 2017). See also Danielle Sandler and Nichole Szembrot, "Maternal Labor Dynamics: Participation, Earnings, and Employer Changes," Working Paper CES 19-33 (U.S. Census Bureau, December 2019).

37. Ylva Moberg, "Does the Gender Composition in Couples Matter for the Division of Labor After Childbirth?," Working Paper 2016: 8 (Institute for Evaluation of Labour Market and Education Policy, 2016). See also Martin Eckhoff Andresen and Emily Nix, "What Causes the Child Penalty? Evidence from Adopting and Same-Sex Couples," *Journal of Labor Economics* (accepted for publication).

38. Valentin Bolotnyy and Natalia Emanuel, "Why Do Women earn Less Than Men? Evidence from Bus and Train Operators," *Journal of Labor Economics* (forthcoming). Available as a Working Paper, p. 34, https://scholar.harvard.edu/files/bolotnyy/files/be_gendergap.pdf.

39. Bolotnyy and Emanuel, "Why Do Women Earn Less than Men?," p. 34.

40. Claudia Goldin, *Career and Family: Women's Century-Long Journey toward Equity* (Princeton University Press, 2021), p. 149.

41. Marianne Bertrand, Claudia Goldin, and Lawrence F. Katz, "Dynamics of the Gender Gap for Young Professionals in the Financial and Corporate Sectors," *American Economic Journal: Applied Economics* (July 2010).

42. See Table 2 in BLS Reports, "Women in the Labor Force: A Databook," U. S. Bureau of Labor Statistics (April 2021).

43. Executive Office of the President Council of Economic Advisers, "The Economics of Family-Friendly Workplace Policies," in *Economic Report of the President* 2015 (U. S. Government Publishing office, February 2015), p. 157.

44. BLS Reports, "Women in the Labor Force."

45. BLS Reports, "Women in the Labor Force," Table 11.

46. Cynthia Grant Bowman, "Women in the Legal Profession from the 1920s to the 1970s: What Can We Learn from Their Experience about Law and Social Change?," *Cornell Law Faculty Publications*, Paper 12, 2009; U. S. Bureau of Labor Statistics, "Employed Full Time: Wage and Salary Workers: Lawyers Occupations: 16 Years and Over," Series LEU0254483400A, *Federal Reserve Bank of St. Louis*, November 19, 2021.

47. Goldin, *Career and Family*, p. 125.

48. Hanna Rosin, "New Data on the Rise of Women," TED talk (video), December 2010 (quote at 2: 32).

49. LisaO'Kelly, "Hanna Rosin: 'I Feel Miscast in the Gender Wars,'" *The Guardian*, September 29, 2019.

50. Courtney Connley, "A Record 41 Women Are Fortune 500 CEOs— and for the First Time Two Black Women Made the List," *CNBC Make It*, June 2, 2021. 有关公司董事的数据，参见 "Women in the Workplace 2021," McKinsey & Company, September 27, 2021。

51. Kate Clark, "US VC Investment in Female Founders Hits All-Time High," Tech-Crunch, December 9, 2019.

第三章　错位老爸

1. Adlai E. Stevenson, "A Purpose for Modern Woman," *Women's Home Companion* (September 1955), pp. 30-31. See also K. A. Cuordileone, *Manhood and American Political Culture in the Cold War* (London: Routledge, 2012), p. 261.

2. Gloria Steinem, "The Politics of Women," May 31, 1971, p. 6. Available from Smith College at www.alumnae.smith.edu/smithcms/1971/files/2015/08/Steinem-Commencement-Address.pdf.

3. Margaret Mead, *Some Personal Views* (New York: Walker, 1979), p. 50.

4. Claudia Goldin, Lawrence F. Katz, and Ilyana Kuziemko, "The Homecoming of American College Women: The Reversal of the College Gender Gap," Working Paper 12139 (Cambridge, MA: National Bureau of e conomic Research, March 2006).

5. "Economic Diversity and Student Outcomes at America's Colleges and Universities: Find Your College," *New York Times*, January 18, 2017. 交互式绘图的数据源自 Raj Chetty and others, "Mobility Report Cards: The Role of Colleges in Intergenerational Mobility," Working Paper 23618 (Cambridge, MA: National Bureau of economic Research, December 2017)。

6. David Gilmore, *Manhood in the Making: Cultural Concepts of Masculinity* (Yale University Press, 1991), pp. 222-23.

7. David Morgan, "Class and Masculinity," in *Handbook of Studies on Men & Masculinities*, ed. Michael S. Kimmel, Jeff Hearn, and R. W. Connell (Thousand oaks, CA: Sage, 2005), p. 169. See also Stephen Nock, *Marriage in Men's Lives* (Oxford University Press, 1998) 有关"界定成年男性的普遍的三个角色……父亲、供养者与保护者",第 132 页。

8. Geoff Dench, *Transforming Men: Changing Patterns of Dependency and Dominance in Gender Relations* (London: Routledge, 1998), p. 8.

9. Laura Tach, Ronald Mincy, and Kathryn Edin, "Parenting as a 'Package Deal': Relationships, Fertility, and Nonresident Father Involvement among Unmarried Parents," *Demography* (February 2010).

10. Gilmore, *Manhood in the Making*, p. 221.

11. John Stuart Mill, "The Subjection of Women" [1869], *Collected Works of John Stuart Mill*, vol. 21 (University of Toronto Press, 1984), p. 325. Gloria Steinem, "A New Egalitarian Life Style," *New York Times*, Aug 16, 1971.

12. 比如,参见 Clare Chambers, Against Marriage: *An Egalitarian Defence of the Marriage-Free State* (Oxford University Press, 2017), and Rebecca Traister, *All the Single Ladies: Unmarried Women and the Rise of an Independent Nation* (New York: Simon & Schuster, 2016)。

13. Arthur Miller, Death of a Salesman〔1949〕, (New York: Penguin Books, 1998), p. 11.

14. Irina Dunn, "A Woman Needs a Man Like a Fish Needs a Bicycle,"（写于1970 年）, 在 2000 年 9 月 16 日克劳迪娅·斯泰纳姆致信《时代》时, 将之归属于邓恩。

15. Lorraine Ali, "The Secret Lives of Wives," *Newsweek*, July 11, 2004.

16. Sarah Jane Glynn, "Breadwinning Mothers Continue to Be the U. S. Norm," Center for American Progress, May 10, 2019.

17. U. S. Census Bureau, "Table F–22. Married–Couple Families with Wives' Earnings Greater Than Husbands' Earnings: 1981 to 2020," in Current Population Survey, 1982 to 2021 Annual Social and Economic Supplements.

18. Cheridan Christnacht and Briana Sullivan, "About Two-Thirds of the 23.5 Million Working Women with Children Under 18 Worked Full-Time in 2018," United States Census Bureau, May 8, 2020. See also Pew Research Center, "Raising Kids and Running a Household: How Working Parents Share the Load," November 4, 2015.

19. David Willetts, *The Pinch: How the Baby Boomers Took Their Children's Future—and Why They Should Give it Back* (London: Atlantic Books, 2011), p. 53. 也参见玛格丽特·米德："在现代工业社会……大量儿童生活在离异家庭, 由向男性以及高收入职业女性征收的赋税抚养。" Margaret Mead, *Male and Female* (New York: Harper Perennial, 2001), p. 191.

20. Vicki Larson and Beverly Willett, "Room for Debate: When Divorce Is a Family Affair," *New York Times*, February 13, 2013.

21. Social Capital Project, "Love, Marriage, and the Baby Carriage: The Rise in Unwed Childbearing," The United States Congress Joint Economic Committee, SCP Report 4-17 (December 11, 2017).

22. Social Capital Project, "Rising Unwed Pregnancy and Childbearing across educational and Racial Groups," The United States Congress Joint Economic Committee, SCP Brief (February 14, 2018).

23. 我在这里合并了"强烈同意"和"同意"这两个选项。数据来自稳态测地卫星数据检索（GSS Data Explorer）。这个问题是："职业妈妈可以像不工作的妈妈那样和孩子有良好的关系吗？（同意/不同意）"

24. William J. Goode, "Why Men Resist," *Dissent* (Spring 1980).

25. Claire Cain Miller, "Why Men Don't Want the Jobs Done Mostly by Women," *New York Times*, January 4, 2017.

26. Kim Parker and Renee Stepler, "Men Seen as Financial Providers in U.S., Even as Women's Contributions Grow," Pew Research Center, September 20, 2017.

27. Shelly Lundberg, Robert A. Pollak, and Jenna Stearns, "Family Inequality: Diverging Patterns in Marriage, Cohabitation, and Childbearing," *Journal of Economic Perspectives* (Spring 2016).

28. Alexandra Killewald, "Money, Work and Marital Stability: Assessing Change in the Gendered Determinants of Divorce," *American Sociological Review* (August 2016), p. 696.

29. Marianne Bertrand, Emir Kamenica, and Jessica Pan, "Gender Identity and Relative Income within Households," *Quarterly Journal of Economics* (May 2015), p. 572.

30. Steven Ruggles, "Patriarchy, Power, and Pay: The Transformation of American Families, 1800–2015," *Demography* (December 2015), table 2, p. 1814.

31. Dench, *Transforming Men*, pp. 17 and 19.

32. David Blankenhorn, *Fatherless America: Confronting Our Most Urgent Social Problem* (New York: Harper Perennial, 1996), p. 18.

33. Andrew Cherlin, "Marriage Has Become a Trophy," *The Atlantic*, March 20, 2018.

34. Juliana Menasce Horowitz, Nikki Graf, and Gretchen Livingston, "Marriage and Cohabitation in the U.S," Pew Research Center, November 6, 2019.

35. Ariel J. Binder and John Bound, "The Declining Labor Market Prospects of Less-Educated Men," *Journal of Economic Perspectives* (Spring 2019), p. 181. 他们还写道,"组建稳定家庭的比例在下降……导致失去了一个劳动力供给的动机",第 181 页。

36. Michèle Lamont, *The Dignity of Working Men: Morality and the Boundaries of Race, Class, and Immigration* (Harvard University Press, 2009), pp. 26 and 29.

37. 比如, *Lancaster Intelligencer* on September 20, 1859, Vol. LX。

38. 有关健康,参见"Marriage and Men's Health," *Harvard Health Publishing*, June 5, 2019。有关就业数字,参见"Labor Force Participation Rate—Never Married, Men," BLS Data Viewer, Series ID: LNU01300149Q。有关社会网络,参见

Daniel A. Cox, "Emerging Trends and Enduring Patterns in American Family Life," The Survey Center on American Life, American Enterprise Institute, February 9, 2022。See also Christopher J. Einolf and Deborah Philbrick, "Generous or Greedy Marriage? A Longitudinal Study of Volunteering and Charitable Giving," *Journal of Marriage and Family* (June 2014).

39. 这些数字是关于壮年男性（25~54 岁）的。Patrick T. Brown, "Opioids and the Unattached Male," *City Journal*, January 14, 2022.

40. Michael J. Rosenfeld, "Who Wants the Breakup? Gender and Breakup in Heterosexual Couples," in *Social Networks and the Life Course: Integrating the Development of Human Lives and Social Relational Networks*, ed. Duane F. Alwin, Diane Felmlee, and Derek Kreager (New York: Springer, 2018), pp. 221-243. See also Daniel S. Felix, W. David Robinson, and Kimberly J. Jarzynka, "The Influence of Divorce on Men's Health," *Journal of Men's Health* (November 2013).

41. Mary Jo Murphy and Megan Thee-Brenan, "Poll Finds Most Voters embrace Milestone for Women, If Not Hillary Clinton," *New York Times*, September 16, 2016.

42. "Where Americans Find Meaning in Life: Detailed Tables," Pew Research Center, November 20, 2018. 有关性别细分内容，参见附录中详细的图。

43. Janet Shibley Hyde, "Women, Men, Work, and Family: Expansionist Theory Updated," in *Gender and Couple Relationships*, ed. Susan M. McHale and others (New York: Springer, 2016), p. 102.

44. Maria Cotofan and Others, "Work and Well-being during COVID-19: Impact, Inequalities, Resilience, and the Future of Work," in *World Happiness Report 2021*, ed. John F. Helliwell and others (New York: Sustainable Development Solutions Network, 2021).

45. Barack Obama, "Text of Obama's Fatherhood Speech," *Politico*, June 15, 2008.

46. Jacob E. Cheadle, Paul R. Amato, and Valarie King, "Patterns of Nonresident Father Contact," *Demography* (2010), appendix figure A1.

47. Gretchen Livingston and Kim Parker, "A Tale of Two Fathers: More Are Active, but More Are Absent," Pew Research Center, June 15, 2021.

48. 只与父亲一同生活的孩子的比例，从 1%上升到 4.5%。See Paul Hemez and Channell Washington, "Percentage and Number of Children Living with Two Par-

ents Has Dropped since 1968," U. S. Census Bureau, April 12, 2021.

49. Jill Daugherty and Casey Copen, "Trends in Attitudes about Marriage, Childbearing, and Sexual Behavior: United States, 2002, 2006-2010, and 2011-2013," *National Health Statistics Reports* (Hyattsville, MD: National Center for Health Statistics, 2016).

50. Patrick F. Fagan and Christina Hadford, "The Fifth Annual Index of Family Belonging and Rejection," Marriage and Religion Research Institute, February 12, 2015, table 1.

51. George F. Gilder, *Sexual Suicide* (New York: Quadrangle, 1973), p. 91.

第四章 德怀特的眼镜

1. Keith L. Alexander, "Trendy, Non-prescription eyewear Latest in Criminal Defendant Strategic Attire," *Washington Post*, March 27, 2012.

2. Michael J. Brown, "Is Justice Blind or Just Visually Impaired? TheEffects of Eyeglasses on Mock Juror Decisions," American Society of Trial Consultants, 2011.

3. Kimberlé Crenshaw, "Demarginalizing the Intersection of Race and Sex: A Black Feminist Critique of Antidiscrimination Doctrine, Feminist Theory and Anti-racist Politics," *University of Chicago Legal Forum* (1989), p. 166.

4. Tiffany N. Ford, "Exploring Complexity in Well-Being: A Mixed Methods Examination of the Black Women's Well-Being Paradox," forthcoming, p. 11. See also Lisa Bowleg and others, " 'It's an Uphill Battle Everyday' : Intersectionality, Low-Income Black Heterosexual Men, and Implications for HIV Prevention Research and Interventions," *Psychology of Men & Masculinity* (2013).

5. Evelyn M. Simien, "Doing Intersectionality Research: From Conceptual Issues to Practical Examples," *Politics & Gender* (June 2007).

6. Gene Demby, "The Truth behind the Lies of the Original 'Welfare Queen,' " NPR, December 20, 2013.

7. Colleen Flaherty, "Tommy Curry Discusses New Book on How Critical Theory Has Ignored Realities of Black Maleness," *Inside Higher Ed*, September 7, 2017.

8. Tommy Curry, *The Man-Not: Race, Class, Genre and the Dilemmas of Black Manhood* (Temple University Press, 2017), p. 17.

9. Sheryll Cashin, *White Space, Black Hood* (Boston: Beacon Press, 2021),

p. 5.

10. Richard V. Reeves, "Boys to Men: Fathers, Family, and Opportunity," Brookings Institution, June 19, 2015.

11. Raj Chetty and Others, "The Opportunity Atlas," Opportunity Insights, October 2018, www.opportunityatlas.org.

12. Maryland State Department of Education, "Belmont Elementary 2018–2019 School Report Card," Maryland Public Schools (2021).

13. 重要的是注意，这里使用的结果测量指标是个人收入，而非家庭收入。Raj Chetty and Others, "Race and Economic Opportunity in the United States: Executive Summary," The Equality of Opportunity Project, March 2018, p. 3.

14. Raj Chetty and Others, "Race and Economic opportunity in the United States: An Intergenerational Perspective," *Quarterly Journal of Economics* (May 2020), p. 747.

15. Scott Winship, Richard V. Reeves, and Katherine Guyot, "The Inheritance of Black Poverty: It's All about the Men," Brookings Institution, March 2018.

16. Daniel Patrick Moynihan, *The Negro Family: The Case for National Action* (Office of Policy Planning and Research, Department of Labor, 1965), chap. 4, "The Tangle of Pathology." See also Daniel Geary, "The Moynihan Report: An Annotated edition," *The Atlantic*, September 14, 2015.

17. Jonathan Rothwell, "Housing Costs, Zoning, and Access to High–Scoring Schools," Brookings Institution, April 2012.

18. Jerlando F. L. Jackson and James L. Moore III, "African American Males in Education: Endangered or Ignored?," *Teachers College Record* (February 2006), p. 201.

19. National Center for Education Statistics, "Percentage of High School Dropouts among Persons 16 to 24 Years old (Status Dropout Rate), by Sex and Race/ethnicity: Selected Years, 1960 through 2017," U. S. Department of Education, November 2018. 有关大学录取率，参见 National Center for Education Statistics, "Percentage of 18- to 24-Year-olds Enrolled in College, by Level of Institution and Sex and Race/Ethnicity of Student: 1970 through 2018," U. S. Department of Education, 2020。有关研究生学位的获得，参见 National Center for Education Statistics, "Percentage of Persons 25 to 29 Years old with Selected Levels of Educational Attainment, by Race/Ethnicity

and Sex: Selected Years, 1920 through 2020," U. S. Department of Education, October 2020。

20. National Center for Education Statistics, "Master's Degrees Conferred by Postsecondary Institutions, by Race/ ethnicity and Sex of Student: Selected Years, 1976-77 through 2018-19," U. S. Department of Education, June 2020.

21. Bart Shaw and Others, *Ethnicity, Gender and Social Mobility*, *Social Mobility Commission* (London: Social Mobility Commission, December 2016).

22. Sherry N. Mong and Vincent J. Roscigno, "African American Men and the Experience of Employment Discrimination," *Qualitative Sociology* (2010).

23. Mitra Toossi and Leslie Joyner, "Blacks in the Labor Force," U. S. Bureau of Labor Statistics, February 2018.

24. Raj Chetty and Others, "Race and Economic Opportunity in the United States: An Intergenerational Perspective," March 2018, www. equality-of-opportunity. org/assets/documents/race_ paper. pdf. "有父母的黑人男性的就业率是在75百分位，而有父母的白人男性的就业率是在9百分位"，第22页。特别参见图VI。

25. Sarah Jane Glynn, "Breadwinning Mothers Continue to Be the U. S. Norm," Center for American Progress, May 10, 2019.

26. Vincent J. Roscigno, *The Face of Discrimination: How Race and Gender Impact Work and Home Lives* (Lanham, MD: Rowman & Littlefield, 2007).

27. Emily Badger and Others, "Extensive Data Shows Punishing Reach of Racism for Black Boys," *New York Times*, March 19, 2018.

28. Obama Foundation, "We Are our Brothers' Keepers," My Brother's Keeper Alliance, 2014, www. obama. org/mbka.

29. "New Analysis Finds Little Evidence to Support the Focus on Boys and Young Men of Color in the White House My Brother's Keeper Initiative," Institute for Women's Policy Research, February 25, 2015.

30. Camille Busette, "A New Deal for Poor African-American and Native-American Boys," Brookings Institution, March 14, 2018.

31. Ta-Nehisi Coates, "The Black Family in the Age of Mass Incarceration," *The Atlantic*, September 14, 2015.

32. Coates, "The Black Family." 注意，黑人女性被视为有暴力倾向的可能性与白人男性大概相同——但白人女性非常不可能被认为具有暴力倾向。

33. Corrine McConnaughy and Ismail K. White, "Racial Politics Complicated: The Work of Gendered Race Cues in American Politics," Paper Prepared for the New Research on Gender in Political Psychology Conference, Rutgers University, March 4-5, 2011, fig. 1.

34. Moynihan, *The Negro Family*, chap. 3, "The Roots of the Problem."

35. Rashawn Ray, "Black People Don't Exercise in My Neighborhood: Perceived Racial Composition and Leisure-Time Physical Activity among Middle Class Blacks and Whites," *Social Science Research* (August 2017), p. 29.

36. Ibram X. Kendi, "Who Gets to Be Afraid in America?," *The Atlantic*, May 12, 2020.

37. Jonathan Rothwell, "Drug offenders in American Prisons: The Critical Distinction between Stock and Flow," Brookings Institution, November 25, 2015.

38. Carroll Bogert and Lynnell Hancock, "Superpredator: The Media Myth That Demonized a Generation of Black Youth," The Marshall Project, November 20, 2020.

39. "Ta-Nehisi Coates: 'In America, It Is Traditional to Destroy the Black Body,'" T*he Guardian*, September 20, 2015, 他的著作 *Between the World and Me* (New York: Spiegel & Grau, 2015) 的书摘。

40. Jennifer L. Doleac and Benjamin Hansen, "The Unintended Consequences of 'Ban the Box': Statistical Discrimination and Employment Outcomes When Criminal Histories Are Hidden," *Journal of Labor Economics* (April 2020).

41. Christina Stacy and Mychal Cohen, "Ban the Box and Racial Discrimination," Urban Institute, February 2017.

42. Devah Pager, *Marked: Race, Crime, and Finding Work in an Era of Mass Incarceration* (University of Chicago Press, 2008). Quoted in Ta-Nehisi Coates, "The Black Family in the Age of Mass Incarceration."

43. Julie Bosman, "Obama Sharply Assails Absent Black Fathers," *New York Times*, June 16, 2008.

44. Jawanza Kunjufu, *Raising Black Boys* (Chicago: African American Images, 2007). See Lottie Joiner, "The Impact of Absent Fathers on the Mental Health of Black Boys," Center for Health Journalism, 2016.

45. Leila Morsy and Richard Rothstein, "Mass Incarceration and Children's Outcomes," Economic Policy Institute, December 2016.

46. "Daniel Beaty—Knock, Knock," YouTube (video), November 19, 2009.

47. Jo Jones and William D. Mosher, *Fathers' Involvement with Their Children: United States*, 2006-2010, National Health Statistics Reports, no. 71 (National Center for Health Statistics, 2013).

48. US Census Bureau, Annual Social and Economic Supplement (ASEC), "Table A3. Parents with Coresident Children under 18, by Living Arrangement, Sex, and Selected Characteristics: 2020," from *Current Population Survey*, 1982 *to* 2021 *Annual Social and Economic Supplements* (2021).

49. Elizabeth Wildsmith, Jennifer Manlove, and Elizabeth Cook, "Dramatic Increase in the Proportion of Births Outside of Marriage in the United States from 1990 to 2016," *Child Trends*, August 8, 2018.

50. R. Kelly Raley, Megan M. Sweeney, and Danielle Wondra, "The Growing Racial and Ethnic Divide in U. S. Marriage Patterns," *Future Child* (Fall 2015), p. 89.

51. William Julius Wilson, *The Truly Disadvantaged* (University of Chicago Press, 1990).

52. Pew Research Center, "Views on Importance of Being a Provider Differ along Key Demographic Lines," September 19, 2017.

53. Quoted Coates, "The Black Family in the Age of Mass Incarceration."

54. Heather McGhee, *The Sum of Us: What Racism Costs Everyone and How We Can Prosper Together* (New York: OneWorld, 2021).

55. The Ferguson Commission, *Forward through Ferguson: A Path toward Racial Equity* (October 2015).

56. U. S. Commission on Civil Rights, Commission on the Social Status of Black Men and Boys, 2020.

57. Florida Office of the Attorney General, Florida Council on the Social Status of Black Men and Boys, 2006, www. cssbmb. com.

58. Congresswoman Frederica Wilson, "Wilson Passes the Commission on the Social Status of Black Men and Boys Act," July 27, 2020.

第五章　阶层天花板

1. Anne Case and Angus Deaton, "Mortality and Morbidity in the 21st Century," BPEA (Spring 2017), pp. 397-476; Anne Case and Angus Deaton, *Deaths of Despair*

and the Future of Capitalism (Princeton University Press, 2020).

2. Case and Deaton, "Mortality and Morbidity," pp. 429 and 438.

3. Joint Economic Committee, *Long-Term Trends in Deaths of Despair*, Social Capital Project Report No. 4-19 (September 2019).

4. Sarah A. Donovan and David H. Bradley, *Real Wage Trends*, 1979 to 2019, report prepared for Members and Committees of Congress (Congressional Research Service, December 2020).

5. Nick Hillman and Nicholas Robinson, "Boys to Men: The Underachievement of Young Men in Higher education— and How to Start Tackling It," Higher Education Policy Institute (2016), p. 12.

6. Donald Trump, "The Inaugural Address," January 20, 2017, trumpwhitehouse. archives. gov.

7. Shannon M. Monnat, *Deaths of Despair and Support for Trump in the 2016 Presidential Election*, Research Brief, Department of Agricultural Economics, Sociology, and Education (State College, PA: Pennsylvania State University, 2016).

8. Nicholas Kristof and Sheryl WuDunn, "Who Killed the Knapp Family?," *New York Times*, January 9, 2020. See also Nicholas Kristof and Sheryl WuDunn, *Tightrope: Americans Reaching for Hope* (New York: Knopf Doubleday, 2020), pp. 119-20.

9. Kaiser Family Foundation (KFF), "Opioid Overdose Deaths by Sex," March 16, 2021.

10. Alan B. Krueger, "Where Have All the Workers Gone? An Inquiry into the Decline of the U. S. Labor Force Participation Rate," Brookings Institution, September 7, 2017.

11. Katharine G. Abraham and Melissa S. Kearney, "Explaining the Decline in the US Employment-to-Population Ratio: A Review of the Evidence," *Journal of Economic Literature* (September 2020), p. 622.

12. 2018年，一份有关加拿大阿片类药物死亡的证据的综述得出如下结论："有关潜在的风险因素的分析发现，大部分与阿片类药物相关的死亡都发生在个体独处、位于室内私人空间时。" See Belzak Lisa and Halverson Jessica, "Evidence Synthesis—The Opioid Crisis in Canada: A National Perspective," *Health Promotion and Chronic Disease Prevention in Canada* (June 2018), p. 231.

13. "Suicide Worldwide in 2019: Global Health Estimates," *World Health Or-*

ganization, 2021, figure 9, p. 10.

14. Rhys Owen-Williams, "Dataset: Leading Causes of Death, UK," UK Office for National Statistics, March 27, 2020, table 5.

15. National Center for Health Statistics, Data Brief 398, February 2021, figure 3.

16. Barrett Swanson, "Is There a Masculine Cure for Toxic Masculinity?," *Harper's Magazine*, November 2019.

17. F. L. Shand and Others, "What Might Interrupt Men's Suicide? Results from an online Survey of Men," *BMJ Open*, 2015.

18. Heather Boushey and Kavya Vaghul, "Women Have Made the Difference for Family Economic Security," Washington Center for Equitable Growth, April 2016, p. 5. 我应当指出,"来自其他渠道的收入"的贡献非常小。

19. Arlie Hochschild with Anne Machung, *The Second Shift: Working Families and the Revolution at Home* (New York: Viking Penguin, 1989, reissued 1997 and 2012).

20. U. S. Census Bureau, Table C2, "Household Relationship and Living Arrangements of Children under 18 Years, by Age and Sex: 2020."

21. KathrynEdin and Maria Kefalas, *Promises I Can Keep: Why Poor Women Put Motherhood before Marriage* (University of California Press, 2005).

22. Edin and Kefalas, *Promises I Can Keep*, p. 81.

23. Sarah Jane Glynn, "Breadwinning Mothers Continue to Be the U. S. Norm," Center for American Progress, May 10, 2019.

24. R. Kelly Raley, Megan M. Sweeney, and Danielle Wondra, "The Growing Racial and ethnic Divide in U. S. Marriage Patterns," *The Future of Children* (Fall 2015), pp. 89-109.

25. David Autor and Melanie Wasserman, *Wayward Sons: The Emerging Gender Gap in Labor Markets and Education* (Washington, DC: Third Way, 2013), p. 27.

26. Edin and Kefalas, *Promises I Can Keep*.

27. Andrew Cherlin, "Marriage Has Become a Trophy," *The Atlantic*, March 20, 2018.

28. Richard V. Reeves and Christopher Pulliam, "Middle Class Marriage Is Declining, and Likely Deepening Inequality," Brookings Institution, March 11, 2020. See also Shelly Lundberg, Robert A. Pollak, and Jenna Steans, "Family Inequality: Di-

verging Patterns in Marriage, Cohabitation, and Childbearing," *Journal of Economic Perspectives* (Spring 2016).

29. Reeves and Pulliam, "Middle Class Marriage Is Declining."

30. Courtney C. Coile and Mark G. Duggan, "When Labor's Lost: Health, Family Life, Incarceration, and education in a Time of Declining Economic Opportunity for Low-Skilled Men," *Journal of Economic Perspectives* (Spring 2019).

31. Isabel V. Sawhill, *Generation Unbound* (Brookings Institution Press, 2014), p. 76.

32. Elizabeth Wildsmith, Jennifer Manlove, and Elizabeth Cook, "Dramatic Increase in the Proportion of Births outside of Marriage in the United States from 1990 to 2016," *Child Trends*, August 8, 2018.

33. Andrew J. Cherlin, "Rising Nonmarital First Childbearing among College-Educated Women: Evidence from Three National Studies," *Proceedings of the National Academy of Sciences* (September 2021), p. 6.

34. " 'Ms' Feminists Taken Aback as Their High Priestess Steinem Becomes a 'Mrs' at 66," *Irish Times*, September 8, 2000.

35. Richard V. Reeves, "How to Save Marriage in America," *The Atlantic*, February 13, 2014.

36. Marianne Bertrand, Claudia Goldin, and Lawrence F. Katz, "Dynamics of the Gender Gap for Young Professionals in the Financial and Corporate Sectors," *American Economic Journal: Applied Economics* (July 2010).

37. Shoshana Grossbard and Others, "Spouses' Income Association and Inequality: A Non-linear Perspective," Working Paper 2019-076 (Chicago: University of Chicago, December 2019), p. 1.

38. Shelly Lundberg, Robert A. Pollak, and Jenna Stearns, "Family Inequality: Diverging Patterns in Marriage, Cohabitation, and Childbearing," *Journal of Economic Perspectives* (Spring 2016), p. 97.

39. David Morgan, "Class and Masculinity," in *Handbook of Studies on Men and Masculinities*, ed. Michael S. Kimmel, Jeff Hearn, and Robert W. Connell (Thousand oaks, CA: Sage, 2004).

40. Kathryn Edin and Others, "The Tenuous Attachments of Working-Class Men," *Journal of Economic Perspectives* (Spring 2019), p. 222.

41. Edin and others, "The Tenuous Attachments of Working-Class Men," p. 222.

42. Jennifer M. Silva, *We're Still Here: Pain and Politics in the Heart of America* (oxford University Press, 2019), pp. 66, 48-9, 42-3.

43. Daniel Cox, "Yes, Having More Friends Is Better," Survey Center on American Life, August 9, 2021. See also Daniel Cox, "American Men Suffer a Friendship Recession," *National Review*, July 6, 2021.

44. Daniel Cox, "Men's Social Circles Are Shrinking," Survey Center on American Life, June 29, 2021.

45. Richard Fry, "For the First Time in Modern Era, Living with Parents Edges out Other Living Arrangements for 18-to 34-Year-olds," Pew Research Center, May 24, 2016.

46. Michael Kimmel, *Guyland: The Perilous World Where Boys Become Men* (New York: Harper Collins, 2018).

47. Cox, "American Men Suffer a Friendship Recession." See also Jacqueline Olds and Richard S. Schwartz, *The Lonely American: Drifting Apart in the Twenty-First Century* (Boston: Beacon Press, 2009). 正如他们所说,"几乎每位我们访谈的父亲都解释说,自己和大部分男性朋友都失去了联络",第116页。

48. Matthew R. Wright and Others, "The Roles of Marital Dissolution and Subsequent Repartnering on Loneliness in Later Life," *Journals of Gerontology: Series B, Psychological Sciences and Social Sciences* (October 2020).

49. Ernest Hemingway, *Men without Women* (New York: Scribner, 1927); Haruki Murakami, *Men without Women* (New York: Vintage, 2018).

50. John Steinbeck, *Of Mice and Men* (New York: Covici-Friede, 1937; New York: Penguin, 1993), pp. 72-3. 引用参考企鹅出版社版本。

51. Shirley S. Wang, "The Fight to Save Japan's Young Shut-Ins," *Wall Street Journal*, January 25, 2015.

52. Nicolas Tajan, Hamasaki Yukiko, and Nancy Pionnié-Dax, "Hikikomori: The Japanese Cabinet Office's 2016 Survey of Acute Social Withdrawal," *Asia-Pacific Journal* (March 2017). See also Edd Gent, "The Plight of Japan's Modern Hermits," BBC, January 29, 2019.

53. Laurence Butet-Roch, "Pictures Reveal the Isolated Lives of Japan's Social Recluses," *National Geographic*, February 14, 2018.

54. Hikikomori Italia, Associazione Nazionale, www. hikikomoriitalia. it.

55. Alan R. Teo and Others, "Development and Validation of the 25 – Item Hikikomori Questionnaire (HQ-25)," *Psychiatry and Clinical Neurosciences* (June 2018).

56. Allie Conti, "When 'Going outside' Is Prison: The World of American Hikikomori," *New York Magazine*, February 17, 2019.

57. W. Thomas Boyce, *The Orchid and the Dandelion: Why Sensitive Children Face Challenges and How All Can Thrive* (New York: Vintage, 2020).

58. Raj Chetty and Others, "Race and economic opportunity in the United States: An Intergenerational Perspective," *Quarterly Journal of Economics* (May 2020), online appendix table V. 从家庭收入角度衡量,在每个种族类别中,男孩相较于女孩都较难摆脱代际贫困。

59. Miles Corak, "'Inequality Is the Root of Social Evil,' or Maybe Not? Two Stories about Inequality and Public Policy," *Canadian Public Policy* (December 2016).

60. Raj Chetty and Others, "Childhood Environment and Gender Gaps in Adulthood," *American Economic Review* (May 2016), p. 282.

61. Raj Chetty and Nathaniel Hendren, "The Impacts of Neighborhoods on Intergenerational Mobility II: County-Level Estimates," *Quarterly Journal of Economics* (February 2018), p. 1167.

62. David Autor and Others, "Family Disadvantage and the Gender Gap in Behavioral and Educational Outcomes," *American Economic Journal: Applied Economics* (July 2019). See also David Autor and Others, "School Quality and the Gender Gap in Educational Achievement," *American Economic Review* (May 2016); and David Autor and others, "Males at the Tails: How Socioeconomic Status Shapes the Gender Gap," Blueprint Labs, May 2020.

63. Richard V. Reeves and Sarah Nzau, "Poverty Hurts the Boys the Most: Inequality at the Intersection of Class and Gender," Brookings Institution, June 14, 2021.

64. Sue Hubble, Paul Bolton, and Joe Lewis, "Equality of Access and Outcomes in Higher Education in England," Briefing Paper 9195 (June 2021).

65. Colter Mitchell and Others, "Family Structure Instability, Genetic Sensitivity, and Child Well-Being," *American Journal of Sociology* (January 2015).

66. William J. Doherty, Brian J. Willoughby and Jason L. Wilde, "Is the Gender Gap in College Enrollment Influenced by Nonmarital Birth Rates and Father Absence?," *Family Relations* (April 2016).

67. Marianne Bertrand and Jessica Pan, "The Trouble with Boys: Social Influences and the Gender Gap in Disruptive Behavior," Working Paper 17541 (Cambridge, MA: National Bureau of Economic Research, October 2011), p. 1.

68. Cameron Taylor, "Who Gets a Family? The Consequences of Family and Group Home Allocation for Child Outcomes," (unpublished paper, December 2021). 基于他的分析,泰勒提出给养育男孩的家庭提供更高津贴。

69. Autor and Wasserman, "Wayward Sons," p. 50.

70. Corak, " 'Inequality Is the Root of Social Evil,' " p. 400.

第六章　非应答者

1. Michelle Miller-Adams, "About the Kalamazoo Promise," W. E. Upjohn Institute for Employment Research, 2015.

2. Timothy J. Bartik, Brad J. Hershbein, and Marta Lachowska, "The Merits of Universal Scholarships: Benefit-Cost Evidence from the Kalamazoo Promise," *Journal of Benefit-Cost Analysis* (November 2016).

3. Richard V. Reeves and Ember Smith, "Zig-Zag Men, Straight Line Women: Young Adult Trajectories in the U.S.," Brookings Institution, forthcoming. See also quotes in Derek Thompson, "Colleges Have a Guy Problem," *The Atlantic*, September 14, 2021.

4. William N. Evans and Others, "Increasing Community College Completion Rates among Low-Income Students: Evidence from a Randomized Controlled Trial Evaluation of a Case-Management Intervention," *Journal of Policy Analysis and Management* (Fall 2020).

5. National Center for Education Statistics, Integrated Postsecondary Education Data System (IPEDS), "12-Month Enrollment Component 2019-20 Provisional Data," 2021. 根据阶层的数据分类, Richard V. Reeves and Katherine Guyot, "And Justice for All: Community Colleges Serving the Middle Class," Brookings Institution, June 13, 2019。

6. National Center for Education Statistics, "Percentage Distribution of First-

Time, Full-Time Degree/Certificate-Seeking Students at 2-Year Postsecondary Institutions 3 Years after Entry, by Completion and Enrollment Status at First Institution Attended, Sex, Race/ ethnicity, and Control of Institution: Cohort entry Years 2010 and 2015," October 2019.

7. William N. Evans and Others, "Increasing Community College Completion Rates," pp. 1 and 20.

8. 与作者的个人交流。

9. Robert W. Fairlie, Florian Hoffmann, and Philip Oreopoulos, "A Community College Instructor Like Me: Race and Ethnicity Interactions in the Classroom," *American Economic Review* (August 2014). See also Daniel Oliver and Others, "Minority Student and Teaching Assistant Interactions in STEM," *Economics of Education Review* (August 2021).

10. Michael L. Anderson, "Multiple Inference and Gender Differences in the Effects of Early Intervention: A Reevaluation of the Abecedarian, Perry Preschool, and Early Training Projects," *Journal of the American Statistical Association* (2008), p. 1481.

11. Jonathan Guryan, James S. Kim, and David M. Quinn, "Does Reading during the Summer Build Reading Skills? Evidence from a Randomized Experiment in 463 Classrooms," Working Paper 20689 (Cambridge, MA: National Bureau of Economic Research, November 2014), p. 18.

12. David J. Deming and Others, "School Choice, School Quality, and Postsecondary Attainment," *American Economic Review* (March 2014), p. 1008.

13. Scott Carrell and Bruce Sacerdote, "Why Do College-Going Interventions Work?," *American Economic Journal: Applied Economics* (July 2017), p. 136.

14. Vilsa E. Curto and Roland G. Fryer Jr., "The Potential of Urban Boarding Schools for the Poor: Evidence from SEED," *Journal of Labor Economics* (January 2014), p. 82.

15. Susan Dynarski, "Building the Stock of College-Educated Labor," *Journal of Human Resources* (Summer 2008), p. 598.

16. Joshua Angrist, Daniel Lang, and Philip Oreopoulos, "Incentives and Services for College Achievement: Evidence from a Randomized Trial," *American Economic Journal: Applied Economics* (January 2009), p. 136.

17. Angrist, Lang, and Oreopoulos, "Incentives and Services for College Achievement," p. 161.

18. Susan Scrivener and Others, "Doubling Graduation Rates: Three-Year effects of CUNY's Accelerated Study in Associate Programs (ASAP) for Developmental Education Students" (New York, NY: MDRC, February 2015). 有关学前阶段男孩显示出积极结果的研究，See Guthrie Gray-Lobe, Parag A. Pathak and Christopher R. Walters, "The Long-Term effects of Universal Preschool in Boston," Working Paper 28756 (Cambridge, MA: National Bureau of economic Research, May 2021)。

19. Mark Twain, "Letter from Mark Twain," *Daily Alta California*, June 16, 1867, p. 1.

20. Cynthia Miller and Others, "Expanding the Earned Income Tax Credit for Workers without Dependent Children: Interim Findings from the Paycheck Plus Demonstration in New York City" (MDRC, September 2017), p. 46.

21. Emilie Courtin and Others, "The Health effects of Expanding the Earned Income Tax Credit: Results from New York City," *Health Affairs* (July 2020).

22. Miller and Others, "Expanding the Earned Income Tax Credit," p. 49.

23. 亚特兰大的另一个试点项目并没有促进男女就业，至少从中期报告来看是如此。See Cynthia Miller and Others, "A More Generous Earned Income Tax Credit for Singles: Interim Findings from the Paycheck Plus Demonstration in Atlanta" (MDRC, March 2020).

24. Joint Committee on Taxation, "Estimated Budget Effects of the Revenue Provisions of Title XIII—Committee on Ways and Means, of H. R. 5376, The 'Build Back Better Act'" (Congress of the United States, November 2021).

25. Gene B. Sperling, "A Tax Proposal That Could Lift Millions out of Poverty," *The Atlantic*, October 17, 2017. See also Chuck Marr and Chye-Ching Huang, "Strengthening the EITC for Childless Workers Would Promote Work and Reduce Poverty," Center on Budget and Policy Priorities, February 20, 2015.

26. Sheena McConnell and Others, *Providing Public Workforce Services to Job Seekers: 15-Month Impact Findings on the WIA Adult and Dislocated Worker Programs* (Washington, DC: Mathematica Policy Research, May 2016). See also Harry J. Holzer, "Higher Education and Workforce Policy: Creating More Skilled Workers (and Jobs for Them to Fill)," Brookings Institution, April 6, 2015.

27. Sheila Maguire and Others, "Tuning In to Local Labor Markets: Findings from the Sectoral Employment Impact Study," Public/Private Ventures (2010).

28. Carolyn J. Heinrich, Peter R. Mueser, and Kenneth R. Troske, *Workforce Investment Act Non-Experimental Net Impact Evaluation* (Columbia, MD: IMPAQ, December 2008).

29. Howard S. Bloom and Others, "The Benefits and Costs of JTPA Title II-A Programs: Key Findings from the National Job Training Partnership Act Study," *Journal of Human Resources* (June 1997), p. 564.

30. Sheila Maguire and others, "Job Training That Works: Findings from the Sectoral Employment Impact Study," Public/Private Ventures, *P/PV In Brief* 7 (May 2009).

31. Sheila Maguire and Others, "Tuning In to Local Labor Markets."

32. NAFSA: Association of International Educators, "Trends in U.S. Study Abroad 2019-2020." 从全美范围来看，在2019—2020学年，在国外修习学分的美国学生的数量从347 099人下降到162 633人，降幅为53%。

33. Ashley Stipek, Elaina Loveland, and Catherine Morris, *Study Abroad Matters: Linking Higher Education to the Contemporary Workplace through International Experience* (Stanford, CT: Institute of International Education and American Institute for Foreign Study, 2009). See also Peter Schmidt, "Men and Women Differ in How They Decide to Study Abroad, Study Finds," *Chronicle of Higher Education*, November 6, 2009.

34. National Center for Education Statistics, "Number of U.S. Students Studying Abroad and Percentage Distribution, by Sex, Race/Ethnicity, and other Selected Characteristics: Selected Years, 2000-01 through 2018-19" (January 2021).

35. Lucas Böttcher and Others, "Gender Gap in the ERASMUS Mobility Program," *PLoS One* (February 2016).

36. Mark H. Salisbury, Michael B. Paulsen, and Ernest T. Pascarella, "To See the World or Stay at Home: Applying an Integrated Student Choice Model to Explore the Gender Gap in the Intent to Study Abroad," *Research in Higher Education* (November 2010), p. 631.

37. "Fast Facts," Peace Corps, September 30, 2019. 有关美国志愿队，Eric Friedman and Others, *New Methods for Assessing AmeriCorps Alumni Outcomes: Final*

Survey Technical Report（Cambridge, MA：Corporation for National and Community Service, August 2016）, p. 22。

38. 从2017—2018年到2021—2022年的五年间，海外志愿服务（VSO）招募的人中有66%是女性。来自与苏菲·斯科特（Sophie Scott）的个人交流。

第七章　制造男性

1. Scott Barry Kaufman, "Taking Sex Differences in Personality Seriously," *Scientific American*, December 12, 2019.

2. Rong Su, James Rounds, and Patrick Ian Armstrong, "Men and Things, Women and People: A Meta-Analysis of Sex Differences in Interests," *Psychological Bulletin*（November 2009）.

3. Stuart J. Ritchie and Others, "Sex Differences in the Adult Human Brain: Evidence from 5216 UK Biobank Participants," *Cerebral Cortex*（August 2018）, p. 2967.

4. Louann Brizendine, *The Female Brain*（New York: Harmony, 2007）, p. 6.

5. Gina Rippon, *The Gendered Brain: The New Neuroscience That Shatters the Myth of the Female Brain*（New York: Random House, 2019）, p. 353.

6. Melvin Konner, *Women After All: Sex, Evolution, and the End of Male Supremacy*（New York: W. W. Norton, 2015）, p. 12.

7. Bryan Sykes, "Do We Need Men?," *The Guardian*, August 27, 2003.

8. Konner, *Women After All*, p. 24

9. Alice Dreger, *Galileo's Middle Finger: Heretics, Activists, and One Scholar's Search for Justice*（New York: Penguin Books, 2016）, p. 21.

10. Selma Feldman Witchel, "Disorders of Sex Development," *Best Practice & Research Clinical Obstetrics & Gynaecology*（April 2018）. See also Dreger, *Galileo's Middle Finger*, p. 29.

11. Konner, *Women After All*, p. 30.

12. Konner, *Women After All*, p. 213.

13. Raymond H. Baillargeon and Others, "Gender Differences in Physical Aggression: A Prospective Population-Based Survey of Children Before and After 2 Years of Age," *Developmental Psychology*（February 2007）.

14. Lise Eliot, "Brain Development and Physical Aggression: How a Small Gender Difference Grows into a Violence Problem," *Current Anthropology*（February 2021）.

15. United Nations Office on Drugs and Crime, *Global Study on Homicide* 2013 (United Nations, 2013).

16. 就如神经生物学家罗伯特·萨波斯基（Robert Sapolsky）所说，睾酮"扩大了已经存在的攻击性"。See Robert Sapolsky, *The Trouble with Testosterone* (New York: Simon and Schuster, 1997), p. 155.

17. Carole Hooven, *Testosterone: The Story of the Hormone that Dominates and Divides Us* (London: octopus Publishing Group, 2022), chap. 7.

18. Desmond Morris, *The Naked Ape: A Zoologist's Study of the Human Animal* (New York: Random House, 1994).

19. Joyce Benenson, *Warriors and Worriers: The Survival of the Sexes* (oxford University Press, 2014).

20. Severi Luoto and Marco Antonio Correa Varella, "Pandemic Leadership: Sex Differences and Their Evolutionary-Developmental Origins," *Frontiers in Psychology* (March 2021), p. 618.

21. Jason A. Wilder, Zahra Mobasher, and Michael F. Hammer, "Genetic evidence for Unequal effective Population Sizes of Human Females and Males," *Molecular Biology and Evolution* (November 2004).

22. John Tierney, "The Missing Men in Your Family Tree," *New York Times*, September 5, 2007.

23. Roy Baumeister, "Is There Anything Good About Men?," Paper Presented at the 115th Annual Convention of the American Psychological Association, January 1, 2007.

24. Joseph Henrich, *The WEIRDest People in the World* (New York: Farrar, Straus and Giroux, 2020), p. 164.

25. Lena Edlund and Others, "Sex Ratios and Crime: Evidence from China," *Review of Economics and Statistics* (December 2013).

26. Carnegie Hero Fund Commission, www.carnegiehero.org.

27. Margaret Mead, *Male and Female: A Study of the Sexes in a Changing World* (New York: Morrow, 1949). 这段引用出自 1962 年鹈鹕版（Pelican edition）的导论，第 xxvii 页。

28. Konner, *Women After All*, p. 211.

29. Roy F. Baumeister, Kathleen R. Catanese, and Kathleen D. Vohs, "Is There a

Gender Difference in Strength of Sex Drive? Theoretical Views, Conceptual Distinctions, and a Review of RelevantEvidence," *Personality and Social Psychology Review* (August 2001), p. 242.

30. Marianne Legato, *Why Men Die First: How to Lengthen Your Lifespan* (London: Palgrave Macmillan, 2009), p. 109.

31. Henrich, *The WEIRDest People in the World*, p. 165.

32. 有关美国卖淫数字的估算，See *Prostitution: Prices and Statistics of the Global Sex Trade*, Report (Havocscope Books, 2015), and *Sexual Exploitation: New Challenges, New Answers*, Report (Scelles Foundation, May 2019). 根据劳动力统计局统计，美国有26万名教士。See Bureau of Labor Statistics, "Employed Persons by Detailed Occupation, Sex, Race, and Hispanic or Latino Ethnicity," 2020 Labor Force Statistics from the Current Population Survey, January 22, 2021.

33. Riccardo Ciacci and María Micaela Sviatschi, "The Effect of Adult Entertainment Establishments on Sex Crime: Evidence from New York City," *Economic Journal* (January 2022).

34. Meredith Dank and others, "Estimating the Size and Structure of the Underground Commercial Sex Economy in Eight Major US Cities," The Urban Institute, June 2016.

35. Juno Mac and Molly Smith, *Revolting Prostitutes: The Fight for Sex Workers' Rights* (London: Verso Books, 2018).

36. "The Earliest Pornography?," *Science*, May 13, 2009.

37. Miranda A. H. Horvath and Others, *Basically…Porn Is Everywhere: A Rapid Evidence Assessment on the Effects That Access and Exposure to Pornography Has on Children and Young People* (London: Office of the Children's Commissioner, 2013).

38. David Gordon and Others, *Relationships in America Survey* (Austin Institute for the Study of Family and Culture, 2014).

39. Chyng Sun and Others, "Pornography and the Male Sexual Script: An Analysis of Consumption and Sexual Relations," *Archives of Sexual Behavior* (May 2016). See also Michael Castleman, "How Much Time Does the World Spend Watching Porn?," *Psychology Today*, October 31, 2020.

40. Kevin Mitchell, "Sex on the Brain," *Aeon*, September 25, 2019.

41. Sean R. Womack and Others, "Genetic Moderation of the Association between

Early Family Instability and Trajectories of Aggressive Behaviors from Middle Childhood to Adolescence," *Behavior Genetics* (September 2021). See also Sara Palumbo and others, "Genes and Aggressive Behavior: Epigenetic Mechanisms Underlying Individual Susceptibility to Aversive environments," *Frontiers in Behavioral Neuroscience* 12 (June 2018), p. 117.

42. Zachary Kaminsky and Others, "Epigenetics of Personality Traits: An Illustrative Study of Identical Twins Discordant for Risk-Taking Behavior," *Twin Research and Human Genetics* (February 2008).

43. Colter Mitchell and Others, "Family Structure Instability, Genetic Sensitivity, and Child Well-Being," *American Journal of Sociology* (January 2015).

44. Henrich, *The WEIRDest People in the World*, p. 5.

45. Henrich, *The WEIRDest People in the World*, p. 268.

46. Lee T. Gettler and Others, "Longitudinal evidence That Fatherhood Decreases Testosterone in Human Males," *Proceedings of the National Academy of Sciences* (September 2011), p. 16198.

47. Henrich, *The WEIRDest People in the World*, pp. 278-81.

48. Sherry B. Ortner, "Is Female to Male as Nature Is to Culture?," in *Women, Culture, and Society*, ed. Michealle Zimbalist Rosaldo and Louise Lamphere (Stanford University Press, 1974), pp. 74-5.

49. Anthony W. Clare, *On Men: Masculinity in Crisis* (London: Arrow, 2001), p. 1

50. Leonard Kriegel, *On Men and Manhood* (New York: Dutton Adult, 1979), p. 14.

51. David D. Gilmore, *Manhood in the Making: Cultural Concepts of Masculinity* (Yale University Press, 1991), p. 230.

52. Gilmore, *Manhood in the Making*, p. 106.

53. William Shakespeare, *The Tragedy of Coriolanus*, Act 5, Scene 3.

54. Roy F. Baumeister, *The Cultural Animal: Human Nature, Meaning, and Social Life* (Oxford University Press, 2005), p. 7.

55. Margaret Mead, *Male and Female: A Study of the Sexes in a Changing World* (New York: Morrow, 1949), p. 189.

56. Brian Kennedy, Richard Fry, and Cary Funk, "6 Facts about America's STEM

Workforce and Those Training for It," Pew Research Center, April 14, 2021.

57. Rong Su, "Men and Things," p. 859. See also Steve Stewart-Williams and Lewis G. Halsey, "Men, Women, and STEM: Why the Differences and What Should Be Done?," *European Journal of Personality* (2021), pp. 3-39.

58. Gijsbert Stoet and David C. Geary, "The Gender-Equality Paradox in Science, Technology, Engineering, and Mathematics Education," *Psychological Science* (2018), pp. 581-93. 在一个相关研究中，吉尔里和施托特在经济合作与发展组织成员国的青少年所期待的职业中发现了类似的性别差异模式。Gijsbert Stoet and David C. Geary, "Sex Differences in Adolescents' Occupational Aspirations: Variations across Time and Place," *PLoS One* (2022), doi. org /10. 1371/journal. pone. 0261438.

59. Armin Falk and Johannes Hermle, "Relationship of Gender Differences in Preferences to Economic Development and Gender Equality," *Science*, October 19, 2018, p. 5.

60. University of Gothenburg, News Release, October 2, 2018, www. gu. se/en/news/personality-differences-between-the-sexes-are-largest-in-the-most-gender-equal-countries. 主要的研究，See Erik Mac Giolla and Petri J. Kajonius, "Sex Differences in Personality Are Larger in Gender Equal Countries: Replicating and Extending a Surprising Finding," *International Journal of Psychology* (December 2019).

61. Olga Khazan, "The More Gender Equality, the Fewer Women in STEM," *The Atlantic*, February 18, 2018.

62. Rong Su, "Men and Things," p. 859.

63. Rong Su and James Rounds, "All STEM Fields Are Not Created Equal: People and Things Interests Explain Gender Disparities across STEM Fields," *Frontiers in Psychology* (February 2015).

64. American Psychological Association, "About APA," www. apa. org/about.

65. Stephanie Pappas, "APA Issues First-Ever Guidelines for Practice with Men and Boys," American Psychological Association, 2019, p. 2. See also American Psychological Association, Boys and Men Guidelines Group, *APA Guidelines for Psychological Practice with Boys and Men* (2018).

66. Pappas, "APA Issues First-ever Guidelines", pp. 2-3.

67. Leonard Sax, "Psychology as Indoctrination: Girls Rule, Boys Drool?," *Insti-

tute for Family Studies, January 15, 2019.

68. American Psychological Association, Twitter Post, January 2019, 5: 21 PM.

69. American Psychological Association, *Guidelines for Psychological Practice with Girls and Women* (2007).

70. *Juvenile Justice in a Developmental Framework: A 2015 Status Report* (New York: MacArthur Foundation, 2015).

71. John Fergusson Roxburgh, *Eleutheros; or, The Future of the Public Schools* (London: Kegan Paul, 1930).

72. "Titanic: Demographics of the Passengers," www.icyousee.org/titanic.html.

第八章　进步主义的盲点

1. "Most Educated Counties in the US Map," Databayou, https://databayou.com/education/edu.html.

2. Alice Park and Others, "An extremely Detailed Map of the 2020 Election," *New York Times*, updated March 30, 2021.

3. Valerie Bonk, "Montgomery Co. Schools Add Third Gender Option for Students," *WTOP News*, August 24, 2019.

4. Lindsey Ashcraft and Scott Stump, "Teen Girls at Maryland High School Fight Back after Finding List Ranking Their Looks," *Today*, March 28, 2019; Catherine Thorbecke, "After Male Classmates Rated Their Appearances, These Teen Girls Sparked a Movement to Change the 'Boys Will Be Boys' Culture," ABC News, March 28, 2019; Samantha Schmidt, "Teen Boys Rated Their Female Classmates Based on Looks. The Girls Fought Back," *Washington Post*, March 26, 2019.

5. Carly Stern, "Female Students on Hot or Not List Demand More Action from School," *Daily Mail*, November 8, 2021.

6. 我不在这里列出相关人士的名字。

7. "First Amendment and Freedom," C-SPAN, December 17, 2019.

8. 比如，参见 Frank Pittman, *Man Enough: Fathers, Sons, and the Search for Masculinity* (New York: Putnam, 1993), and T. A. Kupers, "Toxic Masculinity as a Barrier to Mental Health Treatment in Prison," *Journal of Clinical Psychology* (June 2005)。库珀斯（Kupers）使用这个词来指称"用来推动支配、贬低女性，恐同以及肆意暴力的社会性退化的男性特征集合"，p. 714。

9. Carol Harrington, "What Is 'Toxic Masculinity' and Why Does It Matter?," *Men and Masculinities* (July 2020), p. 2.

10. Amanda Marcotte, "Overcompensation Nation: It's Time to Admit That Toxic Masculinity Drives Gun Violence," Salon, June 23, 2016.

11. Eldra Jackson III, "How Men at New Folsom Prison Reckon with Toxic Masculinity," *Los Angeles Times*, November 30, 2017.

12. Maggie Koerth, "Science Says Toxic Masculinity—More Than Alcohol—Leads to Sexual Assault," FiveThirtyEight, September 26, 2018.

13. Rachel Hosie, "Woke Daddy: The Feminist Dad Challenging Toxic Masculinity and Facing Right-Wing Abuse," *Independent*, June 20, 2017.

14. Danielle Paquette, "Toxic Masculinity Is Literally Bad for the Planet, According to Research," *Sydney Morning Herald*, September 1, 2016.

15. Dan Hirschman, "Did Bros Cause the Financial Crisis? Hegemonic Masculinity in the Big Short," *Scatterplot* (blog), August 27, 2016.

16. James Millar, "The Brexiteers Represent the Four Faces of Toxic Masculinity," *New Statesman*, July 5, 2018.

17. Jared Yates Sexton, "Donald Trump's Toxic Masculinity," *New York Times*, October 13, 2016.

18. Alisha Haridasani Gupta, "How an Aversion to Masks Stems from 'Toxic Masculinity,'" *New York Times*, October 22, 2020.

19. Peggy Orenstein, "The Miseducation of the American Boy," *The Atlantic*, January 2020.

20. Dan Cassino and Yasemin Besen-Cassino, "Of Masks and Men? Gender, Sex, and Protective Measures during COVID-19," *Politics & Gender* (August 2020). 请注意，在性别认同的程度方面存在着党派差异。共和党男性和女性更有可能认为自己"百分百"是男性和女性；民主党和独立人士更有可能认为自己"基本上"是男性或女性。

21. Kim Parker, Juliana Menasce Horowitz, and Renee Stepler, "On Gender Differences, No Consensus on Nature vs. Nurture," Pew Research Center, December 2017.

22. Helen Lewis, "To Learn about the Far Right, Start with the 'Manosphere,'" *The Atlantic*, August 7, 2019.

23. PRRI Staff, "Dueling Realities: Amid Multiple Crises, Trump and Biden Sup-

porters See Different Priorities and Futures for the Nation," PRRI, October 19, 2020.

24. PRRI Staff, "Dueling Realities." 准确的数字是，在共和党人中对于每个问题的认可度相应是60%和63%，民主党人相应是24%和23%。

25. Catherine Morris, "Less Than a Third of American Women Identify as Feminists," Ipsos, November 25, 2019. 不过存在很大的党派差异：48%的民主党女性接受女性主义标签，而在共和党女性中这个数字只有13%。

26. "Feminism: Fieldwork Dates: 3rd–6th August 2018," YouGov, August 2018.

27. ContraPoints, "Men," YouTube (video), August 23, 2019.

28. The Sex, Gender and COVID-19 Project, "The COVID-19 Sex-Disaggregated Data Tracker," Global Health 50/50, October 27, 2021.

29. Richard V. Reeves and Beyond Deng, "At Least 65 000 More Men Than Women Have Died from COVID-19 in the US," Brookings Institution, October 19, 2021. 根据美国疾控中心（CDC）更新数据。

30. José Manuel Aburto and Others, "Quantifying Impacts of the COVID-19 Pandemic through Life-Expectancy Losses: A Population-Level Study of 29 Countries," *International Journal of Epidemiology* (September 2021).

31. UK office for National Statistics, "Coronavirus (COVID-19) Related Deaths by Occupation, England and Wales: Deaths Registered between 9 March and 28 December 2020."

32. "The Vast Majority of Programmatic Activity to Prevent and Address the Health Impacts of COVID-19 Largely Ignores the Role of Gender," in *Gender Equality: Flying Blind in a Time of Crisis*, Report (Global Health 50/50, 2021), p. 18.

33. George M. Bwire, "Coronavirus: Why Men Are More Vulnerable to COVID-19 Than Women," *SN Comprehensive Clinical Medicine* (June 2020).

34. Joanne Michelle D. Gomez and Others, "Sex Differences in COVID-19 Hospitalization and Mortality," *Journal of Women's Health* (April 2021). See also Lina Ya'qoub, Islam Y. elgendy, and Carl J. Pepine, "Sex and Gender Differences in COVID-19: More to Be Learned!," *American Heart Journal Plus: Cardiology Research and Practice* (2021); and Hannah Peckham and Others, "Male Sex Identified by Global COVID-19 Meta-analysis as a Risk Factor for Death and ITU Admission," *Nature Communications* (December 9, 2020).

35. Marianne J. Legato, "The Weaker Sex," *New York Times*, June 17,

2006. See also her book, *Why Men Die First: How to Lengthen Your Lifespan* (London: Palgrave Macmillan, 2009).

36. Department of Health and Human Services, Fiscal Year 2022, www.hhs.gov/sites/default/files/fy2022-gdm-operating-plan.pdf.

37. Luke Turner, "Putting Men in the Frame: Images of a New Masculinity," *The Guardian*, February 16, 2020.

38. Kathryn Paige Harden, "Why Progressives Should Embrace the Genetics of Education," *New York Times*, July 24, 2018. 第二处引用源自她的著作 *The Genetic Lottery: Why DNA Matters for Social Equality* (Princeton University Press, 2022), p.179。

39. Raymond H. Baillargeon and Others, "Gender Differences in Physical Aggression: A Prospective Population-Based Survey of Children Before and After 2 Years of Age," *Developmental Psychology* (January 2007).

40. Kate Manne, *Down Girl: The Logic of Misogyny* (New York: Oxford University Press, 2017), p.79.

41. 比如，参见 Melvin Konner, *Women After All* (New York: W. W. Norton, 2015) and Daniel Amen, *Unleash the Power of the Female Brain: Supercharging Yours for Better Health, Energy, Mood, Focus, and Sex* (New York: Harmony, 2013)。

42. Steve Stewart-Williams and others, "Reactions to Male-Favouring versus Female Favouring Sex Differences: A Pre-registered experiment and Southeast Asian Replication," *British Journal of Psychology* (July 2020).

43. Alice H. Eagly and Antonio Mladinic, "Are People Prejudiced against Women? Some Answers from Research on Attitudes, Gender Stereotypes, and Judgments of Competence," *European Review of Social Psychology* (1994), p.13.

44. Konner, *Women After All*, p.228.

45. Erin Spencer Sairam, "Biden, Harris Form a White House Gender Policy Council," *Forbes*, January 22, 2021.

46. National Strategy on Gender Equity and Equality, October 2021, https://www.whitehouse.gov/wp-content/uploads/2021/10/National-Strategy-on-Gender-equity-and-equality.pdf.

47. National Center for Education Statistics, "Table 233.28. Percentage of Students Receiving Selected Disciplinary Actions in Public Elementary and Secondary

Schools, by Type of Disciplinary Action, Disability Status, Sex, and Race/Ethnicity: 2013-14," U. S. Department of Education.

48. "Uninsured Rates for Nonelderly Adults by Sex 2019," Kaiser Family Foundation, State Health Facts.

49. "Fact Sheet: National Strategy on Gender Equity and Equality," The White House, October 22, 2021.

50. Helen Lewis, "The Coronavirus Is a Disaster for Feminism," *The Atlantic*, March 19, 2020.

51. Alicia Sasser Modestino, "Coronavirus Child-Care Crisis Will Set Women Back a Generation," *Washington Post*, July 29, 2020.

52. Email sent December 2, 2020, "Let's Fast Track for Gender equity and Justice in the U. S. and Globally."

53. *Global Gender Gap Report* 2021 (Geneva, Switzerland: World Economic Forum, 2021).

54. Richard Reeves and Fariha Haque, *Measuring Gender Equality: A Modified Approach* (Brookings Institution, forthcoming 2022).

55. Francisco Ferreira, "Are Men the New Weaker Sex? The Rise of the Reverse Gender Gap in Education," World Bank, June 26, 2018.

56. Hanna Rosin, "New Data on the Rise of Women," TED talk (video), December 2010.

第九章　勃然大怒

1. Josh Hawley, "Senator Hawley Delivers National Conservatism Keynote on the Left's Attack on Men in America," November 1, 2021, www. hawley. senate. gov/ senator-hawley-delivers-national-conservatism-keynote-lefts-attack-men-america.

2. Daniel Villarreal, "Defense Bill Will Not Require Women to Sign Up for Draft After All," *Newsweek*, December 6, 2021.

3. Danielle Paquette, "The Unexpected Voters Behind the Widest Gender Gap in Recorded Election History," *Washington Post*, November 9, 2016.

4. Pew Research Center, "For Most Trump Voters, 'Very Warm' Feelings for Him Endure: An Examination of the 2016 Electorate, Based on Validated Voters," August 9, 2018.

5. Paquette, "The Unexpected Voters," *Washington Post*, November 9, 2016.

6. Jane Green and Rosaline Shorrocks, "The Gender Backlash in the Vote for Brexit," *Political Behavior* (April 2021).

7. Jeremy Diamond, "Trump Says It's 'A Very Scary Time for Young Men in America,'" CNN, October 2, 2018.

8. PRRI, "Better or Worse Since the 1950s? Trump and Clinton Supporters at odds over the Past and Future of the Country," October 25, 2016.

9. Evan Osnos, *Wildland: The Making of America's Fury* (New York: Farrar, Straus and Giroux, 2021), p. 256.

10. Pankaj Mishra, "The Crisis in Modern Masculinity," *The Guardian*, March 17, 2018.

11. "Men Adrift: Badly Educated Men in Rich Countries Have Not Adapted Well to Trade, Technology or Feminism," *The Economist*, May 28, 2015.

12. "The Anti-Immigrant Sweden Democrats Fail to Break Through," *The Economist*, September 13, 2018.

13. Katrin Bennhold, "One Legacy of Merkel? Angry East German Men Fueling the Far Right," *New York Times*, November 5, 2018.

14. S. Nathan Park, "Inside South Korea's Incel Election," UnHerd, February 16, 2022.

15. Raphael Rashid, "'Devastated': Gender Equality Hopes on Hold as 'Antifeminist' Voted South Korea's President," *The Guardian*, March 11, 2022.

16. India Today, "Pakistan's Imran Khan Says Feminism Has Degraded the Role of a Mother," June 18, 2018. See also Siobhan O'Grady, "Erdogan Tells Feminist Summit That Women Aren't equal to Men," *Foreign Policy*, November 24, 2014; Felipe Villamor, "Duterte Jokes About Rape, Again. Philippine Women Aren't Laughing," *New York Times*, August 31, 2018.

17. Ed West, "How Single Men and Women Are Making Politics More Extreme," *The Week*, August 4, 2017.

18. Christina Hoff Sommers, *The War Against Boys: How Misguided Feminism Is Harming Our Young Men* (New York: Simon & Schuster, 2001). See also Suzanne Venker, *The War on Men* (Chicago: WND Books, 2016).

19. Raphael Rashid, "South Korean Presidential Hopefuls Push Anti-feminist A-

genda," *Nikkei Asia*, November 24, 2021.

20. Dan Cassino, "Why More American Men Feel Discriminated Against," *Harvard Business Review*, September 29, 2016.

21. Andrew Rafferty, "Cruz Attacks Trump for Transgender Bathroom Comments," NBC News, April 21, 2016.

22. Jeffrey M. Jones, "LGBT Identification Rises to 5.6% in Latest U.S. Estimate," Gallup, February 24, 2021.

23. Supreme Court of the United States, *Bostock v. Clayton County, Georgia*: Certiorari to the United States Court of Appeals for the eleventh Circuit, No. 17-1618—Decided June 15, 2020, p. 1.

24. Lara Jakes, "M, F or X? American Passports Will Soon Have Another option for Gender," *New York Times*, June 30, 2021.

25. Movement Advancement Project, "Equality Maps: Identity Document Laws and Policies," March 3, 2022, www.lgbtmap.org/equality-maps/identity_document_laws.

26. Laura Bates, *Men Who Hate Women* (London: Simon & Schuster, 2021), p. 10.

27. David Brooks, "The Jordan Peterson Moment," *New York Times*, January 25, 2018.

28. Jordan B. Peterson, *12 Rules for Life: An Antidote to Chaos* (New York: Penguin, 2018). See also Zack Beauchamp, "Jordan Peterson, the Obscure Canadian Psychologist Turned Right-Wing Celebrity, Explained," *Vox*, May 21, 2018.

29. "Jordan Peterson Explains His Theory of Lobster and Men," YouTube (video), January 31, 2018.

30. Robert Bly, *Iron John: A Book about Men*, 25th Anniversary Edition (Boston: Da Capo Press, 2004), pp. 2 and 6.

31. Geoff Dench, *Transforming Men: Changing Patterns of Dependency and Dominance in Gender Relations* (New Brunswick, NJ: Transaction, 1996).

32. "Jordan Peterson Debate on the Gender Pay Gap, Campus Protests and Postmodernism," *Channel 4 News*, January 16, 2018.

33. Henry Mance, "Jordan Peterson: 'one Thing I'm Not Is Naïve,'" *Financial Times*, June 1, 2018.

34. Charles Murray, *Human Diversity* (New York: Hachette, 2020), p. 302.

35. Juliana Menasce Horowitz and Ruth Igielnik, "A Century after Women Gained the Right to Vote, Majority of Americans See Work to Do on Gender Equality," Pew Research Center, July 7, 2020.

36. Dan Cassino, "Even the Thought of Earning Less than Their Wives Changes How Men Behave," *Harvard Business Review*, April 19, 2016.

37. George Gilder, *Men and Marriage* (Gretna, LA: Pelican, 1992), p. 81.

38. Katie Hafner, "The Revolution Is Coming, Eventually," *New York Times*, October 19, 2003.

39. Gilder, *Men and Marriage*, pp. 13–15.

40. Dench, *Transforming Men*, p. 16.

41. Wendy Wang, Kim Parker, and Paul Taylor, "Breadwinner Moms," Pew Research Center, May 29, 2013. See also Pew Research Center, "The Harried Life of the Working Mother," October 1, 2009.

42. Arthur Schlesinger Jr., "The Crisis of American Masculinity," *Esquire Classic*, November 1, 1958.

43. Margaret Mead, *Some Personal Views* (New York: Walker, 1979), p. 48.

44. Ayaan Hirsi Ali, *Prey: Immigration, Islam, and the Erosion of Women's Rights* (New York: HarperCollins, 2021), pp. 242–43.

第十章　给男孩穿上红衫

1. Margaret Mead, *Some Personal Views* (New York: Walker, 1979), p. 43. 1974年10月，她在《红皮书》(*Redbook*) 杂志上回应一位读者的问题时如此写道。

2. Malcolm Gladwell, *Outliers: The Story of Success* (Boston: Little, Brown, 2008), p. 8.

3. EdChoice, "The Public, Parents, and K-12 Education," Morning Consult, September 2021.

4. EdChoice, "Teachers and K-12 Education: A National Polling Report," Morning Consult, October 2021 [conducted September 10–19, 2021], p. 19.

5. Diane Whitmore Schanzenbach and Stephanie Howard Larson, "Is Your Child Ready for Kindergarten?," *Education Next* (April 17, 2017).

6. Daphna Bassok and Sean F. Reardon, "'Academic Redshirting' in Kindergar-

ten: Prevalence, Patterns & Implications," *Educational Evaluation and Policy Analysis* (February 2013). 有关老师的数据，我采用的是兰德公司对教育者的调查，后者在 2021 年开展，在我的请求下涵盖了一些有关推迟入学的问题。老师们推迟自己儿子入学的概率是推迟自己女儿入学的三倍。

7. Schanzenbach and Larson, "Is Your Child Ready."

8. Bassok and Reardon, " 'Academic Redshirting' in Kindergarten."

9. Thomas S. Dee and Hans Henrik Sieversten, "The Gift of Time? School Starting Age and Mental Health," Working Paper 21610 (Cambridge, MA: National Bureau of economic Research, October 2015). See also Suzanne Stateler Jones, "Academic Red-Shirting: Perceived Life Satisfaction of Adolescent Males," Texas A&M University, dissertation (May 2012). See also David Deming and Susan Dynarski, "The Lengthening of Childhood," *Journal of Economic Perspectives* (Summer 2008).

10. Elizabeth U. Cascio and Diane Whitmore Schanzenbach, "First in the Class? Age and the Education Production Function," *Education Finance and Policy* (Summer 2016), p. 244.

11. National Center for Education Statistics, "Table 17a. Percentage of Public School Students in Kindergarten through Grade 12 Who Had ever Repeated a Grade, by Sex and Race/Ethnicity: 2007" (July 2010). See also Nancy Frey, "Retention, Social Promotion, and Academic Redshirting: What Do We Know and Need to Know?," *Special Education* (November 2005).

12. Philip J. Cook and Songman Kang, "The School-Entry-Age Rule Affects Redshirting Patterns and Resulting Disparities in Achievement," Working Paper 24492 (Cambridge, MA: National Bureau of Economic Research, April 2018).

13. Stateler Jones, "Academic Red-Shirting." See also Jennifer Gonzalez, "Kindergarten Redshirting: How Kids Feel about It Later in Life," *Cult of Pedagogy*, April 24, 2016.

14. William Ellery Samuels and Others, "Predicting GPAs with Executive Functioning Assessed by Teachers and by Adolescents Themselves," *European Educational Researcher* (October 2019).

15. Deming and Dynarski, "The Lengthening of Childhood," p. 86.

16. Education Commission of the States, "Compulsory School Attendance Laws, Minimum and Maximum Age Limits for Required Free education, by State: 2017," Na-

tional Center for Education Statistics, nces. ed. gov/programs/state reform /tab1_2-2020. asp.

17. Deming and Dynarski, "The Lengthening of Childhood," p. 86.

18. Richard V. Reeves, Eliana Buckner, and Ember Smith, "The Unreported Gender Gap in High School Graduation Rates," Brookings Institution, January 12, 2021.

19. National Center for Education Statistics, "Graduation Rate from First Institution Attended within 150 Percent of Normal Time for First-Time, Full-Time Degree/Certificate-Seeking Students at 2-Year Postsecondary Institutions, by Race/Ethnicity, Sex, and Control of Institution: Selected Cohort Entry Years, 2000 through 2016" (August 2020).

20. Kristen Lewis, "A Decade Undone: 2021 Update," Measure of America of the Social Science Research Council (July 2021).

21. U. S. Equal Employment Opportunity Commission, "Title VII of the Civil Rights Act of 1964."

22. *United States v. Virginia et al.*, 518 U. S. 515 (1996), p. 517.

23. 在2021届学员中，有60名女学员和420名男学员。See "Enrollment Summary Fall 2017," Virginia Military Institute.

24. *United States v. Virginia et al.*, p. 515.

25. OECD, "The ABC of Gender Equality in Education: Aptitude, Behaviour, Confidence" (Paris: OECD Publishing, 2015).

26. National Center for Education Statistics, "Number of Students Receiving Selected Disciplinary Actions in Public Elementary and Secondary Schools, by Type of Disciplinary Action, Disability Status, Sex, and Race/Ethnicity: 2013-14."

27. National Center for Education Statistics, "Table 233. 20, Percentage of Public School Students in Grades 6 through 12 Who Had ever Been Suspended or Expelled, by Race/Ethnicity and Sex: Selected Years, 1993 through 2019." 关于趋势，See Richard M. Ingersoll and Others, "Seven Trends: The Transformation of the Teaching Force—Updated October 2018," University of Pennsylvania, CPRE Research Reports, 2018.

28. Education and training statistics for the UK, "Full-Time Equivalent Number of Teachers for 'Teacher Numbers' for Primary, Secondary, Total Maintained, Female

and Male in England, Northern Ireland, Scotland, United Kingdom and Wales between 2015/16 and 2019/20." See also Kim Hyun-bin, "Male Teachers Become Rare Breed," *Korea Times*, March 15, 2018.

29. Ingersoll and Others, "Seven Trends," p. 14.

30. 引自 Nathan Hegedus, "In Praise of the Dude Teaching at My Son's Preschool," *Huffington Post*, March 19, 2012。

31. Thomas S. Dee, "The Why Chromosome: How a Teacher's Gender Affects Boys and Girls," *Education Next* (Fall 2006). See also Sari Mullola and others, "Gender Differences in Teachers' Perceptions of Students' Temperament, Educational Competence, and Teachability," *British Journal of Educational Psychology* (2012).

32. Lauren Sartain and Others, "When Girls outperform Boys: The Gender Gap in High School Math Grades," University of North Carolina, 2022.

33. Ursina Schaede and Ville Mankki, "Quota vs Quality? Long-Term Gains from an Unusual Gender Quota," Working Paper presented to the Public Economics Program Meeting of the National Bureau of Economic Research, Spring 2022.

34. Siri Terjesen, Ruth V. Aguilera, and Ruth Lorenz, "Legislating a Woman's Seat on the Board: Institutional Factors Driving Gender Quotas for Boards of Directors," *Journal of Business Ethics* (February 2014).

35. Dee, "The Why Chromosome." See also Sari Mullola and Others, "Gender Differences in Teachers' Perceptions of Students' Temperament, Educational Competence, and Teachability," *British Journal of Educational Psychology* (2012).

36. Seth Gershenson and Others, "The Long-Run Impacts of Same-Race Teachers," Working Paper 25254 (Cambridge, MA: National Bureau of Economic Research, November, 2018, revised February 2021).

37. Lisette Partelow, "What to Make of Declining Enrollment in Teacher Preparation Programs," Center for American Progress, December 3, 2019.

38. National Center for Education Statistics, "Table 313.20, Full-Time Faculty in Degree-Granting Postsecondary Institutions, by Race/Ethnicity, Sex, and Academic Rank: Fall 2017, Fall 2018, and Fall 2019."

39. Jacqueline Bichsel and Jasper McChesney, "The Gender Pay Gap and the Representation of Women in Higher education Administrative Positions: The Century So Far," College and University Professional Association for Human Resources, February

2017.

40. Melissa Trotta, "The Future of Higher education Leadership," Association of Governing Boards of Universities and Colleges, September 14, 2021.

41. "Employed Persons by Detailed Occupation, Sex, Race, and Hispanic or Latino Ethnicity," U. S. Bureau of Labor Statistics.

42. 在美国空军中，女性占飞行员的7%，占领航员的12%。See Air Force Personnel Center, "Air Force Active Duty Demographics," Current as of September 30, 2021.

43. Kirsten Cole and Others, "Building a Gender-Balanced Workforce," *Young Children* (September 2019).

44. Alia Wong, "The U. S. Teaching Population Is Getting Bigger, and More Female," *The Atlantic*, February 20, 2019.

45. See note 27.

46. Christina A. Samuels, "Building a Community for Black Male Teachers," *EdWeek*, February 17, 2021.

47. Esteban M. Aucejo and Jonathan James, "The Path to College education: The Role of Math and Verbal Skills," *Journal of Political Economy* (January 2019).

48. See note 27.

49. Anthony P. Carnevale, Ban Cheah, and Emma Wenzinger, "The College Payoff: More education Doesn't Always Mean More Earnings," Georgetown University Center on Education and the Workforce, 2021.

50. Bureau of Labor Statistics, "Employed Persons by Detailed Occupation, Sex, Race, and Hispanic or Latino Ethnicity," 2020 Labor Force Statistics from the Current Population Survey, January 22, 2021.

51. Fredrik DeBoer, *The Cult of Smart: How Our Broken Education System Perpetuates Social Injustice* (New York: All Points Books, 2020).

52. Gijsbert Stoet and David C. Geary, "Gender Differences in the Pathways to Higher Education," *Proceedings of the National Academy of Sciences* (June 2020).

53. National Center for Education Statistics, "Table H175, Average Number of Credits and Percentage of Total Credits Public High School Graduates Earned in Each Curricular and Subject Area: 1992, 2004, and 2013."

54. Oren Cass, "How the Other Half Learns: Reorienting an Education System

That Fails Most Students," Manhattan Institute, August 2018.

55. Joseph Fishkin, *Bottlenecks: A New Theory of Equal Opportunity* (oxford University Press, 2014).

56. National Career Academy Coalition, "Career Academies Change Lives Every Day."

57. James J. Kemple with Cynthia J. Willner, "Career Academies: Long-Term Impacts on Labor Market Outcomes, Educational Attainment, and Transitions to Adulthood," MDRC, June 2008.

58. Eric Brunner, Shaun Dougherty, and Stephen L. Ross, "The Effects of Career and Technical Education: Evidence from the Connecticut Technical High School System," Working Paper 28790 (Cambridge, MA: National Bureau of economic Research, May 2021).

59. Marianne Bertrand, Magne Mogstad, and Jack Mountjoy, "Improving educational Pathways to Social Mobility: Evidence from Norway's 'Reform 94,'" Working Paper 25679 (Cambridge, MA: National Bureau of Economic Research, March 2019), p. 42.

60. Brian A. Jacob, "What We Know about Career and Technical Education in High School," Brookings Institution, October 7, 2017.

61. Perkins Collaborative Resource Network, www.cte.ed.gov/legislation/perkins-v.

62. DataLab, "Federal Investment in Higher Education," 2018.

63. National Center for Education Statistics, "Educational Institutions," Fast Facts, 2017-18.

64. Lucinda Gray, Laurie Lewis, and John Ralph, "Career and Technical Education Programs in Public School Districts: 2016-17," U.S. Department of Education, April 2018.

65. 40亿美元的估计可能是较高的数字。高中平均学生数量是847人。我假定联邦政府给新设立的技术学校的补助是每位学生5000美元（这要比康涅狄格州报告的4000美元额外成本高，也比大多数州的数字更高）。1000×847×5000美元≈42亿美元。

66. Education and Labor Committee, "Chairman Scott Praises Passage of the National Apprenticeship Act of 2021," Press Release, U.S. House of Representatives,

February 5, 2021.

67. U. S. Department of Labor, "Data and Statistics: Registered Apprenticeship National Results Fiscal Year 2020," 2020. For International Comparisons, See OECD/ILo, Engaging Employers in Apprenticeship Opportunities (2017), fig. 1. 2.

68. Harry J. Holzer and Zeyu Xu, "Community College Pathways for Disadvantaged Students," *Community College Review* (April 15, 2021).

69. 有关持有这一观点的详细提议,参见 Austan Goolsbee and Others, A Policy Agenda to Develop Human Capital for the Modern Economy, Aspen Economic Strategy Group, 2019。

70. Cass, "How the Other Half Learns," pp. 5-6.

71. Scottish Funding Council, "Gender Action Plan Annual Progress Report," January 30, 2019.

72. C. Kirabo Jackson, "The Effect of Single-Sex Education on Test Scores, School Completion, Arrests, and Teen Motherhood: Evidence from School Transitions," Working Paper 22222 (Cambridge, MA: National Bureau of economic Research, May 2016).

73. Erin Pahlke, Janet Shibley Hyde, and Carlie M. Allison, "The Effects of Single-Sex Compared with Coeducational Schooling on Students' Performance and Attitudes: A Meta-Analysis," *Psychological Bulletin* (2014).

74. Michael Gurian and Patricia Henley with Terry Trueman, *Boys and Girls Learn Differently! A Guide for Teachers and Parents* (San Francisco: Jossey Bass, 2002).

第十一章 男性可以从事"HEAL"行业

1. Margarita Torre, "Stopgappers? The occupational Trajectories of Men in Female-Dominated occupations," Work and Occupations (June 2018).

2. Gloria Steinem, *The Truth Will Set You Free, But First It Will Piss You Off !* (New York: Random House, 2019), p. 64.

3. Jerome Christenson, "Ramaley Coined STEM Term Now Used Nationwide," *Winona Daily News*, November 13, 2011.

4. 根据综合公共微数据系列(IPUMS)美国社区调查数据中 2018 年标准职业分类编码,"数学家"这个具体职业与"其他数学科学职业"和"统计学家"是一组。除非单独列明,本章中所有职业分析都针对 2019 年壮年(25~54

岁)、全职、工作满一年的具有正收益的普通职工。就业预测来自 Bureau of Labor Statistics, "Occupational Projections, 2020－30, and Worker Characteristics, 2020," table 1.7。

5. 在界定"HEAL"职业时,我严格遵照人口普查局在界定"STEM"职业时"标准职业分类"(SOC)政策委员会在2012年推荐的方法。See "Options for defining STEM Occupations under the 2010 SOC System," Bureau of Labor Statistics, August 2012. 有关我的方法的更多细节, See Richard Reeves and Beyond Deng, "Women in STEM, Men in HEAL: Jobs for the Future," Brookings Institution, forthcoming 2022。

6. 注意,女性现在是社会科学家的主体(64%),而社会科学家被涵盖在"STEM"范畴中。

7. 社会工作者这个职业类型包含四个子类别:儿童、家庭与学校社会工作者;医疗健康社会工作者;心理健康与物质滥用社会工作者;其他社会工作者。See also Jack Fischl, "Almost 82 Percent of Social Workers Are Female, and This Is Hurting Men," Mic, March 25, 2013.

8. David J. Deming, "The Growing Importance of Social Skills in the Labor Market," *Quarterly Journal of Economics* (November 2017), p. 1593.

9. 注意基于这些分析的美国劳动统计局的估测所使用的样本,与我在其他地方展示的美国社区调查结果稍有不同。See BLS, Table 1.7, "Occupational Projections, 2020－30, and Worker Characteristics," 2020。更多的细节, See Reeves and Deng, "Women in STEM, Men in HEAL。"

10. 所有这些收入数字都是这些执业中壮年全职劳动者在2019年的中位数。

11. U.S Department of Health and Human Services, Health Resources and Services Administration, 2018 *National Sample Survey of Registered Nurses*.

12. Bureau of Labor Statistics, "Occupational Projections, 2020-30, and Worker Characteristics, 2020," table 1.7.

13. University of St. Augustine for Health Sciences, "Nurse Burnout: Risks, Causes, and Precautions," July 2020.

14. Louis Pilla, "This Might Hurt a Bit: The Chronic Nursing Shortage Is Now Acute," *Daily Nurse*, July 22, 2021.

15. Ernest Grant, Letter to Honorable Xavier Becerra, Secretary, Department of

Health and Human Ser vices, American Nurses Association, September 1, 2021, p. 1.

16. Michael Topchik and others, *Crises Collide: The COVID-19 Pandemic and the Stability of the Rural Health Safety Net* (The Chartis Group, 2021). 我这里引用的具体数字在主要报告中并没有出现，但是在调查的完整结果中有，是美亚保险公司（Chartis）提供给我的，下文中也有报道：Dylan Scott, "Why the US Nursing Crisis Is Getting Worse," *Vox*, November 8, 2021。

17. Amandad Perkins, "Nursing Shortage: Consequences and Solutions," *Nursing Made Incredibly Easy* (September/October 2021).

18. Annie Buttner, "The Teacher Shortage, 2021 Edition," *Frontline Education*, April 19, 2021.

19. Rafael Heller and Teresa Preston, "Teaching: Respect but Dwindling Appeal," Kappan, September 2018.

20. Lisette Partelow, "What to Make of Declining Enrollment in Teacher Preparation Programs," Center for American Progress, December 3, 2019.

21. Morgan Lee and Cedar Attanasio, "New Mexico Asks Guard to Sub for Sick Teachers amid Omicron," AP News, January 19, 2022; David Schuman, "Twin Cities School Seeks Parents to Alleviate Substitute Teacher Shortage," CBS Minnesota, October 5, 2021; Justin Matthews, "60 International educators Hired to Fill Teacher Shortages in Polk County," Fox 13 News Tampa Bay, October 11, 2021.

22. David Wimer and Ronald F. Levant, "The Relation of Masculinity and Help-Seeking Style with the Academic Help-Seeking Behavior of College Men," *Journal of Men's Studies* (October 2011).

23. Lea Winerman, "Helping Men to Help Themselves," American Psychological Association, June 2005.

24. Benedict Carey, "Need Therapy? A Good Man Is Hard to Find," *New York Times*, May 11, 2011.

25. 有关物质滥用，See SAMHSA Treatment episode Data Set (TEDS), "Gender Differences in Primary Substance of Abuse across Age Groups" (2011). 有关特殊教育，See "Students with Disabilities, Preprimary, Elementary, and Secondary education," National Center for Education Statistics (May 2021).

26. Melinda French Gates, "Here's Why I'm Committing ＄1 Billion to Promote Gender Equality," *TIME*, October 5, 2019.

27. Building Blocks of STEM Act, Senate Report 116-78, Report of the Committee on Commerce, Science, and Transportation (August 2019), p. 7.

28. National Science Foundation, "Organizational Change for Gender Equity in STEM Academic Professions," NSF 20-057, March 10, 2020.

29. 女工程师学会的财政数据来自"导航星"（Guidestar）2019 财年数据。See www. guidestar. org /profile /13-1947735. 员工数据来自女工程师学会网页。两个网页都访问于 2022 年 3 月 28 日。

30. American Association for Men in Nursing, "Who We Are."

31. National Girls Collaborative Project, Annual Report 2021, p. 17.

32. See NSF awards 0631789（＄1. 5 million）and 1103073（＄3 million）.

33. Million Girls Moonshot, "Our Mission."

34. National Center for Education Statistics, "Table 318. 30, Bachelor's, Master's, and Doctor's Degrees Conferred by Postsecondary Institutions, by Sex of Student and Discipline Division：2017-18."

35. 根据从 2009 年到 2012 年收集的数据，特别是九年级的学生。National Center for Education Statistics, "Data Point：Male and Female High School Students' Expectations for Working in a Health-Related Field," June 2020.

36. "Career and Technical Education：A Path to Economic Growth," in *Title IX at 45：Advancing Opportunity through Equity in Education* (Washington, DC：National Coalition for Women and Girls in Education, 2017), p. 6.

37. Mariah Bohanon, "Men in Nursing：A Crucial Profession Continues to Lack Gender Diversity," *INSIGHT Into Diversity*, January 8, 2019.

38. 值得强调的是，对男学生没有显著影响。Scott E. Carrell, Marianne E. Page, and James E. West, "Sex and Science：How Professor Gender Perpetuates the Gender Gap," *Quarterly Journal of Economics* (August 2010).

39. Wendy M. Williams and Stephen J. Ceci, "National Hiring experiments Reveal 2：1 Faculty Preference for Women on STEM Tenure Track," *Proceedings of the National Academy of Sciences* (April 2015), p. 5360.

40. Scholarships. org, "Scholarships for Women," accessed March 28, 2022.

41. 圣玛丽学院玛丽·居里奖学金项目（MCSP），see NSF Award 0630846.

42. National Center for Education Statistics, "Table 318. 30."

43. Glenda M. Flores, and Pierrette Hondagneu-Sotelo, "The Social Dynamics

Channeling Latina College Graduates into the Teaching Profession," *Gender, Work & Organization* (November 2014), p. 491.

44. 这些资助主要以《劳动力创新和机会法案》第一章的规定分配。See Daria Daniel, "Legislation Reintroduced to Address the Impacts of COVID-19 on the Nation's Workforce," National Association of Counties, February 10, 2021.

45. David H. Bradley, *The Workforce Innovation and Opportunity Act and the One-Stop Delivery System*, Congressional Research Service Report R44252 (2015, updated January 2021), p. 4.

46. Texas Workforce Commission, "Program Year 2018 Workforce Innovation and Opportunity Act Annual Report, Titles I and III" (2018), p. 12.

47. STEM RESTART Act, S. 1297, 117th Congress (2021-2022).

48. 在1999—2000年和2020—2021年中，中小学教育阶段教师的平均工资都是65 000美元（按照2020/2021年美元计算）。National Center for Education Statistics, "Table 211.60, Estimated Average Annual Salary of Teachers in Public elementary and Secondary Schools, by State: Selected Years, 1969-70 through 2020-21."

49. Madeline Will, "Joe Biden to Teachers: 'You Deserve a Raise, Not Just Praise,'" *Education Week*, July 2, 2021.

50. Meg Benner and others, "How to Give Teachers a $10 000 Raise," Center for American Progress, July 2018.

51. George A. Akerlof and Rachel E. Kranton, "Economics and Identity," *Quarterly Journal of Economics* (August 2000), p. 748.

52. 有关壮年（25~54岁）全职劳动者，See also "Male Nurses Becoming More Commonplace, Census Bureau Reports," United States Census Bureau (February 2013).

53. Brittany Bisceglia, "Breaking the Stigma of the Male Nurse," *Nursing License Map* (blog), December 3, 2020.

54. Wally Bartfay and emma Bartfay, "Canadian View of Men in Nursing explored," *Men in Nursing* (April 2007).

55. 引自 Andrew Clifton, Sarah Crooks, and Jo Higman, "Exploring the Recruitment of Men into the Nursing Profession in the United Kingdom," *Journal of Advanced Nursing* (March 2020), p. 1879。

56. Aaron Loewenberg, "There's a Stigma around Men Teaching Young Kids. Here's How We Change It," *Slate*, October 18, 2017.

57. Jill E. Yavorsky, "Uneven Patterns of Inequality: An Audit Analysis of Hiring Related Practices by Gendered and Classed Contexts," *Social Forces* (December 2019). 请注意，这些并不是"HEAL"工作。

58. Martin Eisend, "A Meta-analysis of Gender Roles in Advertising," *Journal of the Academy of Marketing Science* (November 2009).

59. Claudia Goldin, "A Pollution Theory of Discrimination: Male and Female Differences in Occupations and Earnings," in *Human Capital in History: The American Record*, ed. Leah Platt Boustan, Carola Frydman, and Robert A. Margo (University of Chicago Press, 2014), p. 324.

60. Edward Schiappa, Peter B. Gregg, and Dean E. Hewes, "Can one TV Show Make a Difference? Will & Grace and the Parasocial Contact Hypothesis," *Journal of Homosexuality* (November 2006).

61. Melissa S. Kearney and Phillip B. Levine, "Media Influences on Social outcomes: The Impact of MTV's 16 and Pregnant on Teen Childbearing," *American Economic Review* (December 2015).

62. 有关对于这些营销活动的评估，参见 Doug McKenzie-Mohr, *Fostering Sustainable Behavior: An Introduction to Community-Based Social Marketing* (Gabriola Island, BC: New Society, 2013)。

63. Cass R. Sunstein, *How Change Happens* (MIT Press, 2020); Robert H. Frank, *Under the Influence: Putting Peer Pressure to Work* (Princeton University Press, 2020).

64. 在2008—2009年，俄勒冈州入学的护理学生中有13%是男性，而在注册的护士中这一数字是11%，这一上升最多与全美趋势持平。See Tamara Bertell and Others, *Who Gets In? Pilot Year Data from the Nursing Student Admissions Database* (Portland: Oregon Center for Nursing, 2009), table 5, p. 11.

65. Kimberley A. Clow, Rosemary Ricciardelli, and Wally J. Bartfay, "Are You Man Enough to Be a Nurse? The Impact of Ambivalent Sexism and Role Congruity on Perceptions of Men and Women in Nursing Advertisements," *Sex Roles* (April 2015).

66. Marci D. Cottingham, "Recruiting Men, Constructing Manhood: How Health Care organ izations Mobilize Masculinities as Nursing Recruitment Strategy," *Gender &*

Society (February 2014).

67. Tara Boyle and Others, "'Man Up': How a Fear of Appearing Feminine Restricts Men, and Affects Us All," NPR, October 1, 2018.

68. Ben Lupton, "Maintaining Masculinity: Men Who Do 'Women's Work,'" *British Journal of Management* (September 2000), pp. 33–48.

第十二章 父亲的新面孔

1. Hanna Rosin, *The End of Men: And the Rise of Women* (New York: Riverhead Books, 2012), p. 9.

2. Matt Gertz, "Tucker Carlson's Snide Dismissal of Paternity Leave Is in Stark Contrast to His Colleagues' Fervent Support," Media Matters for America, October 15, 2021.

3. "Piers Morgan Mocks Daniel Craig for Carrying Baby," BBC, October 16, 2018.

4. Serena Mayeri, *Reasoning from Race: Feminism, Law, and the Civil Rights Revolution* (Harvard University Press, 2014), p. 123. 几十年后再反思这个案件时，金斯伯格说："这是我梦想中的社会……父亲热爱并关心且帮助抚养他们的孩子。" See Erika Bachiochi, "What I Will Teach My Children about Ruth Bader Ginsburg," *America Magazine*, September 24, 2020.

5. Eric Michael Johnson, "Raising Darwin's Consciousness: An Interview with Sarah Blaffer Hrdy on Mother Nature," *Scientific American*, March 16, 2012.

6. Anna Machin, *The Life of Dad: The Making of the Modern Father* (New York: Simon & Schuster, 2018), pp. 17–18.

7. William H. Jeynes, "Meta-Analysis on the Roles of Fathers in Parenting: Are They Unique?," *Marriage & Family Review* (April 2016); Sara McLanahan and Christopher Jencks, "Was Moynihan Right?," *Education Next* (Spring 2015); Kevin Shafer, *So Close, Yet So Far: Fathering in Canada & the United States* (University of Toronto Press, 2022), especially chap. 2.

8. Kathleen Mullan Harris, Frank F. Furstenberg, and Jeremy K. Marmer, "Paternal Involvement with Adolescents in Intact Families: The Influence of Fathers over the Life Course," *Demography* (June 1998).

9. Rebecca M. Ryan, Anne Martin, and Jeanne Brooks-Gunn, "Is one Good Par-

ent Good Enough? Patterns of Mother and Father Parenting and Child Cognitive Outcomes at 24 and 36 Months," *Parenting: Science and Practice* (May 2006).

10. James A. Gaudino Jr., Bill Jenkins, and Roger W. Rochat, "No Fathers' Names: A Risk Factor for Infant Mortality in the State of Georgia, USA," *Social Science & Medicine* (January 1999).

11. Marc Grau-Grau and Hannah Riley Bowles, "Launching a Cross-disciplinary and Cross-national Conversation on Engaged Fatherhood," in *Engaged Fatherhood for Men, Families and Gender Equality: Healthcare, Social Policy, and Work Perspectives*, ed. Marc Grau-Grau, Mireia las Heras Maestro, and Hannah Riley Bowles (New York: Springer, 2022), p. 2.

12. William H. Jeynes, "Meta-Analysis on the Roles of Fathers," p. 17. See also Harris, Furstenberg, and Marmer, "Paternal Involvement with Adolescents in Intact Families."

13. Kim Parker, Juliana Menasce Horowitz, and Renee Stepler, "Americans Are Divided on Whether Differences between Men and Women Are Rooted in Biology or Societal Expectations," Pew Research Center, December 5, 2017.

14. Pauline Hunt, *Gender and Class Consciousness* (London: MacMillan, 1980), p. 24.

15. National Academies of Sciences, Engineering, and Medicine, *The Promise of Adolescence: Realizing Opportunity for All Youth* (Washington, DC: The National Academies Press, 2019), p. 37.

16. Rob Palkovitz, "Gendered Parenting's Implications for Children's Well-Being," in *Gender and Parenthood: Biological and Social Scientific Perspectives*, ed. W. Bradford Wilcox and Kathleen Kovner Kline (Columbia University Press, 2013), p. 11.

17. Deborah A. Cobb-Clark and Erdal Tekin, "Fathers and Youths' Delinquent Behavior," *Review of Economics of the Household* (June 2014).

18. Eirini Flouri and Ann Buchanan, "The Role of Father Involvement in Children's Later Mental Health," *Journal of Adolescence* (February 2003).

19. Stephen D. Whitney and Others, "Fathers' Importance in Adolescents' Academic Achievement," *International Journal of Child, Youth and Family Studies* (2017).

20. Machin, *The Life of Dad*, p. 111.

21. Shafer, *So Close, Yet So Far*, p. 68.

22. David J. Eggebeen, "Do Fathers Uniquely Matter for Adolescent Well-Being?," in *Gender and Parenthood: Biological and Social Scientific Perspectives*, ed. W. Bradford Wilcox and Kathleen Kovner Kline (Columbia University Press, 2013), p. 267.

23. Paul R. Amato and Joan G. Gilbreth, "Nonresident Fathers and Children's Well Being: A Meta-analysis," *Journal of Marriage and Family* (August 1999).

24. William Marsiglio and Joseph H. Pleck, "Fatherhood and Masculinities," in *Handbook of Studies on Men and Masculinities*, ed. Michael S. Kimmel, Jeff Hearn, and Robert W. Connell (Thousand Oaks, CA: Sage, 2004), p. 253.

25. Alan Booth, Mindy E. Scott, and Valarie King, "Father Residence and Adolescent Problem Behavior: Are Youth Always Better off in Two-Parent Families?," *Journal of Family Issues* (May 2010).

26. Kathryn Edin and Timothy J. Nelson, *Doing the Best I Can: Fatherhood in the Inner City* (University of California Press, 2013), p. 216.

27. Gretchen Livingston and Kim Parker, "A Tale of Two Fathers: More Are Active, but More Are Absent," Pew Research Center, June 15, 2011.

28. Jo Jones and William D. Mosher, "Fathers' Involvement with Their Children: United States, 2006–2010," National Health Statistics Reports, no. 71 (Hyattsville, MD: National Center for Health Statistics, 2013). See also Edin and Nelson, *Doing the Best I Can*, p. 215.

29. Calvina Z. Ellerbe, Jerrett B. Jones, and Marcia J. Carlson, "Race/Ethnic Differences in Nonresident Fathers' Involvement after a Nonmarital Birth," *Social Science Quarterly* (September 2018), p. 1158.

30. Janet Gornick and Marcia Meyers, "Institutions That Support GenderEquality in Parenthood and Employment," in *Gender Equality: Transforming Family Divisions of Labor* (New York: Verso, 2009), pp. 4–5.

31. Heather Boushey, "Home Economics," *Democracy Journal* (Spring 2016).

32. Tanya Byker and Elena Patel, "A Proposal for a Federal Paid Parental and Medical Leave Program," Brookings Institution, May 2021.

33. 2005年议会法案在2019年7月1日俄勒冈州第80届立法大会中签字生效为法律。注意这个政策在2023年的实施一直受到了推迟。

34. OECD, Parental Leave Systems, "Paid Leave Reserved for Fathers," OECD Family Database, October 2021.

35. Ankita Patnaik, 'Daddy's Home!' Increasing Men's Use of Paternity Leave," Council on Contemporary Families, April 2, 2015.

36. 引自 Gornick and Meyers, *Institutions That Support Gender Equality*, p. 437。

37. "生育对［母亲］劳动力供给的影响……很大并且对更高阶段的发展有负面作用。" Daniel Aaronson and Others, "The Effect of Fertility on Mothers' Labor Supply over the Last Two Centuries," *Economic Journal* (January 2021).

38. Claudia Goldin, *Career and Family: Women's Century-Long Journey toward Equity* (Princeton University Press, 2021), p. 234.

39. U. S. Bureau of Labor Statistics, "Employment Status of Mothers with Own Children under 3 Years Old by Single Year of Age of Youngest Child and Marital Status, 2019-2020 Annual Averages," in *Employment Characteristics of Families* 2020, April 2021.

40. Juliana Menasce Horowitz, "Despite Challenges at Home and Work, Most Working Moms and Dads Say Being Employed Is What's Best for Them," Pew Research Center, September 12, 2019.

41. 戴利的观点转引自 Marsiglio and Pleck, "Fatherhood and Masculinities," p. 257.

42. Edin and Nelson, *Doing the Best I Can*, p. 216.

43. Maria Cancian and Others, "Who Gets Custody Now? Dramatic Changes in Children's Living Arrangements after Divorce," *Demography* (May 2014), p. 1387.

44. 这是一个近似数字，基于对美国各州律师的访谈。See "How Much Custody Time Does Dad Get in Your State?," Custody Xchange, 2018。

45. Heather Hahn, KathrynEdin, and Lauren Abrahams, *Transforming Child Support into a Family-Building System* (US Partnership on Mobility from Poverty, March 2018).

46. Office of Child Support Enforcement, "Preliminary Report for FY 2020," tables P-29 and P-85, U. S. Department of Health and Human Services, June 2021.

47. 有关这一改革的更多细节，See Hahn and Others, Transforming Child Support, pp. 13-16。

48. 蒂莫西·尼尔森未发表的分析基于源自和全美 429 位父亲的访谈，引自 Hahn and Others, Transforming Child Support, p. 5。

49. Oregon Secretary of State, Department of Justice, "Chapter 137: Parenting Time Credit," Oregon State Archives. 我提出了一个类似的主张: "Non-resident Fathers: An Untapped Childcare Army?," Brookings Institution, December 9, 2015.

50. Edin and Nelson, *Doing the Best I Can*, p. 227.

51. Michael Young and Peter Willmott, *The Symmetrical Family* (New York: Pantheon, 1973), p. 278.

52. Alexander Bick, Bettina Brüggemann, and Nicola Fuchs-Schündeln, "Hours Worked in Eu rope and the United States: New Data, New Answers," *Scandinavian Journal of Economics* (October 2019), pp. 1381–1416.

53. Julie Sullivan, "Comparing Characteristics and Selected Expenditures of Dual- and Single-Income Households with Children," *Monthly Labor Review*, U. S. Bureau of Labor Statistics, September 2020, https://doi.org/10.21916/mlr.2020.19.

54. Richard V. Reeves and Isabel V. Sawhill, *A New Contract with the Middle Class* (Brookings Institution, 2020), pp. 46–56.

55. Goldin, *Career and Family*, p. 17.

56. Kim Parker and Wendy Wang, *Modern Parenthood: Roles of Moms and Dads Converge as They Balance Work and Family*, report prepared for the Pew Research Center, March 2013.

57. Richard Weissbourd and others, "How the Pandemic Is Strengthening Fathers' Relationships with Their Children," Harvard Graduate School of Education, Making Caring Common Project, June 2020.

58. Grant R. McDermott and Benjamin Hansen, "Labor Reallocation and Remote Work during COVID-19: Real-Time Evidence from GitHub," Working Paper 29598 (Cambridge, MA: National Bureau of Economic Research, December 2021).

59. Goldin, *Career and Family*, p. 9.

60. Goldin, *Career and Family*, figure 9.1, p. 178.

61. Goldin, *Career and Family*, p. 191.

62. Claudia Goldin and Lawrence F. Katz, "A Most Egalitarian Profession: Pharmacy and the Evolution of a Family-Friendly Occupation," *Journal of Labor Economics* (July 2016).

63. Stephanie Vozza, "How These Companies Have Made Four-Day Workweeks

Feasible," *Fast Company*, June 17, 2015.

64. Karen Turner, "Amazon Is Piloting Teams with a 30-Hour Workweek," *Washington Post*, August 26, 2016.

65. *The 2016 Deloitte Millennial Survey: Winning over the Next Generation of Leaders* (London: Deloitte, 2016).

66. Claire Cain Miller, "Paternity Leave: The Rewards and the Remaining Stigma," *New York Times*, November 7, 2014. 根据在2021年5月26日至6月3日开展的哈里斯民意调查（Harris Poll），62%的父亲或准父亲同意存在着"未明言的规则，即工作中的男性不应当休完育儿假"。这项调查是为沃尔沃汽车做的。

67. Shane Barro, "Gender equality Won't Just Change Women's Lives—It'll Change everyone's," Huffington Post, September 30, 2015.

结语

1. Richard V. Reeves and Ember Smith, "Americans Are More Worried about Their Sons Than Their Daughters," Brookings Institution, October 7, 2020.

索引

（索引中页码皆为原书页码，即本书边码，图以页码后"*f*"表示。）

#我也是运动 #MeToo movement, 107

"HEAL"（健康、教育、行政管理和文员）领域 HEAL（health, education, administration, and literacy）fields, 150-66; 该领域中的大学学位 college degrees in, 159; 对该领域的描述 description of, 152; 对该领域中男性的自主 funding for men in, 157-58, 161-62, 165-66; 提供者和使用者的性别匹配 gender matching of providers and users, 155-57; 在此领域的收入水平 income levels within, 154, 162; 在此领域的工作增长 job growth within, 13, 154-55; 在此领域的男性代表性 male representation in, 153, 153f, 156-58, 156f; 概述 overview, 150-51; 男性的渠道 pipeline of men for, 158-60; 在此领域的服务学习型机会 service-learning opportunities in, 158; 在此领域中男性的刻板印象 stereotypes of men in, 163-65; 在此领域的教师性别 teacher gender in, 159-60; 在此领域的职业培训 vocational training in, 159; 女性对此领域的主导 women's dominance of, 22, 151, 153, 159. 也参见护士；教师 See also Nursing; Teachers

"MBK"联盟 MBK Alliance, 52

"STEM"（科学、技术、工程和数学）领域：该领域中的大学学位 STEM（science, technology, engineering, and math）fields: college degrees in, 13, 160; 该领域的就业 employment within, 22, 97-100, 99f, 124-25, 152, 153f; 对该领域中女性的资助 funding for women in, 157-62; 与性别平等悖论 gender-equality paradox and, 98; 该领域的性别差距 gender gap in, 5-6, 13; 经济合作与发展组织的调查 OECD survey of, 4-5;

女性的渠道 pipeline of women for, 158-59；该领域中教室性别 teacher gender in, 145, 159-60；该领域的职业培训 vocational training in, 148

"叫我先生"项目 Call Me MISTER program, 161

"我兄弟的守护者"倡议 My Brother's Keeper initiative, 52

"薪水加"试点项目 Paycheck Plus pilot program, 77-78

《STEM RESTART 法案》（提案）STEM RESTART Act (proposed), 162

《STEM 基石法案》Building Blocks of STEM Act of 2019, 157

《单身汉是什么样？》（诗）"What Is A Bachelor Like?" (poem), 38-39

《民权法案》第七章 Civil Rights Act of 1964, Title VII, 121, 139

《敲门声咚咚》（贝蒂）"Knock, Knock" (Beaty), 55

《全球性别差距报告》Global Gender Gap Report, 114-15

1964 年《民权法案》第七章 Title VII (Civil Rights Act of 1964), 121, 139

1972 年《美国教育法修正案》第九条 Title IX (Education Amendments of 1972), 3, 11, 14

1982 年的《职业培训合作法》Job Training Partnership Act of 1982, 78

1998 年的《劳动力投资法案》Workforce Investment Act of 1998, 78

2014 年的《劳动力创新和机会法案》（WIOA）Workforce Innovation and opportunity Act of 2014 (WIOA), 161-62

2017 年《减税和就业法案》Tax Cuts and Jobs Act of 2017, 23

ASAP（副学士项目加速学习）ASAP (Accelerated Study in Associate Programs), 77

CTE（职业和技术教育）CTE (career and technical education), 146-47, 159

EITC（所得税减免）EITC (Earned Income Tax Credit), 78

EQ（情商）EQ (emotional intelligence), 21

J. F. 罗克斯伯格 Roxburgh, J. F., 101

LGBTQ 群体：与转化治疗 LGBTQ community: conversion therapy and, 100；与就业歧视 employment discrimination and, 121；婚姻平等 marriage equality for, 65, 164；跨性别者权利议题 trans rights issues, 120-21, 123

PISA（国际学生评估项目）PISA (Programme for International Student Assessment), 4-5

READS 项目 Project READS, 76

STAR 项目 Project STAR, 76

WEF（世界经济论坛）WEF (World Economic Forum), 12, 114-15

WIOA（2014 年《劳动力创新和机会

法案》）WIOA（Workforce Innovation and opportunity Act of 2014），161-62

WoW（女性很棒）效应 WoW（women-are-wonderful）effect, 112

阿德莱·史蒂芬森 Stevenson, Adlai, 31, 32

阿恩罗格·莱拉 Leira, Arnlaug, 175

阿哈默德·奥伯里 Arbery, Ahmaud, 54

阿里·霍克希尔 Hochschild, Arlie, 64

阿里尔·宾德 Binder, Ariel, 38

阿玛蒂亚·森 Sen, Amartya, 47

阿明·福克 Falk, Armin, 98

阿片类药物 Opioids, 62, 68

埃莉诺·罗斯福 Roosevelt, Eleanor, 31

埃斯特班·欧斯隆 Aucejo, Esteban, 15

埃约尔夫·古德蒙松 Gudmundsson, Eyjolfur, 12

艾伦·克鲁格 Krueger, Alan, 62

艾伦·泰奥 Teo, Alan, 69-70

爱丽丝·伊格利 Eagly, Alice, 112

安德鲁·切尔林 Cherlin, Andrew, 36, 38, 65

安迪·霍尔丹 Haldane, Andy, 21

安东尼·卡内瓦莱 Carnevale, Anthony, 145

安东尼·克莱尔 Clare, Anthony, 96

安东尼奥·穆拉迪尼茨 Mladinic, Antonio, 112

安格斯·迪顿 Deaton, Angus, 60, 62

安娜·梅钦 Machin, Anna, 169, 171

安妮·凯斯 Case, Anne, 60, 62

安妮-玛丽·斯劳特 Slaughter, Anne Marie, 182

奥尔顿·斯特林 Sterling, Alton, 54

奥尔加·卡赞 Khazan, Olga, 98

奥伦·卡斯 Cass, Oren, 148

巴雷特·斯旺森 Swanson, Barrett, 63

巴伦·戴维斯 Davis, Baron, 144

白宫性别政策委员会 White House Gender Policy Council, 112-13, 115

百万女孩登月 Million Girls Moonshot, 158-59

宝琳·亨特 Hunt, Pauline, 170

保守主义者。参见政治右翼 Conservatives. See Political Right

暴力：黑人男性被污名化为很危险 Violence：Black men stigmatized as dangerous, 53; 文化平息暴力 cultural valorization of, 86; 在暴力犯罪方面的性别差距 gender gap in committing acts of, 89; 与厌女 misogyny and, 122; 社会暴力程度的下降 social decrease in, 90; 婚姻作为睾酮抑制系统 testosterone suppression system of marriage on, 95; 与有害的男子气概 toxic masculinity and, 107; 与传统的男子气概 traditional masculinity and, 100

贝拉克·奥巴马 Obama, Barack, 40,

52, 55

贝齐·史蒂文森 Stevenson, Betsey, 21

彼得·布蒂吉格 Buttigieg, Pete, 168

彼得·威尔莫特 Willmott, Peter, 178-79

伯特兰·罗素 Russell, Bertrand, 74

不平等：经济的 Inequality: economic, 61, 66, 72; 代际模式 intergenerational patterns of, 49; 与交汇性 intersectionality and, 46; 与家庭生活中的种族差异 racial differences in family life and, 56. 也参见性别差距 See also Gender gaps

布拉德·赫什拜因 Hershbein, Brad, 73, 74

布莱恩·赛克斯 Sykes, Brian, 88

查尔斯·默里 Murray, Charles, 125

查尔斯·让-皮埃尔 Jean-Pierre, Charles, 144

查尔斯·詹姆斯 James, Charles, 26

差距本能 Gap instinct, 24-25, 86

成吉思汗 Genghis Khan, 90-91

城市寄宿学校 Urban boarding schools, 76

城市研究所 Urban Institute, 15-16, 93

初学者项目 Abecedarian program, 76

穿上红衫（推迟一年入学）Redshirting (starting school a year later), 134-40

创世神话 Creation stories, 85, 88

村上春树 Murakami, Haruki, 69

大脑发育 Brain development, 8-11, 16, 85, 101

大学。参见大学教育 Universities. See College education

大学教育：录取过程 College education: admissions process, 7, 14; 学位获得 degree attainment, x, 3, 11-13, 12-13f, 50, 51f, 71; 辍学与退学 dropouts and stop outs, 15-16, 75; 录取统计 enrollment statistics, 3, 12, 15, 50, 76, 114, 148; 免费项目 free programs, xi, 17, 73-75; 在"HEAL"领域 in HEAL fields, 159; 辅导和支持项目 mentoring and support programs, 75, 77; "转动指指针"措施 Moving the Needle initiative, 142-43; 奖学金项目 scholarship programs, 76, 144, 158, 160-61; 在"STEM"领域 in STEM fields, 13, 160; 世界经济论坛性别平等分数 WEF gender parity score for, 114

代码转换 Code-switching, 40

带薪休假 Paid leave, ix-x, 173-76, 179

戴安·怀特摩尔·尚岑巴赫 Schanzenbach, Diane Whitmore, 135-37

戴博拉·伯顿 Burton, Deborah, 164

戴斯蒙德·莫里斯 Morris, Desmond, 90

戴维·艾格贝恩 Eggebeen, David,

索引 *333*

171-72

戴维·奥特尔 Autor, David, 16, 19, 65, 72

戴维·布兰肯霍恩 Blankenhorn, David, 37-38

戴维·戴明 Deming, David, 138, 154

戴维·吉尔里 Geary, David, 98

戴维·吉尔摩 Gilmore, David, 32-34, 96

戴维·摩根 Morgan, David, 33, 67

戴维·威利茨 Willetts, David, 35

丹·卡西诺 Cassino, Dan, 126

丹尼尔·贝蒂 Beaty, Daniel, 55

丹尼尔·科克斯 Cox, Daniel, 68

丹尼尔·克雷格 Craig, Daniel, 168

丹尼尔·帕特里克·莫伊尼汉 Moynihan, Daniel Patrick, 49, 53, 57

丹尼尔·施瓦门塔尔 Schwammenthal, Daniel, 129

丹尼尔·旺德拉 Wondra, Danielle, 56

单方面离婚 Unilateral divorces, 35

单性别学校 Single-sex schools, 148

德罗恩·斯莫尔 Small, Delrawn, 54

德瓦·帕格 Pager, Devah, 55

蒂凡妮·福特 Ford, Tiffany N., 47

蒂莫西·鲍尔蒂克 Bartik, Timothy, 73

蒂莫西·尼尔森 Nelson, Timothy, 172-73, 176, 178

电子游戏 Video games, 19-20

独生子女政策（中国）One-child policy (China), 91

多样性。参见种族与族群差异 Diversity. See Racial and ethnic differences

多余男性的数学问题 Math problem of surplus men, 91

非裔美国人。参见黑人男性和男孩；黑人女性和女孩 African Americans. See Black men and boys; Black women and girls

菲奥娜·尚德 Shand, Fiona, 63

菲兰德·卡斯提尔 Castile, Philando, 54

菲利普·库克 Cook, Philip, 137

芬兰学生的成绩 Finland, student performance in, 4-5, 142

奉子成婚 Shotgun marriages, 35-36

弗朗西斯·延森 Jensen, Frances, 10

弗朗西斯科·费雷拉 Ferreira, Francisco, 115

弗洛伦斯·南丁格尔 Nightingale, Florence, 163

福利制度 Welfare system, 35, 47, 98, 174, 178

辅导项目 Mentoring programs, xii, 75-77, 162, 165

父母。参见父亲；母亲 Parents. See Fathers; Mothers

父亲 Fathers, 31-42, 167-82; 源自父亲的子女抚养 child support from, 176-78; 保守主义立场 conservative views of, 168; 与孩子一同居住 co-residency with children, x, 38, 41, 94-95, 172; 父亲身份的直接模式

direct model of fatherhood, 172–82; 父亲的错位 dislocation of, xi, 36; 尽责的 engaged, 56, 169–73; 家庭友好型工作 family-friendly work for, 178–82; 收入的性别差距 gender pay gap for, 28; 父亲的重要性 importance of, 169–72; 在共同监护中 in joint custody arrangements, 177; 成熟的男子气概 mature masculinity of, 41–42; 带薪休假 paid leave for, ix–x, 173–76, 179; 进步主义观点 progressive views of, 168; 父亲的供养者角色 provider role for, xi, 32–38, 41, 56–57; 全职照顾家庭 stay-at-home, 66, 167; 所面对的结构性障碍 structural barriers facing, 40. 也参见家庭 See also Families

父亲身份的直接模式 Direct model of fatherhood, 172–82

父权制：与黑人男子气概 Patriarchy: Black masculinity and, 47; 女性主义的颠覆 feminist upending of, 128; 与收入性别差距 gender pay gap and, 26; 与压迫 oppression and, 34, 110, 121

副学士项目加速学习 Accelerated Study in Associate Programs (ASAP), 77

盖尔·赫里奥特 Heriot, Gail, 14

干预措施。参见教育措施；政策干预 Interventions. See Education initiatives; Policy interventions

高等教育。参见大学教育 Higher education. See College education

高投入的子女抚养 (HIP) 婚姻 High-investment parenting (HIP) marriages, 66

高中毕业率 High school graduation rates, 7–8, 50, 138

睾酮 Testosterone, 88–90, 95, 100, 111

格克琴·阿克尤莱卡 Akyurek, Gokcen, 9

格雷·金布罗 Kimbrough, Gray, 20

格里高利·麦克迈克尔和特拉维斯 McMichael, Gregory and Travis, 54

格伦达·弗洛里斯 Flores, Glenda, 161

个体主义 Individualism, xi, 106, 108–10

工程学。参见"STEM"领域 Engineering. See STEM fields

工资。参见收入 Salaries. See Income

工资。参见薪水 Wages. See Earnings

工作。参见就业 Jobs. See employment

工作。参见就业 Work. See employment

工作/生活平衡 Work/life balance, 181

公共宗教研究所 Public Religion Research Institute, 108

攻击性 Aggression, 85–86, 88–90, 94, 101, 111, 124

共和党认识。参见政治右翼 Republicans. See Political Right

共同监护安排 Joint custody arrange-

ments，177
共同监护权制度 Shared custody arrangements，177
供养者角色 Provider role，xi，32-38，41，56-57，64-65，127
国际教育研究所 Institute of International Education，80
国际学生评估项目（PISA）Programme for International Student Assessment（PISA），4-5

哈里发·哈克 Haque, Fariha，114-15
哈丽雅特·泰勒·密尔 Mill, Harriet Taylor，47
海伦·路易斯 Lewis, Helen，108，113
海外志愿服务项目（英国）Voluntary Service overseas program（UK），81
韩国：对男性的歧视 South Korea: discrimination against men in，120；右翼政党 right-wing political parties in，119；教师性别统计 teacher gender statistics in，140
汉娜·莱利·鲍尔斯 Bowles, Hannah Riley，170
汉娜·罗辛 Rosin, Hanna，3，12，15，17，30，116，167
汉斯·罗斯林 Rosling, Hans，24
行政管理。参见"HEAL"领域 Administration. See HEAL fields

毫无计划的自我 Haphazard self，67-68
黑人男孩与男人社会地位委员会 Commission on the Social Status of Black Men and Boys，58
黑人男人和男孩 Black men and boys，45-59；他们所持有的学位 college degrees held by，50，51f；有关其社会地位的委员会 Commission on the Social Status of，58；他们的犯罪化 criminalization of，54，55；对于他们的歧视 discrimination against，xi，46；他们的经济流动 economic mobility of，3，49；他们的教育举措 education initiatives for，76，146；他们的就业率 employment rates for，50，55；他们作为尽责的父亲 as engaged fathers，56，173；他们所经历的性别化种族主义 gendered racism experienced by，xi，47，54，59；在"HEAL"领域 in HEAL fields，158，161；对他们的监禁 incarceration of，48，50，53-55；与交汇性 intersectionality and，47，53-54；他们的男子气概 masculinity of，45，47，54；社区对于他们的影响 neighborhood influences on，71；他们的供养者角色 provider role for，56-57；他们所面对的结构性障碍 structural barriers facing，40；他们在师资队伍中 in teacher workforce，142-44；认为他们充满威胁的刻板印象 threat stereotype of，53-56；他们所支持的特朗普 Trump supported by，119；他们的工

资分布 wage distribution for, 50-51, 52f

黑人女人和女孩：非婚生育 Black women and girls: births outside of marriage, 56; 她们持有的学位 college degrees held by, 50, 51f; 她们的经济流动行 economic mobility of, 49; 在家庭中的经济角色 economic role within families, 56; 她们的教育举措 education initiatives for, 76; 她们的就业率 employment rates for, 50; 她们经历的性别化种族主义 gendered racism experienced by, 47, 52; 她们的高中毕业率 high school graduation rates for, 50; 与交汇性 intersectionality and, 47; 她们中的婚姻趋势 marriage trends among, 49, 56-57; 她们的供养者角色 provider role for, 56-57; 她们的工资分布 wage distribution for, 51, 52f; 对于她们的"福利女王"刻板印象 "welfare queen" archetype of, 47

护理：大学学位 Nursing: college degrees for, 159; 性别差距 gender gap in, 124-25, 163; 招聘男性进入 recruitment of men into, 158, 161, 164-65; 短缺 shortages within, 154-55; 在领域中男性的刻板偏见 stereotypes of men in, 163

婚姻：非婚生育 Marriage: births outside of, 35-36, 56, 65; 可能伴侣的养家糊口能力 breadwinning potential of possible mate, 56-57; 阶层差 class differences in, 65; 保守主义观点 conservative views of, 34, 37-38; 下降率 declining rates of, 34, 37, 65; 与教育程度 education level and, 37, 65-66; 女性主义观点 feminist views of, 31, 34; 社会规范的自由化 liberalization of social norms for, 41; 男性收益 male benefits of, 39; 一夫多妻制 polygynous, 91; 种族差异 racial differences in, 49, 56-57; 同性 same-sex, 65, 164; 奉子成婚 shotgun marriages, 35-36; 行政权力 symbolic power of, 65; 后续的睾酮水平 testosterone levels following, 95; 在传统的家庭模式中 in traditional family model, 34, 37

霍雷肖·阿尔杰 Alger, Horatio, 70

机会多元主义 Opportunity pluralism, 146

吉恩·斯珀林 Sperling, Gene, 78
吉尔·亚沃斯基 Yavorsky, Jill, 163
吉娜·里彭 Rippon, Gina, 87
吉斯伯特·施托特 Stoet, Gijsbert, 98
技术。参见"STEM"领域 Technology. See STEM fields

家庭：美国家庭调查 Families: American Family Survey, 183; 家庭中的育儿责任 childcare responsibilities within, 27, 64; 与阶层差异 class differences and, 62, 64-66; 家庭中的劳动分工 division of labor within, 33, 125, 170, 180; 家庭中的供养者角色 provider role within, xi, 32-38, 41, 56-57, 64-65, 127; 与种族差异 racial differences and, 56-57; 家庭的传统角色 traditional model of, 33-34, 37, 128. 也参见儿童和青少年；父亲；母亲 See also Children and adolescents; Fathers; Mothers

坚持到底项目 Stay the Course program, 75-76

监护权安排 Custody arrangements, 125, 177

监禁 Incarceration, 48, 50, 53-55, 94

监狱。参见监禁 Jail. See Incarceration

监狱。参见监禁 Prison. See Incarceration

奖学金项目 Scholarship programs, 76, 144, 158, 160-61

交汇性 Intersectionality, 46-47, 53-54

教师：大学学位 Teachers: college degrees for, 159; 性别 gender of, 8, 140-45, 141*f*; 在"HEAL"领域 in HEAL fields, 159-60; 与学习者的身份匹配 identity matching with learners, 75; 涨薪 pay raises for, 162; 种族与族群 race and ethnicity of, 142-44; 招聘工作 recruitment efforts, 142-45, 161; 子女的推迟入学 redshirting of children by, 135; 短缺 shortages of, 155; 在"STEM"领域 in STEM fields, 145, 159-60; 对男性作为教师的刻板印象 stereotypes of men as, 163. 也参见教育 See also Education

教育 Education, 3-17; 平权行动 affirmative action in, 14-15, 144, 160; 与大脑发育 brain development and, 8-11, 16, 85; 与阶层地位 class status and, 3, 7, 50, 71; 与新冠疫情 COVID-19 pandemic and, 3, 20, 114; 相对于教育的就业 employment in relation to, 3, 19; 性别差距 gender gap in, x, 3-8, 11-17, 50, 71, 80, 85; 高中毕业率 high school graduation rates, 7-8, 50, 138; 相对于教育的收入 income in relation to, x-xi; 与婚姻趋势 marriage trends and, 37, 65-66; 与非婚生育 nonmarital births and, 36, 65; 经济合作与发展组织的调查 OECD survey of, 4-5; 政策干预 policy interventions, xi-xii, 17, 73-77; 种族差距 race gaps in, 7, 48, 50; 男孩穿上红衫（推迟一年入学）redshirting of boys (starting school a year later), 134-40; 在单性别学校 in single-sex schools, 148; 结构性挑战 structural challenges in, xi, 4, 11; 留学项目 study abroad programs, 80; 与《美国教

育法修正案》第九条 Title IX legislation and, 3, 11, 14; 职业培训 vocational training, 145-48, 159. 也参见大学教育; 教育措施; 平均绩点; "HEAL" 领域; 教师; 特定学科领域 See also College education; education initiatives; Grade point average; HEAL fields; Teachers; *specific subject areas*

教育措施 Education initiatives, 133-49; 实习岗位 apprenticeships, 147-48; 免费大学项目 free college programs, xi, 17, 73-75; 辅导项目 mentoring programs, xii, 75-77; 概述 overview, 133-34; 推迟入学 redshirting, 134-40; 与性别差异 sex differences and, 149; 教师多样性 teacher diversity, 140-45; 职业培训 vocational training, 145-48, 159

阶层地位: 和经济流动性 Class status: economic mobility and, 49, 72; 与教育表现 educational performance and, 3, 7, 50, 71; 与就业趋势 employment trends and, 18; 与家庭生活 family life and, 62, 64-66; 与收入差异 income differences and, 61; 与结婚率 marriage rates and, 65; 与非婚生育 nonmarital births and, 36; 与推迟入学 redshirting and, 135-38. 也参见贫困; 工人阶层男人和男孩 See also Poverty; Working-class men and boys

杰夫·登奇 Dench, Geoff, 33, 34, 37, 124, 127

杰弗里·图宾 Toobin, Jeffrey, 93

杰克·芒乔伊 Mountjoy, Jack, 147

杰兰多·F. L. 杰克逊 Jackson, Jerlando F. L., 50

杰西卡·潘 Pan, Jessica, 71

金伯利·克伦肖 Crenshaw, Kimberlé, 46, 47

尽责的父亲身份 Engaged fatherhood, 56, 169-73

进步主义者。参见政治左翼 Progressives. See Political Left

经济不平等 Economic inequality, 61, 66, 72

经济顾问委员会 Council of Economic Advisers, 29, 64

经济合作与发展组织/OECD 成员国 Organization for Economic Cooperation and Development/OECD countries, 3-5, 13, 13*f*, 140, 174

经济流动 Economic mobility, 3, 49, 72

酒精相关的死亡。参见绝望之死 Alcohol-related deaths. See Deaths of despair

就业 Employment, 18-30; 性别光环 auras of gender in, 164; 与自动化 automation and, 21-22; 与阶层地位 class status and, 18; 在新冠大流行期间 in COVID-19 pandemic, 20-21; 歧视 discrimination in, xi,

50, 55, 121, 139; 与教育程度 education level and, 3, 19; 父亲友好型 father-friendly, 178-82; 与自由贸易 free trade and, 21-23; 性别差距 gender gap in, 19-21, 20f, 51; 男性供养者角色作为就业的动力 male provider role as incentive for, 38; 源自就业的意义与成就 meaning and fulfillment from, 39; 与阿片类药物的使用 opioid use and, 62; 带薪休假 paid leave, ix-x, 173-76, 179; 政策干预 policy interventions, 77-79, 157-66; 种族差距 race gap in, 51; 推迟入学对就业的影响 redshirting effects on, 138-39; 在远程工作环境中 in remote settings, 179; 就业选择的性别差异 sex differences in choice of, 86, 97-100, 99f, 124-25; 在"STEM"领域就业 in STEM fields, 22, 97-100, 99f, 124-25, 152, 153f; 就业中的结构性挑战 structural challenges in, xi, 4; 就业的培训项目 training programs for, 78-79; 女性的就业趋势 trends for women in, 29-30; 与工作/生活平衡 work/life balance and, 181. 也参见"HEAL"领域; 收入 See also HEAL fields; Income

绝望之死 Deaths of despair, x, 60-63, 63f

卡拉马祖承诺项目 Kalamazoo Promise program, 73-76, 79

卡罗尔·弗朗西斯 Frances, Carol, 3

卡罗尔·哈林顿 Harrington, Carol, 107, 109

卡罗尔·霍芬 Hooven, Carole, 89-90

卡玛拉·哈里斯 Harris, Kamala, 58-59

卡梅隆·泰勒 Taylor, Cameron, 71

卡米尔·布赛特 Busette, Camille, xi, 53

卡内基英雄基金 Carnegie Hero Fund, 92

卡维亚·瓦格尔 Vaghul, Kavya, 64

凯利·雷利 Raley, Kelly, 56

凯瑟琳·埃丁 Edin, Kathryn, 64, 67, 172-73, 176, 178

凯瑟琳·佩奇·哈登 Harden, Kathryn Paige, 111

凯瑟琳·亚伯拉罕 Abraham, Katharine, 62

凯斯·桑斯坦 Sunstein, Cass, 164

凯特·曼勒 Manne, Kate, 111

凯文·米歇尔 Mitchell, Kevin, 94

凯文·谢弗 Shafer, Kevin, 171

康颂曼 Kang, Songman, 137

科尔斯顿·科尔 Cole, Kirsten, 143

科瑞恩·麦康瑙希 McConnaughy, Corrine, 53

科学。参见"STEM"领域 Science. See STEM fields

克劳迪娅·戈尔丁 Goldin, Claudia,

26, 28, 164, 179, 180

克劳迪娅·斯泰纳姆 Steinem, Gloria, 31-35, 37, 65, 141, 151

克里斯蒂安·亚历山大·布尔戈斯 Burgos, Christian Alexander, 92

克里斯蒂娜·霍夫·索莫斯 Hoff Sommers, Christina, 26

克里斯特奈尔·施托尔 Storr, Krystnell, 10

刻板印象：黑人男人和男孩 Stereotypes: of Black men and boys, 53-56; 结婚的能力 of marriageability, 56; 男子气概和女性气质的刻板印象 of masculine and feminine, 141; 对"HEAL"领域中男性的刻板印象 of men in HEAL fields, 163-65; 与性别差异 sex differences and, 87. 也参见歧视；性别角色；具体的种族和族群群体 See also Discrimination; Gender roles; specific racial and ethnic groups

肯德拉·麦克米伦 McMillan, Kendra, 154

酷儿人士。参见 LGBTQ 群体 Queer persons. See LGBTQ community

跨性别人士。参见 LGBTQ 群体 Transgender persons. See LGBTQ community

跨性别人士 Intersex persons, 89

拉丁裔男性/女性。参见西班牙裔男人和男孩；西班牙裔女人和女孩 Latinos/Latinas. See Hispanic men and boys; Hispanic women and girls

拉吉·切蒂 Chetty, Raj, 49, 50, 52, 70, 71

拉尚恩·雷 Ray, Rashawn, 53

兰花/蒲公英二分法 Orchid/dandelion dichotomy, 70-71

劳动分工 Division of labor, 33, 125, 170, 180

劳动分工 Labor, division of, 33, 125, 170, 180

劳动力市场。参见就业 Labor market. See Employment

劳工阶层的男人和男孩 Working-class men and boys, 60-72; 童年的多样性 childhood adversity of, 70-72; 绝望之死 deaths of despair among, 60-63; 错位 dislocation of, 63, 78; 经济挣扎 economic struggles of, 61, 62; 与就业趋势 employment trends and, 18; 家庭生活 family life for, 61, 64-66; 友谊赤字 friendship deficit among, 68-70; 毫无准备的自我 haphazard self of, 67-68; 婚姻趋势 marriage trends for, 37, 65; 供养者角色 provider role for, 38

劳拉·贝茨 Bates, Laura, 122

劳拉·塔克 Tach, Laura, 33

劳伦斯·斯坦伯格 Steinberg, Laurence, 8-9

雷杰普·塔伊普·埃尔多安 Erdoğan, Recep Tayyip, 119

雷切尔·克拉顿 Kranton, Rachel, 162-63

离婚 Divorce, 35, 39, 177

离心的性别政治 Centrifugal gender politics, 128-29

理查德·英格索尔 Ingersoll, Richard, 141

丽西娅·萨瑟·莫德斯蒂诺 Modestino, Alicia Sasser, 113

莉娜·埃德隆德 Edlund, Lena, 91

莉泽特·帕特洛 Partelow, Lisette, 142

留学项目 Study abroad programs, 80

卢卡斯·Y.西尔韦里奥·门多萨 Silverio Mendoza, Lucas Y., 92

卢克·特纳 Turner, Luke, 110

露娜·布里曾丹 Brizendine, Louann, 87

露丝·巴德·金斯伯格 Ginsburg, Ruth Bader, 139, 168

伦德拉·莫迪 Modi, Narendra, 119

伦纳德·克里格尔 Kriegel, Leonard, 96

罗伯·帕科维茨 Palkovitz, Rob, 171

罗伯特·布莱 Bly, Robert, 124

罗伯特·弗兰克 Frank, Robert, 164

罗伯特·萨波斯基 Sapolsky, Robert, 9

罗德里戈·杜特尔特 Duterte, Rodrigo, 120

罗伊·鲍迈斯特 Baumeister, Roy, 91, 97

罗伊·彼得·克拉克 Clark, Roy Peter, 23-24

马尔科姆·格拉德威尔 Gladwell, Malcolm, 134

马尔奇·科廷厄姆 Cottingham, Marci, 165

马克·格劳-格劳 Grau-Grau, Marc, 170

马克·穆罗 Muro, Mark, 21

马克·吐温 Twain, Mark, 77

马修·钦戈斯 Chingos, Matthew, 15-16

玛尔塔·拉克斯塔 Lachowska, Marta, 73

玛格丽特·米德 Mead, Margaret, 31, 92, 97, 128-29, 134

玛格尼·莫格斯塔德 Mogstad, Magne, 147

玛丽·戴利 Daly, Mary, 176

玛丽·科诺克·库克 Curnock Cook, Mary, 16, 17

玛丽安·伯特兰 Bertrand, Marianne, 27, 37, 71, 147

玛丽安·莱加托 Legato, Marianne J., 93, 110

玛丽亚·凯法拉斯 Kefalas, Maria, 64

玛丽亚·康西安 Cancian, Maria, 177

玛莎·努斯鲍姆 Nussbaum, Martha, 47

玛西亚·迈耶斯 Meyers, Marcia, 173-76

迈尔斯·科拉克 Corak, Miles, 70, 72

迈克尔·布朗 Brown, Michael, 57-58

迈克尔·古里安 Gurian, Michael,

148-49
迈克尔·基米尔 Kimmel, Michael, 68
迈克尔·杨 Young Michael, 178-79
麦克阿瑟基金会 MacArthur Foundation, 101
卖淫 Prostitution, 93
冒险 Risk-taking, 85-86, 90-92, 94, 101, 171
梅尔文·康纳 Konner, Melvin, 88, 89, 92, 111-12
梅根·斯威尼 Sweeney, Megan, 56
梅卡·艾兰 Elan, Maika, 69
梅勒妮·沃瑟曼 Wasserman, Melanie, 19, 65, 72
梅丽莎·科尔尼 Kearney, Melissa, 18, 62
梅琳达·弗伦奇·盖茨 Gates, Melinda French, 157
美国对外交流协会 American Institute for Foreign Study, 80
美国国家科学基金会 National Science Foundation, 151-52, 157, 158, 160, 165
美国国家科学、工程与医学研究院 National Academies of Sciences, Engineering, and Medicine, 10, 170
美国和平部队 Peace Corps, 81
美国护士协会 American Nursing Association, 154-55
美国家庭调查 American Family Survey, 183
美国教育委员会 American Council on Education, 3, 142-43
美国劳动统计局 Bureau of Labor Statistics, U.S., 22, 23
美国民权委员会 Commission on Civil Rights, 14, 58
美国男性护理发展协会 American Association for the Advancement of Men in Nursing, 158, 161
美国企业研究所 American Enterprise Institute, 26, 49, 68
美国心理学协会指导方针 American Psychological Association (APA) guidelines, 100-01
美国志愿队 Americorps, 81
米特·罗姆尼 Romney, Mitt, 62
米歇尔·布迪戈 Budig, Michelle, 27
米歇尔·拉蒙特 Lamont, Michèle, 38
民粹主义 Populism, xiii, 23, 118-19, 122
民主党人士 Democrats. 参见政治左翼 See Political Left
母亲：非婚生育 Mothers: births outside of marriage, 35-36, 56, 65; 在新冠疫情中 in COVID-19 pandemic, 20; 给予母亲监护权 custody of children awarded to, 125, 177; 母亲的收入性别差距 gender pay gap for, 27-29; 带薪休假 paid leave for, ix-x, 173, 179; 供养者角色 provider role for, 32, 35, 56-57, 64-65; 家务劳动的二次转变 second shift of domestic labor for, 64;

全职照顾家庭 stay-at-home, 36; 支持母亲的福利制度 welfare system support for, 35; 职业母亲 working, 29-30, 35, 36, 64, 167. 也参见家庭 See also Families

纳塔利·温 Wynn, Natalie, 109
娜塔莉亚·伊曼纽尔 Emanuel, Natalia, 28
男孩。参见男人和男孩 Boys. See Men and boys
男人和男孩：美国心理学会有关与之一同工作的指导方针 Men and boys: APA guidelines on working with, 100-01; 大脑发育 brain development in, 8-11, 16, 85, 101; 所持有的大学学位 college degrees held by, x, 3, 11-13, 12-13f, 50, 51f, 71; 与女性的经济关系 economic relations between women and, 31-32, 36, 118; 友谊赤字 friendship deficit among, 68-70; 游戏习惯 gaming habits of, 19-20; 平均绩点排名 GPA rank among, 6-7, 6f; 在"HEAL"领域 in HEAL fields, 153, 153f, 156-66, 156f; 高中毕业率 high school graduation rates for, 7-8; 婚姻收益 marriage benefits for, 39, 95; 多余男性的数学问题 math problem of surplus men, 91; 有关生活的意义 on meaning of life, 39-40; 身体力量 physical strength of, 22; "最佳"工作年龄 "prime" working age for, 19; 供养者角色 provider role for, xi, 32-38, 41, 56-57, 127; 工资分布 wage distribution for, 24-26, 25f, 50-51, 52f. 也参见黑人男人和男孩；父亲；性别词条；西班牙裔男人和男孩；男子气概；父权制；性别差异；劳工阶层男人和男孩 See also Black men and boys; Fathers; Gender entries; Hispanic men and boys; Masculinity; Patriarchy; Sex differences; Working-class men and boys

男性。参见男人和男孩 Males. See Men and boys
男子气概：美国心理学协会指导方针 Masculinity: APA guidelines on, 100; 黑人的 Black, 45, 47, 54; 与性别平等兼容 compatibility with gender equality, xii; 概念化方面的文化落后 cultural lag in conceptualizations of, 36; 脆弱性 fragility of, 95-97; 和毫无准备的自我 haphazard self and, 67-68; 成熟的 mature, 38, 41-42, 67; 与男性的等同 men's identification with, 107-08; 病态化 pathologizing of, xiii, 106, 108, 117, 129; 在后女性主义世界 in postfeminist world, xiii, 184; 亲社会的 prosocial, xiii, 182; 供养者角色作为其要素 provider role as ele-

ment of, 33, 36, 38; 与角色不一致 role incongruity and, 165; 施莱辛格论其恢复 Schlesinger on recovery of, 128; 作为一种社会建构 as social construction, 96, 100, 111; 与之相关的刻板印象 stereotypes related to, 141; 睾酮和作为其一部分的攻击性 testosterone and aggression as part of, 89; 有害的 toxic, xii, 54, 105-09, 117, 122; 传统看法 traditional ideas of, 100, 117, 119; 与之相关的特征的有用性 usefulness of traits associated with, 87. 也参见男人和男孩 See also Men and boys

能动性 Agency, 81, 87, 96-98

尼尔·戈萨奇 Gorsuch, Neil, 121

尼可拉斯·克里斯多夫 Kristof, Nicholas, 62

尼克·希尔曼 Hillman, Nick, 61

尼古拉斯·罗宾森 Robinson, Nicholas, 61

女工程师协会 Society of Women Engineers, 157-58

女孩。参见女人和女孩 Girls. See Women and girls

女人和女孩：美国心理学协会有关与女人和女孩一起工作的指导方针 Women and girls: APA guidelines on working with, 101; 在大脑发育方面 brain development in, 9-11, 16, 85, 101; 所持有的大学学位 college degrees held by, x, 3, 11-13, 12-13f, 50, 51f, 71; 与男性的经济关系 economic relations between men and, 31-32, 36, 118; 友谊关系网 friendship networks among, 69; 平均绩点排名 GPA rank among, 6-7, 6f; 在"HEAL"领域 in HEAL fields, 22, 151, 153, 159; 高中毕业率 high school graduation rates for, 7-8, 50; 西班牙裔的 Hispanic, 56, 161; 有关生活的意义 on meaning of life, 39-40; 物化 objectification of, 105-06; 体力 physical strength of, 22; 在卖淫中 in prostitution, 93; 在高级职位中 in senior positions, 21, 27, 29-30; 在"STEM"领域中 in STEM fields, 13, 22, 97-100, 99f, 124-25, 152, 153f, 157-62; 工资分布 wage distribution for, 24-26, 25f, 51, 52f; 在劳动力中 in workforce, 29-30, 35, 36, 64. 也参见黑人女人和女孩；女性气质；女性主义；性别此台；母亲；性别差异 See also Black women and girls; Femininity; Feminism; Gender entries; Mothers; Sex differences

女同性恋：作为父母 Lesbians: as parents, 27. 也参见 LGBTQ 群体 See also LGBTQ community

女性很棒（WoW）效应 Women-are-wonderful（WoW）effect, 112

索引 *345*

女性气质：稳固性 Femininity: robustness of, 95-96; 与此相关的刻板印象 stereotypes related to, 141; 传统看法 traditional ideas of, 119; 与之相连的特征的有用性 usefulness of traits associated with, 87; 与女性的等同 women's identification with, 107-08

女性运动：保守主义观点 Women's movement: conservative views of, 127; 有关经济独立 on economic independence, 31-32; 与教育制度 educational system and, 11; 有关男性拥有的权力 on power held by men, 19; 集合口号 rallying cries of, 35; success of, 37, 129. 也参见女性主义 See also Feminism

女性政策研究所 Institute for Women's Policy Research, 52

女性主义：批评观点 Feminism: criticisms of, 108, 119, 121, 127-28, 184; 论女性的经济成功 on economic success of women, 30; 论收入性别差距 on gender pay gap, 26; 论特定于性别的医疗 on gender-specific medicine, 110; 在身份经济学中 in identity economics, 163; 论婚姻 on marriage, 31, 34; 病态化 pathologizing of, 129; 论职业母亲 on working mothers, 36. 也参见女性运动 See also Women's movement

欧内斯特·海明威 Hemingway, Ernest, 69

潘卡吉·米什拉 Mishra, Pankaj, 119
佩吉·奥伦斯坦 Orenstein, Peggy, 107
佩里项目 Perry program, 76
佩特拉·科平 Köpping, Petra, 119
佩特里·卡乔纽斯 Kajonius, Petri, 98
皮尔斯·摩根 Morgan, Piers, 168
皮尤研究中心 Pew Research Center, 39, 107, 127, 170
偏见。参见歧视；刻板印象 Biases. See Discrimination; Stereotypes
偏见。参见歧视；性别歧视；刻板印象 Prejudice. See Discrimination; Sexism; Stereotypes
贫困 Poverty, 49, 50, 70, 172
贫困家庭临时救助 Temporary Assistance for Needy Families, 178
平等。参见性别平等；不平等 Equality. See Gender equality; Inequality
平价医疗法案 Affordable Care Act of 2010, 110
平均学习成绩：与大脑发育 Grade point average (GPA): brain development and, 10; 与教育举措 education initiatives and, 76; 在性别差距中 gender gap in, 6-7, 6f, 15, 142; 与推迟入学 redshirting and, 137
平权运动 Affirmative action, 14-15, 144, 160

蒲公英/兰花二分法 Dandelion/orchid dichotomy, 70–71

歧视：在就业中 Discrimination: in employment, xi, 50, 55, 121, 139；与交汇性 intersectionality and, 46；统计学的 statistical, 87. 也参见种族主义；性别歧视；刻板印象 See also Racism; Sexism; Stereotypes

谴责受害者 Victim-blaming, 108–10

乔·拜登：支持者的人口统计学特征 Biden, Joe: supporter demographics, 105；有关教师加薪 on teacher pay raise, 162；创建白宫性别政策委员会 White House Gender Policy Council created by, 112

乔丹·彼德森 Peterson, Jordan, 123–25

乔纳森·詹姆斯 James, Jonathan, 15

乔希·霍利 Hawley, Josh, 117–18, 120, 122, 125

乔伊斯·贝嫩森 Benenson, Joyce, 90

乔治·阿克洛夫 Akerlof, George, 162–63

乔治·吉尔德 Gilder, George, 41–42, 127

亲社会的男子气概 Prosocial masculinity, xiii, 182

青少年。参见儿童和青少年 Adolescents. See Children and adolescents

情商（EQ）Emotional intelligence (EQ), 21

求学。参见大学教育；教育 Schooling. See College education; Education

全国妇女和女童教育联盟 National Coalition for Women and Girls in Education, 159

全国女生合作项目 National Girls Collaborative Project, 158

全国女性组织 National organization for Women, 26, 127

全职照顾家庭的母亲/父亲 Stay-at-home mothers/fathers, 36, 66, 167

日本的隐藏青年 Japan, hikikomori (shut-ins) in, 69

瑞典：收入性别差距 Sweden: gender pay gap in, 27–28；右翼政党 rightwing political parties in, 119；学生表现 student performance in, 5

色情 Pornography, 93–94, 117

莎拉·布拉弗·赫迪 Hrdy, Sarah Blaffer, 169

少数群体。参见种族和族群差异 Minorities. See Racial and ethnic differences

社会阶层。参见阶层地位 Social class. See Class status

身份经济学 Identity economics, 162–63

生活/工作平衡 Life/work balance, 181

读写能力：与尽责的父亲 Literacy: engaged fatherhood and, 169；性别差距 gender gap in, 5, 15, 141–

索引 347

42，144；改善这一点的举措 initiatives for improvement of, 76；经济合作与发展组织的调查 OECD survey of, 4-5；心理学的影响 psychological impact of, 95；与推迟入学 redshirting and, 135, 137. 也参见"HEAL"领域 See also HEAL fields

圣路易斯本地成长项目 Homegrown STL initiative, 57-58

失范 Anomie, 37, 127

实习岗位 Apprenticeships, 147-48

史蒂夫·拉格尔斯 Ruggles, Steve, 37

世界经济论坛（WEF）World Economic Forum (WEF), 12, 114-15

世界贸易组织 World Trade organization, 22

收入。参见薪水 Income. See earnings

受贸易影响的就业 Trade, employment impacted by, 21-23

数学。参见"STEM"领域 Mathematics. See STEM fields

双性恋。参见 LGBTQ 群体 Bisexuals. See LGBTQ community

斯蒂芬·班农 Bannon, Stephen, 120, 127

斯蒂芬·塞西 Ceci, Stephen, 160

斯蒂芬·文森特-兰克林 Vincent-Lancrin, Stephan, 3

斯蒂芬妮·霍华德·拉尔森 Larson, Stephanie Howard, 135

斯科特·温希普 Winship, Scott, 49

斯坦宁·盖斯茨多蒂尔 Gestsdottir, Steinunn, 12

斯图尔特·里奇 Ritchie, Stuart, 86

苏荣 Su, Rong, 99-100, 125

苏珊·戴纳斯基 Dynarski, Susan, 138

苏珊·法露迪 Faludi, Susan, xi, 19

苏珊娜·斯塔勒·琼斯 Jones, Suzanne Stateler, 137

所得税减免（EITC）Earned Income Tax Credit (EITC), 78

塔克·卡尔森 Carlson, Tucker, 168

塔纳西斯·科茨 Coates, Ta-Nehisi, 53, 54

泰勒·考恩 Cowen, Tyler, 123

泰坦尼克号沉没（1912年）Titanic sinking (1912), 101

唐纳德·特朗普：废除妇女和女童委员会 Trump, Donald: Council on Women and Girls abolished by, 112；就职演讲 inaugural address of, 61-62；支持者的人口统计特征 supporter demographics, 67, 118, 119, 126；与有害的男子气概 toxic masculinity and, 107；有关跨性别者的权利 on trans rights, 120

同性婚姻 Same-sex marriage, 65, 164

同性恋。参见 LGBTQ 群体 Homosexuality. See LGBTQ community

统计歧视 Statistical discrimination, 87

托马斯·迪伊 Dee, Thomas, 141-42

托米·库里 Curry, Tommy, 47

托妮·范·佩尔特 Van Pelt, Toni, 26

瓦伦汀·博洛特尼 Bolotnyy, Valentin, 28

网络男性空间 Manosphere, 106, 121–22

威廉·古德 Goode, William, 36

威廉·杰恩斯 Jeynes, William, 170

威廉·马西略 Marsiglio, William, 172

威廉·莎士比亚 Shakespeare, William, 96

威廉·朱利叶斯·威尔逊 Wilson, William Julius, 56

伟大的性别趋同 Grand gender convergences, 26

温伯格诉维森菲尔德案 *Weinberger v. Wiesenfeld* (1975), 168

温迪·威廉斯 Williams, Wendy, 160

文化多样性 Cultural diversity. 参见 种族和族群差异 See Racial and ethnic differences

文化战 Culture wars, xii, 121, 126, 129, 168

无过错离婚 No fault divorces, 35

物化女性 Objectification of women, 105–06

西班牙裔男人和男孩：有关他们的教育措施 Hispanic men and boys: education initiatives for, 76, 146；身为他们的父亲的方式 fatherhood approach of, 173；在"HEAL"领域 in HEAL fields, 158, 161；得到他们支持的特朗普 Trump supported by, 119

西班牙裔女性和女孩：非婚生育 Hispanic women and girls: births outside of marriage, 56；在"HEAL"领域 in HEAL fields, 161

西蒙娜·德·波伏瓦 Beauvoir, Simone de, xiii

希拉里·克林顿 Clinton, Hillary, 126

希瑟·鲍施伊 Boushey, Heather, 64, 174

希瑟·麦吉 McGhee, Heather, 57

先天-后天之争 Nature-nurture debate, 86–87, 94–97

肖恩·里尔登 Reardon, Sean, 6

肖恩·罗杰斯 Rodgers, Shawn, 163

肖恩·乔 Joe, Sean, 57–58

肖莎娜·格罗斯巴德 Grossbard, Shoshana, 66

消极本能 Negativity instinct, 24

谢里·奥特纳 Ortner, Sherry, 95–96

谢丽尔·卡欣 Cashin, Sheryll, 48

新冠疫情：其中的育儿关切 COVID-19 pandemic: childcare concerns in, 20, 113；经济影响 economic impact of, 19–21；在此期间的教育趋势 educational trends during, 3, 20, 114；在此期间的就业率 employment rates during, 20–21；死亡率中的性别差距 gender gap in mortality rates, 109–10, 114；疫情加重了医疗体系的负担 healthcare system

索引 *349*

burdened by, 154; 在此期间的远程工作 remote work during, 179; 在此期间有害的男子气概 toxic masculinity during, 107

薪酬。参见薪水 Pay. See Earnings

薪水：阶层差距 Earnings: class gap in, 61; 与教育程度 education level and, x-xi; 性别差距 gender gap in, ix, 4, 18, 23-29, 25f, 60-61, 180; 在"HEAL"领域 in HEAL fields, 154, 162; 在带薪休假政策中 in paid leave policies, 173-74; 种族差距 race gap in, 50-51, 52f; 补贴项目 subsidy programs, 77-78.

刑事司法体系 Criminal justice system, xi, 46, 58

性别差距：在2016年选举结果中的 Gender gaps: in 2016 election results, 118; 与童年多样性 childhood adversity and, 70; 保守主义观点 conservative views of, 26, 124-26; 在新冠死亡率中 in COVID-19 mortality rates, 109-10, 114; 在绝望之死中 in deaths of despair, x, 60-63, 63f; 在教育中 in education, x, 3-8, 11-17, 50, 71, 80, 85; 在就业中 in employment, 19-21, 20f, 51; 《全球性别差距报告》Global Gender Gap Report, 114-15; 在收入中 in income, ix, 4, 18, 23-29, 25f, 60-61, 180; 在政策干预结果中 in policy intervention outcomes, xi-xii, 17, 73-79; 进步主义观点 progressive views of, xii, 26, 106, 112-16; 在师资中 in teacher workforce, 8, 140-45, 141f; 在志愿组织中 in volunteer organizations, 81

性别差异 Sex differences, 85-102; 能动性作为其动力 agency as driver of, 87, 96-98; 在攻击性方面 in aggression, 85-86, 88-90, 94, 101, 111, 124; 美国心理学协会指导方针 APA guidelines on, 100-01; 在大脑发育方面 in brain development, 8-11, 16, 85, 101; 保守主义观点 conservative views of, 118, 123-26; 与新冠死亡率 COVID-19 mortality rates and, 109-10; 创世神话对其的描述 creation story depictions of, 85, 88; 与教育举措 education initiatives and, 149; 在就业选择方面 in employment choice, 86, 97-100, 99f, 124-25; 男子气概的脆弱性对比女性气质 fragility of masculinity vs. femininity, 95-97; 在成熟过程方面 in maturation process, 101-02; 关于这一点的先天-后天之争 nature-nurture debate on, 86-87, 94-97; 进步主义观点 progressive views of, 106, 110-12; 在冒险方面 in risk-taking, 85-86, 90-92, 94, 101; 在性冲动方面 in sex drive, 85, 92-94, 111, 112,

124. 也参见性别角色 See also Gender roles

性别差异。参见性别差异 Gender differences. See Sex differences

性别光环 Auras of gender, 164

性别化的种族主义 Gendered racism, xi, 47, 52, 54, 59

性别角色：在广告中 Gender roles: in advertisements, 164; 遵从 conformity to, 98; 不一致 incongruity of, 165; 与社会化 socialization and, 27; 传统的 traditional, xii, 98, 122, 126–28. 也参见性别差异 See also Sex differences

性别经济学 Gender economics, 72

性别偏见。参见性别歧视 Gender bias. See Sexism

性别平等：倡导 Gender equality: advocacy for, ix, 115–16; 与男子气概的相容 compatibility with masculinity, xii; 在教育中 in education, 3, 11, 114; 在"HEAL"领域 in HEAL fields, 165; 性别平等叙事 narratives of, 72; 在带薪休假政策中 in paid leave policies, 173–76; 悖论 paradox of, 98; 向性别平等的进步 progress toward, 38; 在"STEM"领域 in STEM fields, 152; 与工资分布 wage distribution and, 25–26

性别歧视：二元模式 Sexism: binary models of, 58; 在教育制度中 in education system, 11, 14–15; 制度化 institutionalization of, 27, 87; 正当化理由 justifications for, 99, 111, 125; 男人作为受害者 men as victims of, 120, 163; 厌女 misogyny, 17, 106, 119–20, 122; 《民权法案》第七章 Title VII legislation on, 121, 139

性别政治 Gender politics, 128–29, 176

性取向。参见 LGBTQ 群体 Sexual orientation. See LGBTQ community

雪莱·伦德伯格 Lundberg, Shelly, 66

雪莉·邓恩 WuDunn, Sheryl, 62

压迫：与交汇性 Oppression: intersectionality and, 46, 47; 与父权制 patriarchy and, 34, 110, 121; 作为正当性理由的性别差异 sex differences as justification for, 87; 男性对女性的压迫 of women by men, 128

亚历山德拉·基勒瓦尔德 Killewald, Alexandra, 37

亚马逊 Amazon, 181

亚瑟·米勒 Miller, Arthur, 34

亚瑟·施莱辛格 Schlesinger, Arthur, Jr., 128

厌女 Misogyny, 17, 106, 119–20, 122

养家糊口之人。参见供养者角色 Breadwinners. See Provider role

药剂行业，平等属性 Pharmacy profession, egalitarian nature of, 180

药物过量。参见绝望之死 Overdo-

ses. See Deaths of despair
一夫多妻 Polygyny, 91
伊布拉姆·X. 肯迪 Kendi, Ibram X., 54
伊丽莎白·卡西欧 Cascio, Elizabeth, 136, 137
伊莉娜·邓恩 Dunn, Irina, 35
伊姆兰·汗 Khan, Imran, 119
伊莎贝尔·索希尔 Sawhill, Isabel, 65
伊斯梅尔·怀特 White, Ismail, 53
医疗保健。参见"HEAL"领域 Health care. See HEAL fields
移动指针措施 Moving the Needle initiative, 142-43
疫情。参见新冠疫情 Pandemic. See COVID-19 pandemic
尹锡悦 Yoon Suk-yeol, 119
隐藏青年 Hikikomori (shut-ins), 69-70
隐藏青年 Shut-ins (hikikomori), 69-70
英国：与脱欧 United Kingdom (UK): Brexit and, 107, 118; 男性的新冠死亡率 COVID-19 mortality rate for men in, 109; 医生的性别统计 doctor gender statistics in, 150; 教育方面的性别差距 educational gender gap in, 12, 50, 71, 148; 自由贸易和就业 free trade and employment in, 22; 儿童事务专员办公室 office of the Children's Commissioner, 93; 教师性别统计 teacher gender statistics in, 140; 海外志愿服务项目 Voluntary Service overseas program, 81
游戏习惯 Gaming habits, 19-20
友谊 Friendships, 68-70
有害的男子气概 Toxic masculinity, xii, 54, 105-09, 117, 122
右翼。参见政治右翼 Right. See Political Right
于尔娃·莫贝里 Moberg, Ylva, 27
语言能力 Verbal skills, 5, 15, 144
育儿：在新冠疫情期间 Childcare: in COVID-19 pandemic, 20, 113; 平等分配 equal allocation of, ix, 174, 176; 与收入性别差距 gender pay gap and, 27-29; 与推迟入学 redshirting and, 138; 与睾酮水平 testosterone levels and, 95 儿童与青少年：所面对的多样性 Children and adolescents: adversity faced by, 70-72; 非婚生育 births outside of marriage, 35-36, 56, 65; 与父亲共同居住 co-residency with fathers, x, 38, 41, 94-95, 172; 监护权安排 custody arrangements for, 125, 177; 父亲之于育儿的重要性 fathers, importance to, 169-72; 入狱父母的育儿 of incarcerated parents, 55, 94; 源自育儿的意义与成就 meaning and fulfillment from, 39; 中国的独生子女政策 one-child policy in China, 91; 与兰花/蒲公英二分法

orchid/dandelion dichotomy and, 70–71; 在单亲家庭 in single-parent households, 55, 71. 也参见育儿；教育；家庭 See also Childcare; education; Families

育儿时间抵免 Parenting time credits, 178

远程工作 Remote work, 179

怨恨的政治 Grievance politics, 118–22

约翰·邦德 Bound, John, 38

约翰·斯坦贝克 Steinbeck, John, 69

约翰·斯图尔特·密尔 Mill, John Stuart, 34, 47, 183

约翰内斯·赫姆勒 Hermle, Johannes, 98

约瑟夫·H. 普莱克 Pleck, Joseph H., 172

约瑟夫·菲什金 Fishkin, Joseph, 146

约瑟夫·亨利希 Henrich, Joseph, 91, 95

约书亚·安格里斯特 Angrist, Josh, 77

阅读技能。参见读写能力 Reading skills. See Literacy

在冰岛的性别平等 Iceland, gender equality in, 12, 114

早起培训项目 Early Training Project, 76

詹姆斯·L. 摩尔 Moore, James L., 50

詹姆斯·朗兹 Rounds, James, 99–100, 125

詹姆斯·苏利文 Sullivan, James, 75

詹妮弗·博森 Bosson, Jennifer, 165

詹妮弗·德拉哈蒂 Delahunty, Jennifer, 14, 15

詹万扎·孔居夫 Kunjufu, Jawanza, 55

珍妮弗·席尔瓦 Silva, Jennifer, 67–68

珍妮特·戈尼克 Gornick, Janet, 173–76

珍妮特·海德 Hyde, Janet, 40

政策干预：父亲身份的直接模式 Policy interventions: for direct model of fatherhood, 173–82; 就业措施 employment initiatives, 77–79, 157–66; 收入的性别差距 gender gap in outcomes of, xi–xii, 17, 73–79; 白宫性别政策委员会的政策干预 by White House Gender Policy Council, 112–13, 115. 也参见教育措施 See also education initiatives

政治右翼 Political Right, 117–29; 受到美国心理学协会指导方针的批判 APA guidelines criticized by, 100; 与离心的性别政治 centrifugal gender politics and, 129; 论父亲身份 on fatherhood, 168; 论性别差距 on gender gaps, 26, 124–26; 论性别角色 on gender roles, xii, 98, 118, 122, 126–28; 与怨恨的政治 grievance politics and, 118–22; 论个体主义 on individualism, 110; 论婚姻 on marriage, 34, 37–38; 与党派政治 partisan politics and, 108, 120, 184; 被女性主义病态化

pathologizing of feminism by, 129;
论性别差异 on sex differences,
118, 123-26; 论有害的男子气概
on toxic masculinity, 108, 117
政治左翼 Political Left, 105-16; 与离心的性别政治 centrifugal gender politics and, 129; 论遵循性别角色 on conformity to gender roles, 98; 论父亲身份 on fatherhood, 168; 论性别差距 on gender gaps, xii, 26, 106, 112-16; 论个体主义 on individualism, 106, 108-10; 与党派政治 partisan politics and, 108, 184; 男子气概的病态化 pathologizing of masculinity by, xiii, 106, 108, 117, 129; 论性别差异 on sex differences, 106, 110-12; 论有害的男子气概 on toxic masculinity, xii, 106-09, 117, 122; 谴责受害者 victim-blaming by, 108-10
直线本能 Straight line instinct, 24
职业。参见就业 Occupations. See employment
职业母亲 Working mothers, 29-30, 35, 36, 64, 167
职业培训 Vocational training, 145-48, 159
职业与技术教育（CTE）Career and technical education (CTE), 146-47, 159
中国独生子女政策 China, one-child policy in, 91

种族和族群差异：非婚生育中 Racial and ethnic differences: in births outside of marriage, 56; 教育表现 in educational performance, 7, 48, 50; 就业趋势 in employment trends, 51; 在家庭生活中 in family life, 56-57; 在留级中 in grade retention, 136; 在婚姻趋势中 in marriage trends, 49, 56-57; 在推迟入学中 in redshirting, 135-37; 在留学参与者中 in study abroad participants, 80; 在师资中 in teacher workforce, 142-44; 在工资分布中 in wage distribution, 50-51, 52f. 也参见特定的种族和族群群体 See also specific racial and ethnic groups
种族主义：作为平等的障碍 Racism: as barrier to equality, 46, 48; 二元模式 binary models of, 58; 性别化的种族主义 gendered, xi, 47, 52, 54, 59
朱迪斯·A. 拉马利 Ramaley, Judith A., 151-52
朱尔斯·皮里 Pieri, Jules, 176
转化治疗 Conversion therapy, 100
子女抚养 Child support, 176-78
自动化 Automation, 21-22
自然主义谬误 Naturalistic fallacy, 88
自杀。参见绝望之死 Suicide. See Deaths of despair
自我的复杂性 Self-complexity, 40
自由贸易 Free trade, 21-23

自由派。参见政治左翼 Liberals. See Political Left

综合社会调查 General Social Survey, 36

走自己的路的男人（MGToW）Men Going Their own Way（MGToW）, 121, 122

族群。参见种族与族群差异 Ethnicity. See Racial and ethnic differences

左翼。参见政治左翼 Left. See Political Left

译后记

2023 年 6 月的一个晚上，我换上短裤，正准备出门跑步，忽然收到田雷老师发来的消息："英男，我这里有本书，我突然想到，你从某些方面可能是非常合适的译者人选，（这是一本）和法学没关系的书……"当时我刚到上海不到两个月：白天是同济大学法学院的一个"青椒"，在论文撰写、项目申请与学院事务的炒勺里上下翻滚；晚上九点后是精武体育馆和鲁迅公园之间一个体重超标的北方人，用不那么科学的方法在向标准的 BMI 指数亦步亦趋地靠近。

田老师口中"和法学没关系的书"一下子勾起了我的好奇心，但看到本书的英文书名"*Of Boys and Men: Why the Modern Male Is Struggling, Why It Matters, and What to Do about It*"后，好奇心却转变成了疑虑。这本书的内容主题显然具有鲜明的社会问题与公共政策指向，目标受众有专业人士、政策专家，也兼及对此议题感兴趣的普罗大众。这类著作我在美国访学期间读过一些，很喜欢。但实事求是地讲，相较于专业性较强的纯学术类著作，这种作品的阅读和翻译难度并不小：许多灵动地道的英语表达，我可能并不熟悉；许多社会现象与热点，我也没有设身处地的理解和感受；许多观点、论断及建议，我更分不清是务实的选择还是一厢情愿的畅想。这就难免导致自己的译文行文滞涩、态度冷漠、节奏失衡，而这正是翻译这类著作的大忌。

于是，我请田老师宽限一些时日，等我对全书内容有比较充分的把握后再做定夺。在接下来的一周，我挑着读了一些自己感兴趣的章节。随着阅读的深入，先前的疑虑基本消失不见了。我发现这本书讨论的问题以及提出的建议不仅与我们当下的生活息息相关，甚至不乏让我"点头称是"的地方。我向来认为，性别话语是认识和分析社会时不可或缺的重要组成部分，在法学院中尤甚：就理论层面而言，女性主义法学（feminist jurisprudence）是后现代法律理论的重要思潮；从现实层面来说，我国高校法律院系中女生的数量和成就远超男生。此外，随着近年来的种种社会事件以及诸多女性主义著作的引进，社会性别意识不断高涨。这种影响已经在学生学位论文的选题中有所体现，我想日后肯定也会对司法实践以及法学教育有深远的影响。从这个角度来说，翻译这样一部讨论性别议题的社会政策作品，虽然是"出位之思"，但未尝不算未雨绸缪。

更何况，这也是磨炼自己中文和英语能力的好机会。虽然我已经翻译了不少英文著作，但它们都是严格意义上的"学院派"。这类著作有着自成一类的写作风格：用词力求朴实，结构力求简单，表达也多以简单句为主，尽量不涉及比喻、象征等修辞手法，也与俚语或流行语等基本无关。在这个意义上，我虽然阅读和翻译过一些英文作品，但一直没有机会"真刀真枪"地面对鲜活灵动、文采斐然的英文表达，更对兼顾学理论述和面向大众写作时所要拿捏的火候分寸缺乏体会。实际的翻译过程也印证了我的这个预判。但我还是希望本书呈现出的整体风格和对具体表达的处理，不会让熟悉我的朋友们觉得太过陌生和讶异。

最后，简单介绍一下本书及其作者。理查德·V. 里夫斯于 1969 年 7 月出生于英国，本科毕业于英国古典大学的翘楚牛津大学沃德姆学院，博士毕业于英国"平板玻璃大学"的天花板华威大学。* 他以政策研究见长，评论文章常见于《纽约时报》《卫报》《国家事务》《大西洋月刊》《华尔街日报》等重要媒体，在英国和美国的社会公共政策领域具有广泛的

---

* 1963 年英国高等教育委员会发布《罗宾斯报告》，要求让更多平民大众能够进入大学，一批新高校应运而生，英国高等教育由此进入大众化时代。这些新高校在建筑中广泛使用平板玻璃，与维多利亚风格的"红砖大学"（伯明翰大学、利兹大学、谢菲尔德大学等）和更古老的"古典大学"（牛津大学、金桥大学、杜伦大学等）形成鲜明对比。

影响力。

2010年前，里夫斯历任迪莫斯（Demos）智库负责人、非营利组织"工作基金会"（The Work Foundation）主席、英国《观察家报》（The Observer）社会版编辑、英国《卫报》经济记者和驻华盛顿记者，以及布莱尔担任首相时期任命的福利改革大臣弗兰克·菲尔德（Frank Field）的政策顾问。2010年英国大选后，保守党和自由民主党组成联合政府，自由民主党党魁尼克·克莱格（Nick Clegg）出任副首相，里夫斯在2010—2012年作为特别顾问担任其战略总监（director of strategy），力主自由民主党转向中间派立场。后来的历史发展证明了这一判断的前瞻性。* 2012年后，里夫斯前往美国，成为布鲁金斯学会高级研究员，担任"中产阶级未来倡议"（Future of the Middle Class Initiative）项目主任以及"儿童与家庭中心"（Center on Children and Families）的联合主任，主要关注中产阶级、不平等以及社会流动性等议题。

---

* 自由民主党（The Liberal Democrats, LibDems）成立于1988年，由中间偏左翼立场的人士组成（这与里夫斯倡导的立场显然不同），是前自由党和从工党中分裂出来的社会民主党合并的产物。尼克·克莱格在2007年的党魁选举中获胜，又在2010年英国大选的电视辩论中表现出色，使得自由民主党支持率飙升。同年的大选中，没有政党取得国会过半数的议席，工党和保守党都拉拢自由民主党试图组成联合政府。但最终自由民主党与保守党的合作占据了半数以上的议席，于是保守党领袖大卫·卡梅伦任首相，尼克·克莱格任副首相。但在此后的政局中，自由民主党由于亲欧盟的立场以及种种因素，丧失了诸多议会席位，党魁尼克·克莱格最终在2015年选举后辞职以示负责。

在本书之外，里夫斯还独立撰写了三部作品：《约翰·斯图尔特·密尔：维多利亚时代的激进分子》(*John Stuart Mill: Victorian Firebrand*, 2007)、《拯救霍雷肖·阿尔杰：平等、机会与美国梦》(*Saving Horatio Alger: Equality, Opportunity, and the American Dream*, 2014)以及《梦想囤积者：美国中产阶级上层导致社会不平等的根源与出路》(*Dream Hoarders: How the American Upper Middle Class Is Leaving Everyone Else in the Dust, Why That Is a Problem, and What to Do about It*, 2017)。其中《梦想囤积者》一书被《经济学人》杂志遴选为2017年年度图书，被《观察家报》评选为2017年年度政治图书，并入围戈达德·里弗赛德·斯蒂芬·罗素社会正义图书奖(Goddard Riverside Stephan Russo Book Prize for Social Justice)短名单。里夫斯也由于他在社会阶层与不平等方面的研究，于同年被《政客》(*Politico*)杂志评选为美国50位顶级思想家之一。

本书作为里夫斯的最新力作，主要关注现代世界中男性——包括男孩与男人——面临的困境及其根源，并尝试在此基础上提出相应的解决方案。本书在2022年10月甫一出版，即获得广泛关注，《卫报》、《纽约时报》、《大西洋月刊》、《泰晤士报》、《辛迪加项目》(*Project Syndicate*)等重要媒体与智库的图书栏目相继刊发了长篇书评，《经济学人》和《纽约客》皆将之列为2022年年度最佳图书。本书主体内容分为五个部分。前三个部分是关于男性所面临的现实困境的分析，这包括男孩和男人在教育制度、劳动力市场以及家庭生活中的危机（第一部分）、黑人男性以及身处经济阶梯底部的男性所面临的独特挑战（第二部分）以及导致性别差异的先天和后天因素（第三部分）。第四部分探讨了当下美国语境中的进步主义和保守主义立场如何将男性所面临的困境用作彼此攻讦的政治武器，而非为之提出切实可行的解决方案。最后的第五部分则针对教育、工作和家庭领域分别提出了帮助男性适应现代社会的政策与制度改革方案。

概括来说，里夫斯主张，男性问题并非男性自身的问题，即男性所面临的问题并不是男性自身因素导致的，而是源于社会不断趋向性别平等的结构性变化。这种变化使得人们逐渐认为，传统的男性气质或男子气概对女性群体以及男性自身变得有害且危险。对此，进步主义者说，男子气概有害就意味着男性是有害的；保守主义者则说，让社会返回到性别平等之前的状态，男子气概就不会有害。里夫斯认为，这种争论于事无补。改善男性现状，即改变男孩在学校成绩落后、男人在劳动力市场失业以及丈夫或父亲在家庭中不断被边缘化的现状，就需要重塑男子气概，在肯定男性及其特质对于社会的独特价值的基础上，探究性别平等语境中男性的新形象。

不过，正如许多评论者已经指出的，里夫斯在本书中并没有明确论述一种健康的、适宜于性别平等语境的男子气概究竟是何种模样。我们或许可以通过他在《纽约时报》的访谈中推荐的三部作品来思考这个问题。它们依次是经济学家凯瑟琳·埃丁、蒂姆·尼尔森和安德鲁·切尔林等人发表于《经济学视角杂志》(*Journal of Economic Perspectives*) 的论文《劳工阶层男性的脆弱依恋》("The Tenuous Attachments of Working Class Men")，经济学家克劳迪娅·戈尔丁的著作《职业与家庭》(*Career and Family*, 2021) 以及人类学家安娜·梅钦的著作《父亲的生活：制造现代父亲》(*The Life of Dad: The Making of a Modern Father*, 2018)。当然，我们也可以基于我国语境对此提出自己的看法。

每部译作的推出，都是欣喜与惶恐的交织。感谢雅理主理人田雷老师不时帮助我发现自己的"另一面"，感谢张阳老师细致专业的编校工作。感谢一路走来提携、帮助并支持我的诸位老师、朋友和读者，是你们让我的文字充满意义、斑斓多彩！

赵英男
癸卯年立秋

Of Boys and Men: Why the Modern Male Is Struggling, Why It Matters, and What to Do about It by Richard V. Reeves
Copyright © 2022 by Richard V. Reeves
Published by arrangement with Aevitas Creative Management UK Limited, through The Grayhawk Agency Ltd.
Simplified Chinese translation copyright © 2024 by Tao Zhi Yao Yao Culture Co., Ltd.
ALL RIGHTS RESERVED

北京市版权局著作权合同登记 图字：01-2024-5062

图书在版编目（CIP）数据

掉队的男人 /（英）理查德·V. 里夫斯（Richard V. Reeves）著；赵英男译. -- 北京：中国科学技术出版社, 2024. 10. -- ISBN 978-7-5236-1102-9

Ⅰ. C912.6

中国国家版本馆 CIP 数据核字第 2024EU8738 号

执行策划	雅理	责任编辑	刘畅	
特约编辑	张阳	策划编辑	刘畅	宋竹青
版式设计	韩雪	责任印制	李晓霖	
封面设计	今亮后声			

出　　版	中国科学技术出版社
发　　行	中国科学技术出版社有限公司
地　　址	北京市海淀区中关村南大街 16 号
邮　　编	100081
发行电话	010-62173865
传　　真	010-62173081
网　　址	http://www.cspbooks.com.cn
开　　本	889mm×1194mm 1/32
字　　数	210 千字
印　　张	11.625
版　　次	2024 年 10 月第 1 版
印　　次	2024 年 10 月第 1 次印刷
印　　刷	大厂回族自治县彩虹印刷有限公司
书　　号	ISBN 978-7-5236-1102-9/C・271
定　　价	79.00 元

（凡购买本社图书，如有缺页、倒页、脱页者，本社销售中心负责调换）